教育心理学

主　编　刘冬梅
副主编　刘文焕　罗　萍　王静明

河北大学出版社

图书在版编目（C I P）数据

教育心理学 / 刘冬梅主编. — 保定 ：河北大学出版社，2014.6

ISBN 978-7-5666-0671-6　（2015年7月重印）

Ⅰ. ①教… Ⅱ. ①刘… Ⅲ. ①教育心理学—小学教师—资格考试—教材 Ⅳ. ①G44

中国版本图书馆CIP数据核字(2014)第126063号

JIAOYU XINLIXUE

责任编辑：杨显硕
装帧设计：赵　谦
责任印制：靳云飞

出版：河北大学出版社（保定市五四东路180号）
经销：全国新华书店
印制：保定市佰润彩印有限公司
开本：1 / 16（710mm × 1000mm）
字数：290千字
印张：15.75
版次：2014年6月第1版
印次：2015年7月第2次印刷
书号：ISBN 978-7-5666-0671-6
定价：32.00元

序

教师是国家教育事业发展的基础，是提高教育质量、办好人民满意教育的关键。当前我国正处于急剧的社会转型时期，原有的师范教育模式已不能适应时代发展的需要，开放型的教师教育体系正在逐步形成。我国教师教育的发展模式已经由以前的规模和质量并重的模式，转向以内涵提升为主的模式，这种模式对教师整体质量提出了更高的要求。面对教师教育转型发展的机遇与挑战，高等师范院校必须理清办学思路，明确定位，积极回应社会转型发展对教师的新要求。教师教育的开放性和教师专业化发展的取向都要求高师院校提高教师教育人才培养质量，向社会提供高水平的师资。

从2001年开始，我国进行了新一轮基础教育课程改革，新课程改革的全面展开和稳步推进，对教师的能力和素质提出了新的要求和挑战。《国家中长期教育改革和发展规划纲要（2010～2020年）》和《国务院关于加强教师队伍建设的意见》（国发〔2012〕41号）明确提出要大力加强教师队伍建设，到2020年形成一支“师德高尚、业务精湛、结构合理、充满活力的高素质专业化教师队伍”。在当前教师教育开放化、教师教育一体化、教师职业专业化的现实背景下，高师院校原有的课程体系、培养模式和教学方法表现出明显的滞后性，已不能适应时代发展的需要和教育改革的形势。2011年，教育部发布了《教育部关于大力推进教师教育课程改革的意见》和《教师教育课程标准（试行）》（教师〔2011〕6号），进一步明确了教师职前培养的课程目标与课程设置；2012年，教育部又颁布了《中学、小学、幼儿园教师专业标准（试行）》（教师〔2012〕1号），对教师培养培训提出了标准化的方向和内容；2012年，教师职业资格考试开始进行全面改革。这一系列政策的出台，为教师教育改革指明了方向，促使教师教育必须努力提高质量和效率。

教师教育课程在中小学和幼儿园教师培养中发挥着重要作用，是提高教师教育质量的关键环节。传统的教师教育课程存在着重“学术性”轻“师范性”、重理论轻实践、与基础教育课程改革和教师专业发展脱节等问题，致使培养的学生缺乏教育教学实践能力，不能适应基础教育对人才的需要。在当前社会转型时期，高师院校要坚持师范性与学术性的统一，不能厚此薄彼，要做到师范性具有高学术水平，学术性具有强烈师范特色。同时，高师院校还要加强师范性和应用性的结合，突出应用性是今后我国教师教育人才培养的必然趋势。

如何遵循教师成长规律、科学设置教师教育课程，保证新入职教师基本适应我国基础教育新课程改革的需要，成为一个现实而又迫切的问题，编写突出实践性、专业性，符合新标准、新精神的教材就成了当务之急。在此背景下，沧州师范学院教育系的老师们围绕培养造就高素质专业化教师的目标，坚持育人为本、实践取向、终身学习的理念，积极推进教师教育课程建设和改革，借鉴“国培计划”中小学和幼儿园教师培训的成功经验，构建培养培训一体化的教师教育体系；优化教师教育课程结构，改革课程教学内容，改进教学方法和手段；设立“卓越教师实验班”，积极开展人才培养模式改革，强化教育实践环节，努力提高教育质量，培养具有良好的职业道德素养、先进的教育理念、扎实的专业知识基础和较强的教育教学能力的未来教师。在深入研究和实践的基础上，他们编写了教师教育系列教材，分别为《心理学基础与应用》《教师必备的教育教学理论》《教育心理学》和《教师的专业发展与成长规划》。这套丛书在以下几个方面进行了改革和探索，体现出一定的特色：

本套丛书紧密结合《教师教育课程标准（试行）》和《中学、小学、幼儿园教师专业标准（试行）》以及教师资格考试等最新国家政策、文件的精神，将教育改革和教育研究的最新成果充实到教学内容中，吸收儿童研究、学习科学、心理科学、学科教学研究等新成果，体现出新理念、适应新标准、满足新需求的时代性特点。

本套丛书力求深入落实“实践取向”“能力为重”的精神，以中小学和幼儿园教师所需要的专业知识和操作技能为着眼点，在保持理论体系完整性和严谨性的基础上，走出知识本位的传统模式，突出实用性和可操作性，关注基础教育改革中的实际问题，注重实践教学环节，设计灵活多样的习题，强化实际操作的训练，强调知行统一、学以致用，培养学生发现问题、分析问题和解决问题的实际能力，突出了实践性的特点。

本套丛书摒弃传统教材知识点设置按部就班、理论讲解枯燥无味的弊端，以图文并茂、清新活泼的风格抓住学生的兴趣点，将案例化思想融入理论讲解中，以中小学、幼儿园优秀教学案例和应用实例增强教材的可读性，在提高学生学习兴趣和效果的同时，培养学生的职业意识和职业能力，注重了趣味性的特点。

为了落实“终身学习”的理念，培养学生可持续发展的意识和能力，本套丛书将学业规划和教师专业发展规划纳入课程内容，从“认同专业、规划学业，自主学习，追求卓越”入手，指导学生制定大学期间的学业规划和未来的专业发展规划，为学生成长和发展导航，强化了长效性的特点。

在编写体例上，第一，每个单元开头都设计了引子，引导学生对本单元内容有一个概要的了解；第二，单元的学习目标，使学生了解本单元应该掌握的知识点；第三，在正文之后，设计了本单元的知识结构，从整体上构建了一幅知识框架图；第四，增设了实践活动栏目，拓宽学生的知识领域，强化实际操作训练；第五，列出每单元的思考与练习题，和学习目标呼应，帮助学生系统掌握本单元的知识体系和核心内容，呈现了系统性的特点。

沧州师范学院是一所历史悠久的师范院校，长期以来坚持教师教育办学特色，为基础教育培养了一大批优质师资。沧州师范学院教育系的优秀教师团队，在教育学、心理学专业领域有着较高的教学和科研水平，他们先进的教育理念、严谨的治学态度和无私的奉献精神，是本套丛书得以顺利完成的基础。本套丛书的写作和出版是一项非常有意义的工作，他们的研究和探索不仅具有重要的学术价值，而且对于进一步深化教师教育改革、提高人才培养质量具有积极的实践意义。衷心祝愿沧州师范学院发展得更快更好，为基础教育和社会发展培养更多靠得住、有本事、用得上的优秀人才。希望沧州师范学院教育系的老师们继续努力、不断探索，把教师教育课程改革逐步推向深入，把“卓越教师实验班”办出特色、办出水平！

胡连利

2014 年 5 月

前　言

沧州师范学院教育系围绕培养造就高素质专业化教师的目标，以《教师教育课程标准(试行)》(教师〔2011〕6 号)《中学、小学、幼儿园教师专业标准(试行)》(教师〔2012〕1 号)等文件精神为依据，坚持育人为本、实践取向、能力取向、专业取向、终身学习的理念，积极推进教师教育课程建设和改革，在深入研究和实践的基础上，编写了教师教育系列教材，《教育心理学》是其中之一。

教育心理学是一门研究学与教的心理规律的科学。它是应用心理学的一种，是心理学和教育学的交叉学科。教育心理学具体的研究范畴是围绕学与教相互作用的过程而展开，学科内容既有较强的理论性，又有较强的操作性。为突出学科本身的独特性、体现本学科在教师教育中的价值性，在编写过程中，我们确立了以下指导思想：

1.体现教材体系的逻辑性和完整性。本教材分为五个部分：第一部分，总论(第一章)；第二部分，心理的发展与教育(第二章)；第三部分，一般学习心理(第三章～第五章)；第四部分，分类学习心理(第六章～第十章)；第五部分，教学心理(第十一章～第十三章)。五部分内容既体现了从一般到个别的逻辑关系，又相对完整地阐明了学与教相互作用的各个方面、各个阶段。

2.突出学科的基本结构。本教材高度重视学科的基本结构(基本结构即学科内容中的基本概念、基本原理、基本态度和基本方法)，并以此为教材内容组织选取的依据。概念、原理在意义上，概括性、包容性强，迁移价值大；在文字阐述上，清晰、准确，逻辑性、科学性强；在关系上，各部分的概念和原理之间做到逐渐分化、综合贯通。以此促进学生形成清晰稳定、一体化、网络化的知识结构。

3.强化了实践取向和能力取向。教育心理学本身就是一门应用性很强的学科。教材编写在保障理论体系完整的基础上，将案例分析、问题导入、实践训练等元素整合到教学内容学习的各环节，设置了学生领会知识、概括知识、运用知识并获得反馈评价的各种情境。使学生在获得良好的知识结构的同时，增强了运用知识解决问题的意识，锻炼了运用知识解决实际问题的能力。

4.适应了“标准”的要求。《中学、小学、幼儿园教师专业标准（试行）》（教师〔2012〕1号）（以下简称“标准”），对教师培养培训提出了标准化的方向和内容。教材编写充分参照了“标准”中的相关要求，中小学生心理发展的规律与特点、学习的原理与方法、品德形成的过程与特点、思维能力、创新能力、实践能力发展的过程与特点、教学设计与管理的原理与方法等“标准”中所规定的内容都在教材中得以呈现。本书使学生通过学习，不仅能掌握专业发展的基本知识和能力，也为将来参加教师资格考试、教师招聘考试打下坚实的基础。

《教育心理学》的出版是集体智慧的结晶，其中罗萍老师担任第一章、第二章的编写工作；刘冬梅老师担任第三章、第四章、第五章的编写工作；刘文焕老师担任第六章、第七章、第八章、第九章、第十章的编写工作；王静明老师担任第十一章、第十二章、第十三章的编写工作；最后由刘冬梅老师统稿，对本书的体例和内容进行了统一与完善。同时，在编写过程中，得到了河北大学出版社领导老师们的大力支持与帮助。他们对本教材进行了认真的审读与修改，对提升本书的质量做出了贡献。尤其感谢杨显硕编辑，他数次与作者沟通，敏锐而又准确地指出了书稿中的各种问题，体现了高水平的专业素质。此外，我们在编写过程中，还参阅了许多专家、教授的著作、教材和研究论文，并引用了一些相关内容，在此一并表示感谢。

刘冬梅

2014 年 5 月

目　录

第四部分　分类学习心理

第五部分　教学心理

第一部分　总　论

第一章　教育心理学概述

引子：随着教育的不断改革发展，人们对教育的要求已不仅仅是传递知识，更需要促进学生的全面发展，保障学生的心理健康。教育心理学从心理学的角度探讨如何从事教育活动，研究教育和教学过程中的种种心理现象及其变化，揭示在教育、教学影响下，受教育者学习和掌握知识、技能、发展智力和个性的心理规律；研究形成道德品质的心理特点，以及教育和心理发展的相互关系等。

学习目标：

1.理解教育心理学的研究对象和研究内容。
2.分析教育心理学研究内容五要素和三过程之间的关系。
3.识记西方教育心理学发展的历史阶段及各阶段的特点。
4.理解教育心理学在教育中的作用。

第一节　教育心理学的研究对象与研究内容

一、教育心理学的研究对象

教育心理学是一门研究学校情境中学与教的基本心理规律的科学。它是应用心理学的一种，是心理学与教育学的交叉学科。但是，这并不意味着它是一般心理学原理在教育中的应用。相反，教育心理学拥有自身独特的研究课题，那就是如何学、如何教以及学与教之间的相互作用。具体而言，教育心理学旨在理解学生的学习心理，如学习的实质、动机、过程与条件等，以及根据这些理解创设有效的教学情境，如学习资源的利用、学习活动的安排、师生互动过程的设计与学习过程的管理等，从而促进学生的学习。

二、教育心理学的研究内容

教育心理学的具体研究范畴是围绕学与教相互作用过程而展开的。学与教相互作用过程是一个系统过程（图 1—1），该系统包含学生、教师、教学内容、教学媒体和教学环境等五种要素；由学习过程、教学过程和评价/反思过程这三种活动过程交织在一起。

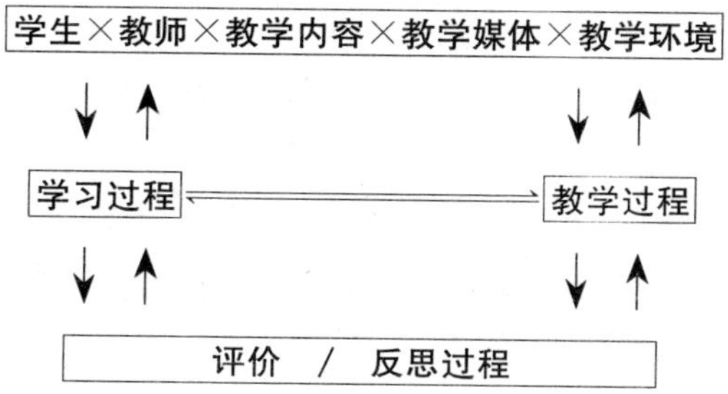

图 1—1　学与教相互作用过程模式

（一）学习与教学的要素

1.学生

学生是学习的主体因素，任何教学手段必须通过学生而起作用。学生这一要素主要从两个方面来影响学与教的过程。第一是群体差异，包括年龄、性别和社会文化差异等。以年龄差异为例，年龄差异主要体现在思维水平的差异。第二是个体差异，包括先前知识基础、学习方式、智力水平、兴趣和需要等差异。它们是任何学习和教学的重要内在条件。在学生这一要素中，无论群体差异还是个体差异，都是教育心理学研究的主要范畴。

2.教师

在教育过程中，学生是学习过程的主体，但这并不否定教师对学生的指导地位。学校教育需要按照特定的教学目标来最有效地组织教学，教师在其中起着关键的作用。教师这一要素主要涉及敬业精神、专业知识、专业技能以及教学风格等方面。这是教师心理研究的主要问题。

3.教学内容

教学内容是学与教的过程中有意传递的主要信息部分，一般表现为教学大纲、教材和课程。教材的编制和课程的设置必须以学习和教学的理论和研究为基础。例如，教材的内容、结构以及难度既要适合学生的现有发展水平，又要能有效地促进学生向更高水平发展;既要适于学生学习的过程和特点,又能考虑到教学的有效性。这些因素将会在心理发展与教育、学习心理和教学心理等部分中加以研究。

4.教学媒体

教学媒体是教学内容的载体,是教学内容的表现形式,是师生之间传递信息的工具。随着科学技术的发展,教学媒体在不断更新,从简单的实物、口头语言、书本、录音、录像,直到多媒体计算机网络,教学媒体已成为教学中一个具有独特意义的因素,不仅影响着教学内容的呈现方式和容量的大小,而且对教师和学生在教学过程中的作用、教学组织形式以及学生的学习方法等都将产生深远的影响。因此,教学媒体日益成为教育心理学所关注的一项独特的课题。

5.教学环境

教学环境包括物质环境和社会环境两个方面,前者涉及课堂自然条件(如温度和照明)、教学设施(如桌椅、黑板和投影机等)以及空间布置(如座位的排列等)等,后者涉及课堂纪律、课堂气氛、师生关系、同学关系、校风以及社会文化背景等。教学环境影响学生的学习过程和方法、教学方法以及教学组织。教育心理学家们越来越认识到,教学环境尤其是社会环境不仅关系到学生情感和社会性的发展,而且对学生的认知发展过程也有直接的作用。因此,在教育心理学看来,教学环境不仅是课堂管理研究的主要范畴,也是学习过程研究和教学设计研究所不能忽视的重要内容。

(二)学习与教学的过程

1.学习过程

学习过程指学生在教学情境中通过与教师、同学以及教学信息的相互作用获得知识、技能和态度的过程。学习过程是教育心理学研究的核心内容,如学习的实质、条件、动机、迁移以及不同种类学习的特点等。

2.教学过程

在教学过程中,教师设计教学情境(如教学目标的选择、题材的安排以及环境的设置等),组织教学活动(如讲演、讨论、练习以及实验等),与学生进行信息交流(如信息的呈现、课堂提问与答疑等),从而引导学生的理解、思考、探索和发现过程,使其获得知识、技能和态度。此外,教师还要进行教学管理,调节教学的进程,以确保教学的有效性。

3.评价/反思过程

评价和反思过程虽是一个独立的成分,但它始终贯穿在整个教学过程中。包括在教学之前对教学设计效果的预测和评判、在教学过程中对教学的监视和分析以及在教学之后的检验、反思。

在教学结束后，教师要特别注意评价学习的结果。如果没有达到预期的效果，就需要对学生和教师自己的行为做出反思：错误出在哪儿？这些目标适合这些学生吗？教学方法适合这些目标吗？是否有必要全部或部分重教一遍？这些班级是否可以迈向下一个目标？等等，从而提出改进方案，修改教学过程中不同的成分，以提高教学的效果和效率。

在学与教的过程模式中，五种因素共同影响了三种过程，而且三种过程交织在一起，相互影响。学生的学习过程是以自身先前知识和学习发展水平为基础的，是在教学过程的背景下进行的，学习的进展因教学的质量而变化。反过来，教学过程要以学习过程为基础而进行，例如，学习目标的确定必须考虑学生的原有知识基础和学习能力，考虑所教内容的学习过程特点等，而且必须通过学习过程而起作用，依学生的学习进展情况而不断地做出改变。教学过程还要根据教师自身特点、教学内容的难易以及教学媒体和环境情况而加以调节。评价/反思过程随学习过程和教学过程的进行而侧重于不同方面，反过来又促进学习和教学过程，从而确保学教过程达到最好的效果。

三、教育心理学的内容体系

根据我们对教育心理学的定义及对上述学与教的相互作用过程模式的分析，本书将教育心理学的内容体系概括为五部分。

1.第一部分绪论（第一章）

主要包括教育心理学的研究对象、研究内容、发展概况以及对教育实践的作用等。

2.第二部分心理发展与教育（第二章）

主要包括心理发展的实质和特点，心理发展的相关概念（学习准备、最近发展区、关键期、认知、人格和自我意识等）以及理论研究，介绍了小学生和中学生的身心发展特点，以及学生的个别差异与因材施教。

3.第三部分一般学习心理（第三章～第五章）

主要包括第三章学习的基本理论，揭示了学习的实质，介绍了行为学派、认知学派、建构主义学派和人本主义对学习的研究；第四章学习动机，阐释学习动机的实质，学习动机与学习效果之间的关系，介绍了学习动机的相关理论，以及培养和激发学生学习动机的方法；第五章学习迁移，分析学习迁移的内涵、迁移的类型、迁移的作用，介绍迁移理论以及如何在教学中利用迁移开展教学。

4.第四部分分类学习理论(第六章~第十章)

主要包括知识学习,知识的获得与保持;技能与技能分类,操作技能和心智技能的特点及形成过程;学习策略和具体策略的掌握;问题解决与创造性;态度与品德的形成和改变。

5.第五部分教学心理(第十一章~第十三章)

主要包括教学设计与教学媒体的选择;课堂管理心理;教学测量与评价;教师心理等内容。

第二节 教育心理学的作用

教育心理学对教育实践具有描述、解释、预测和控制的作用。在实际应用中,这些作用往往相互交织在一起。下面列举的只反映了这些作用在实际应用中的几个方面。

一、帮助教师准确地了解问题

学生的情况是千差万别的,一旦出现了学习困难,教育心理学可采用多种方法,帮助教师来了解困难的原因。例如,一名小学四年级学生的语文阅读方面存在困难,我们就可以应用智力测验、阅读测验或者与此有关的生理方面的健康检查等各种形式的测查手段,来找出困难的症结。当然,阅读困难也可能与个人的生活经验有关,如父母离异、对儿童漠不关心或期望过高致使学习动机受挫,或者与教师关系不和、教学方法不当等致使儿童失去学习兴趣等。教师可以应用教育心理学的理论和研究方法,对学生学习困难或心理发展过程中存在的有关问题追根溯源,准确了解学生,从而采取针对性的方法,促进学生学业进步,心理健康发展。

教育心理学有助于教师对教育现象形成新的科学认识。尤其是对传统的、常规的教学方法、教学行为进行分析和研究,提出更为科学的观点。例如,在小学语文课上,教师应该采用什么方式指定学生起来朗诵课文,是随机点名还是按顺序点名?对这个看上去不成为问题的问题,教育心理学研究表明,其答案并非像人们想象的那么简单,应综合考虑不同的年级、不同点名方式的利弊等,选取恰当的点名方式。

二、为实际教学提供科学的理论指导

教育心理学为实际教学提供了一般性的原则或技术。教师可结合实际的教学

内容、教学对象、教学材料、教学环境等，将这些原则转变为具体的教学程序或活动。例如，根据学习动机的规律的研究，在课堂教学中可以采取创设问题情境、积极反馈、恰当控制动机水平等手段来培养和激发学生的学习动机；依据学习迁移的规律，可以在教学内容的选编、教学程序的安排等方面采取措施，促进迁移。

三、帮助教师预测并干预学生

利用教育心理学原理，教师不仅可以正确了解、分析学生，而且可以预测学生将要发生的行为或发展的方向，并采取相应的干预或预防措施，达到预期的效果。比如，根据学生的智力发展水平，为智力超常或有特殊才能的儿童提供更为充实、更有利于其潜能充分发展的环境和教学内容；为智力落后或学习困难的学生提供额外的帮助或行之有效的具体的矫正措施，使其达到最大程度的发展。

四、帮助教师结合实际教学进行研究

教育心理学不仅为实际教育活动提供一般性的理论指导，也为教师参与教学研究提供了可参照的丰富的例证。有效的教学需要教师因人、因事、因时、因地而灵活地进行，因为学生、班级、学校以及相应的社会环境各有不同，教学内容、教学时段、教学方法等也各有不同，普遍适用的教学模式是不存在的，需要教师结合教学实际，创造性地、灵活地将教育心理学的基本规律应用于教学中，否则，生搬硬套某些原理无助于教学效率的提高，甚至适得其反。教育心理学并非给教师提供解决一切特定的问题的具体模式，相反它给教师提供进行科学研究的思路和研究的方法，使教师不仅能够理解、应用某些基本的原理和方法，而且还可以结合自己的教学实际进行创造性的研究，去验证这些原理并解决特定的问题。

第三节　教育心理学的发展概况

教育心理学的发展经历了一个蜿蜒曲折的过程，遵循学科发展的一般性历史发展规律。从最初被附庸于普通心理学或被融合于发展心理学，到成为一门独立的学科并形成比较完整的体系，大致经历了以下四个时期。

一、初创时期(20 世纪 20 年代以前)

1903 年，美国心理学家桑代克出版了《教育心理学》，这是西方第一本以教育心理学命名的专著，1913～1914 年，又发展成三大卷《教育心理大纲》。桑代克从

人是一个生物的存在这个角度建立自己的教育心理学体系。他的教育心理学分为三部分:第一部分讲人类的本性,第二部分讲学习心理,第三部分讲个别差异及其原因。这一著作奠定了教育心理学发展的基础,西方教育心理学的名称和体系由此确立。在此后的三十年里,美国的同类著作几乎都师承了这一体系。但是,这一时期的著作内容多是以普通心理学的原理解释实际的教育问题,主要是一些有关学习的资料。

二、发展时期(20 世纪 20 年代到 50 年代末)

20 年代以后,西方教育心理学吸取了儿童心理学和心理测验方面的成果,大大地扩充了自己的内容。30 年代以后,学科心理学发展很快,也成了教育心理学的组成部分。到 40 年代,弗洛伊德的理论广为流传,有关儿童的个性和社会适应以及生理卫生问题也进入了教育心理学领域。50 年代,程序教学和教学机器兴起,同时信息论的思想为许多心理学家所接受,这些成果也影响和改变了教育心理学的内容。

这一时期美国出版的教育心理学教科书及教育心理文选之类的书籍多达上百种,但由于没有统一的理论指导,版本种类繁多,体系五花八门,内容大多取自普通心理学和儿童心理学等各科心理学。受行为主义影响,只有学习这一课题是各书共有的。可以说,这时的教育心理学尚未成为一门具有独立理论体系的学科。

三、成熟时期(20 世纪 60 年代到 70 年代末)

60 年代开始,西方教育心理学的内容和体系出现了某些变化。教育心理学的内容日趋集中,有几个方面的研究似乎为大多数所公认,如教育与心理发展的关系、学习心理、教学心理、评定与测量、个别差异、课堂管理和教师心理等,教育心理学作为一门具有独立的理论体系的学科正在形成。

这一时期,西方教育心理学比较注重结合教育实际,注重为学校教育服务。60 年代初,由布鲁纳发起课程改革运动,自此,美国教育心理学逐渐重视探讨教育过程和学生心理,重视教材、教法和教学手段的改进。人本主义思潮也掀起了一场教育改革运动。同时,美国教育心理学比较重视研究教学中的社会心理因素。不少教育心理学家开始把学校和课堂看作是社会情景,注意研究其中影响教学的社会心理因素。如有人用社会心理学理论研究学习动机。还有人重视教学组织形式中的社会心理问题,如班级的大小、学生的角色等。随着信息科学技术尤其是计算机的发展,美国教育心理学对计算机辅助教学(CAI)的研究也方兴未艾,对计算机辅助教学的教学效果和条件做了大量的研究。

四、完善时期(20 世纪 80 年代以后)

80 年代以后,教育心理学的体系越来越完善,内容越来越丰富。随着皮亚杰和维果斯基的理论被大量介绍到美国,加之认知心理学研究的深刻影响,人们对学习概念的理解发生了很大变化,对学习和教学过程及其条件也研究得越来越深入细致,如从认知层面研究问题解决过程、学习策略以及学习动机等,并且,教育心理研究越来越注重为教学实践服务,发展了许多有效教学模式,如合作学习等。布鲁纳在 1994 年美国教育研究会的特邀专题报告中,精辟地总结了教育心理学十几年来的成果,主要表现在这样四个方面:第一,主动性研究,研究如何使学生主动参与教与学的过程,并对自身的心理活动做更多的控制;第二,反思性研究,研究如何促使学生从内部理解所学内容的意义,并对学习进行自我调节;第三,合作性研究,研究如何使学生共享教与学过程中所涉及的人类资源,如何在一定背景下将学生组织起来一起学习,如同伴辅导、合作学习、交互式学习等,从而使学生把个人的科学思维与同伴合作相结合;第四,社会文化研究,研究社会文化背景是如何影响学习过程与结果的。此外,80 年代后期信息技术的迅猛发展,使得信息技术教育应用的研究达到了一个新的水平,探讨在多媒体网络环境下学生学习过程的特点、探讨如何为学生创造有利的学习环境来促进其获得知识并培养其学习能力等,这些研究对学习和教学理论的发展融入了新鲜血液。

我国的教育心理学最初是从西方引进的,1924 年廖世承编写了我国第一本《教育心理学》教科书,此后,又出现了几本翻译介绍和自己编写的教育心理学书。直到新中国成立前,某些学者结合我国的实际对学科心理尤其是汉语教学心理、教育与心理测验进行了一定的科学研究,但研究问题的方法和观点,大都模仿西方,没有自己的理论体系。新中国成立后,主要学习和介绍苏联的教育心理学理论和研究,做了一些有关教学改革和儿童入学年龄的实验研究。60 年代前期,在学科心理方面做了大量的实验研究。60 年代后期到 70 年代前期,由于"十年动乱"的冲击,教育心理学的研究一度中断。自 70 年代后期起,教育心理学重新复苏繁荣,自己编写的和翻译介绍的教育心理学教科书越来越多。目前我国教育心理学的工作者们正在不断地吸收国外的先进科研成果,结合我国教育教学的实际,开展理论和应用研究,这对教育教学实践起着越来越大的作用。

本章知识结构：

教育心理学
- 研究对象
- 研究内容：五要素（学生、教师、教学内容、教学媒体、教学环境）三过程
- 教育心理学的作用：描述、解释、预测和监控
- 教育心理学的发展（包括西方教育心理学的发展、我国教育心理学的发展）

实践活动：

教学要素在教学中的作用

教育心理学研究的五要素、三过程，具体到某一教师某一节课或某一知识单元，教学过程的模式可用下列动态图表示：

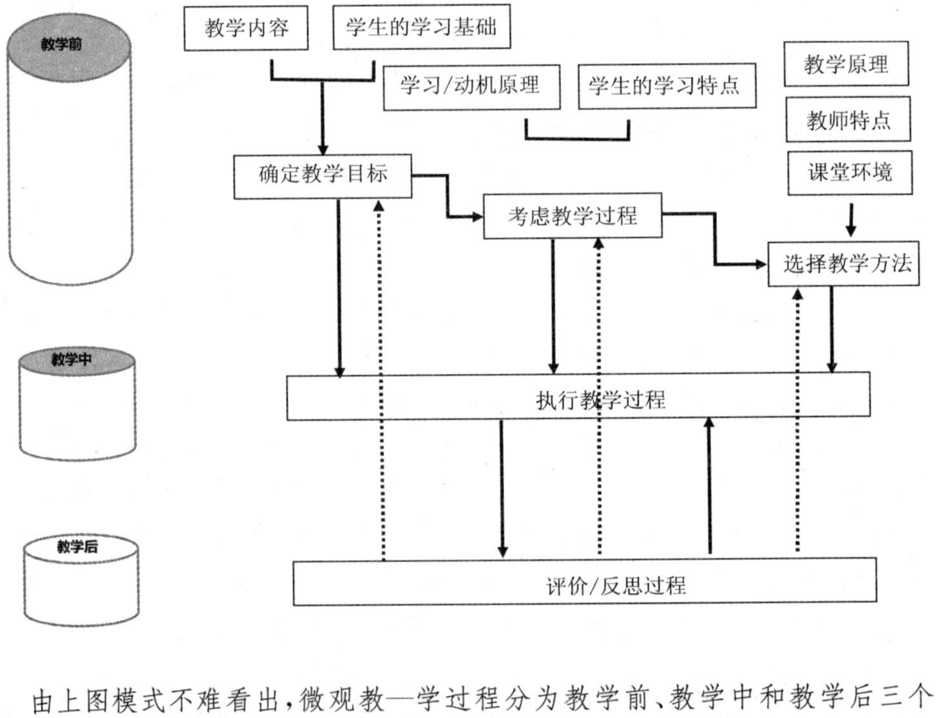

由上图模式不难看出，微观教—学过程分为教学前、教学中和教学后三个阶段。在教学前首先要根据教学内容的知识结构、难度和复杂程度，结合学生的原有认知结构和学习能力确定本次课的教学目标；其次为确保教学目标的有效实现，教师通过分析学生的学习特点和学习/动机原理，了解学生学习过程的特点；在确定

目标后，应结合学生学习特点来考虑“如何学”的问题，即选择教学方法。对于教学方法的选择除了考虑学生的特点，还应参照相应的教学原理，结合教师自身的特点，考虑有关的教学环境，才能确保方法的有效性。以上诸过程都是在教学前的准备工作，之后就要在教学过程中通过师生的互动充分体现之前的准备工作，这就是执行教—学的过程。评价/反思过程是一个独立的成分，它始终贯穿在整个教学过程中。所以作为一个教师，必须懂得在不同的点测量学生的学习：教学之前为学生组织合适的教学程序，教学的每个阶段促进学生的进步，教学之后要特别注意评价学生的学习结果，以分析教学目标的确定是否合理，对学生学习过程的特点了解是否全面，教学方法的选择是否恰当，这也是教师反思自己教学的有效途径。

结合本章内容和以上材料，请在你的学习过程中完成以下活动：

(1)与专业课教师探讨他们在上课前是如何备课的。

(2)全方面考虑教育心理学研究的五要素三过程，设计一堂适合于中学生的课程。

思考与练习：

1.列举教育心理学的研究内容，并简要分析它们之间的关系。

2.论述西方教育心理学的发展阶段及各阶段的发展特点。

3.简述学习教育心理学的作用。

第二部分　心理的发展与教育

第二章　中小学生的心理发展与教育

引子：教育必须符合学生的心理发展特点才能有效实现教育的目的。从生理发展来讲，青少年期是生理发展的高峰期，该阶段的教育应保证学生的生理健康发展，饮食营养全面、户外活动充分、睡眠充足。从心理发展来讲，学生的心理发展有客观的方向和顺序，再优秀的教育也不能逾越心理发展的规律。良好的教育首先应遵循学生的身心发展规律，有顺序地推动学生的健康发展。

学习目标：

1.理解心理发展的含义和特点。

2.理解心理发展的相关概念：学习准备、最近发展期、关键期、人格。

3.掌握皮亚杰的认知发展阶段及各阶段的特点。

4.掌握埃里克森的人格发展阶段理论。

5.分析并识记中小学生各阶段生理和心理发展的特点，并能根据其特点探讨教育的注意事项。

6.理解个别差异，以及与教育有关的心理差异类型，并针对差异因材施教。

第一节　心理发展的概述

一、心理发展的含义

所谓心理发展，是指个体从出生、成熟、衰老直至死亡的整个生命进程中所发生的一系列心理变化。研究表明，学生心理的发展有四个基本特征。

其一，连续性与阶段性。在心理发展过程中，当某些代表新特征的量累积到一定程度时，就会取代旧特征而处于优势的主导地位，表现为阶段性的间断现象。但后一阶段的发展总是在前一阶段的基础上发生的，而且又萌发着下一阶段的新特征，表现出心理发展的连续性。

其二，定向性与顺序性。在正常条件下，心理的发展总是具有一定的方向性和先后顺序。尽管发展的速度可以有个别差异，会加速或延缓，但发展是不可逆的，也不可逾越。

其三，不平衡性。心理的发展可以因进行的速度、到达的时间和最终达到的高度而表现出多样化的发展模式。一方面表现出个体不同系统在发展的速度上、发展的起讫时间与到达成熟时期上的不同进程；另一方面也表现出同一机能特性在发展的不同时期有不同的发展速率。

其四，差异性。任何一个正常学生的心理发展总要经历一些共同的基本阶段，但发展的速度、最终达到的水平，以及发展的优势领域又往往是千差万别的。

我国心理学家通常按照个体在一段时期内所具有的共同的、典型的心理特点和主导活动，将个体的心理发展划分为 8 个阶段。即：乳儿期(0～1 岁)；婴儿期(1～3 岁)；幼儿期(3～6、7 岁)；童年期(6、7 岁～11、12 岁)；少年期(11、12 岁～14、15 岁)；青年期(14、15 岁～25 岁)；成年期(25～65 岁)；老年期(65 岁以后)。

二、心理发展与教育

教育对心理发展的作用，是比较复杂的。一方面，因为教育是一种教育者与受教育者的双边活动，教育者要激发受教育者的心理活动，使其积极主动地接受教育的影响；另一方面，是在受教育者之间存在着个别差异，教育者要考虑这些差异而因材施教。一个人的先天素质，在形成中虽然有一定的影响，但不是起决定作用的东西。勇敢的、果断的、有组织性的、有首创精神的人，可以从不同神经类型的人中培养出来。但要尽快地、正确地、完善地发展一个人的个性及其品质，主要的还是要通过良好的教育来实现的。总之，心理发展与教育的关系是十分密切的，它借助于教育的内容、方法，教育者的言行，以及教育情境，激发和诱导受教育者的心理的发生、发展，以及形成各种能力和个性特征。

教育促进心理发展的有效条件，包括以下几个方面：(1)教育内容具有教育意义和培养价值，是促进心理发展的主要条件。(2)教育内容和教师的要求应适合学生心理发展的水平，同时又提出更高的要求，才能促进心理的不断发展；过高或过低的要求，都不能有效地促进心理的发展。(3)教育工作促进和影响学生的心理发展，必须是通过教师指导下的学生的活动。当学生积极主动地、独立地去完成各种活动任务时，他们的智能和个性品质就能得到发展。(4)教育的系统性、连贯性和一致性，是学生心理发展的必要条件。这是由于心理发展过程本身的特点决定的。如果各种教育不一致、不协调，也会造成学生个性品质的缺陷。(5)在实际活动中，经常地反复地进行练习，是发展学生智能和形成良好的行为习惯的不可缺少的条件。(6)对每个学生都要考虑他们的个别特点，采取因材施教的方法(参照本章第三、四节)。

第二节　中小学生的身心发展特点

一、小学生的身心发展特点

(一)小学生的生理发展特点

生理的发展是儿童心理发展的物质基础，小学生身体的健康发展为他们从事学校学习活动提供了保证，而脑及高级神经系统的发育更是他们心理发展的前提和重要的物质基础。小学生生理发展在人的一生发展中处于一个相对平稳的状态。他们的身高平均每年增长 4～5 厘米，体重平均每年增长 2～2.5 千克。同幼儿相比，骨骼更加坚固，但由于骨骼中所含的石灰质较少，比较容易变形、脱臼。小学生身体的肌肉组织虽有所发展，但不够强壮，缺乏耐力，容易疲劳，不易长时间从事过于激烈的体育活动。

从体内机能的发育来看，小学生的心脏和血管在不断增长，其容积没有成人的大，但新陈代谢快，所以小学生心跳速度比成人快。从肺的发育来看，六七岁儿童肺的结构就已发育完成，至十二岁时已发育得较为完善，儿童的肺活量在这一阶段也迅速增加，表明肺功能不断发展。

从脑和神经系统的发育来看，小学生的脑重量已逐渐接近成人水平。随着大脑皮层的生长发育，儿童脑的兴奋过程与抑制过程逐渐走向平衡，觉醒时间逐渐延长，睡眠时间缩短，这使儿童有更多的时间从事学习活动。

(二)小学生心理发展的特点

1.感知、注意、记忆的特点

小学生从笼统、不精确地感知事物的整体渐渐发展到能够较精确地感知事物的各部分，并能发现事物的主要特征及事物各部分间的相互关系。小学生的注意力不稳定、不持久，且常与兴趣密切相关。小学生的记忆最初仍以无意识记、具体形象识记和机械识记为主。

2.想象、思维的特点

小学生的想象从形象片断、模糊向着越来越能正确、完整地反映现实的方向发展。低年级的小学生，想象具有模仿、简单再现和直观、具体的特点，到中高年级，他们对具体形象的依赖性会越来越小，创造想象开始发展起来。小学生的思维从以具体形象思维为主要形式逐步向以抽象逻辑思维为主要形式过渡，但他们的抽象逻辑思维在很大程度上仍是直接与感性经验相联系的，具有很大成分的具体形象性。

3.情感的特点

随着年龄的增长，小学生的情感也逐渐变得更加稳定、丰富、深刻了。低年级小学生虽已能初步控制自己的情感，但还常有不稳定的现象。到了小学高年级，他们的情感更为稳定，自我尊重，希望获得他人尊重的需要日益强烈，道德情感也初步发展起来。

4.意志的特点

小学生的身体各器官、系统都生长发育得很快，他们精力旺盛、活泼好动，但同时因为他们的自制力还不强，意志力较差，所以遇事很容易冲动，意志活动的自觉性和持久性都比较差，在完成某一任务时，常是靠外部的压力，而不是靠自觉的行动。

5.自我意识的特点

小学生的自我意识在不断发展，自我评价的能力也不断有所增长。随着年龄和见识的增长，他们已不再完全依靠教师的评价来估计自己，而是能够把自己与别人的行为加以对照，独立地做出评价。因而在小学阶段进行有效的教育，使学生形成良好的性格是非常重要的。

二、中学生的身心发展特点

(一)中学生生理发展的特点

中学生在生理的发展上处于青春发育期。青春发育期生理上变化多端，发展迅猛，主要包括体形、内脏和性在内的三大变化。

1.身体外形剧变

由于内分泌的发育，四五年之内，少男少女们的身体外形发生急剧变化，身高、体重、胸围、头围、肩宽、骨盆等都加速增长，骨架粗大，肌肉壮实，外形、外貌以及外部行为动作也随之变化。特别是，个子突然蹿高，每年可长 6～8 厘米，甚至 10～11 厘米；体重迅速增加，每年可增 5～6 千克，甚至 8～10 千克。

2.体内机能增强

人体内各种器官和组织的各种机能在青春发育期迅速增强，逐步趋向成熟。中学生心脏的发育，从心脏形体、恒定性、血压、脉搏等指标变化来看，日渐接近成人，大致在20岁以后趋向稳定。12岁前后开始，肺发育得又快又好，男生到十七八岁，女生到十六七岁，肺活量可以达到或接近成人。肌肉发达，骨骼增粗。特别是脑和神经系统的发育最快，脑的重量和容积12岁时已经接近成人，十三四岁时脑已基本成熟，大脑皮质的沟回组织已经完善、分明，神经元细胞也完善化和复杂化，神经系统的结构与机能几近成人，大脑兴奋与抑制过程逐步平衡，到十六七岁后则能协调一致，第二信号系统逐步占据优势，并在概括与调节作用上显著发展。

3.性的发育成熟

人体内部发育成熟最晚的部分是性的器官与机能。性的成熟则标志着人体全部器官接近全部发育成熟。中学时期是人的性成熟最快的关键阶段。少男少女们到了青春发育期性器官与机能便迅速发育成熟，性发育的外部表现“第二性征”逐步凸现，性的成熟给他们的心理发展带来重大的变化，使他们感到自己长大了，是大人了。

(二)生理发展对心理发展的影响

中学生(特指初中生)生理上的发展，带来很大的心理波动。首先，由于中学生身体外形的变化，成人感也逐步增强。因此，在心理上希望能尽快进入成人世界，希望尽快摆脱童年时的一切，寻找到一种全新的行为准则，扮演一个全新的社会角色，获得一种全新的社会评价，重新体会人生的意义。然而，无论是在学校，还是在家庭，中学生的社会角色依然还是一个孩子，在这种无形的矛盾中，他们体会到了种种困惑。

其次，由于性的成熟，中学生对异性产生了好奇和兴趣，萌发了与性相联系的一些新的情绪情感体验，滋生了对性的渴求但又不能公开表达这种愿望和情绪，所以，常常体会到一种强烈的冲击和压抑。

以上两种矛盾会引发中学生一系列的心理冲突，主要表现为：

1.成人感和幼稚性并存

由于身体的发育成熟使中学生产生了成人感，但在辩证思维方面才刚刚萌芽，思想方面仍带有很大的片面性和表面性，情绪体验也缺乏成人的深刻和稳定，社会经验不足等幼稚性，这无异会给中学生带来许多的心理冲突和矛盾。

2.反抗性与依赖性并存

由于中学生产生了一种强烈的成人感，进而产生了强烈的独立意识，对一切都不愿顺从，不愿听取父母、老师及其他成人的意见，在生活中，从穿衣戴帽到对人对事的看法，常常处于一种与成人相抵触的情绪状态中。

但是，在中学生的内心并没有完全摆脱对父母的依赖，只是依赖的方式有所变化。童年时，对父母的依赖更多的是在生活上，中学生对父母的依赖则表现为希望从父母那里得到精神上的理解、支持和保护。

3.闭锁性和开放性并存

进入青春期的中学生，渐渐地将自己的内心封闭起来，心理生活丰富了，但表露于外的东西却少了。把日记藏起来不让别人看，就是把自己内心世界封闭起来的最好印证。

同时，中学生又感到非常孤独和寂寞，希望能有人来关心和理解自己。他们不断地寻找朋友，一旦找到，就会推心置腹，毫不保留。因此，中学生在封闭自己的同时，又表现出明显的开放性。

4.勇敢和怯懦并存

中学生似乎能表现出很强的勇敢精神，但这时的勇敢带有鲁莽和冒失的成分，具有“初生牛犊不怕虎”的特点。这是因为，首先，他们在思想上很少受条条框框的限制和束缚，在主观上，不存在过多的顾虑，常能果断地采取行动；其次，由于他们在认识能力上的局限性，使其经常不能立刻辨析出那些危险的情境。

但在另外一些情况下，中学生也常常表现得比较怯懦。例如，他们在公众场合，常羞羞答答，未说话先脸红等。上述行为与他们缺乏生活经验有关。

5.高傲和自卑并存

由于中学生尚不能确切地评价和认识自己的智力潜能和性格特征，很难对自己做出一个全面而恰当的估计，而是凭借一时的感觉对自己轻下结论。这样就导致他们对自己的自信程度把握不当。几次甚至一次的成功，就可以使他们认为自己是非常优秀的人才而沾沾自喜。几次偶然的失利，就会使他们认为自己无能透顶而极度自卑。这两种情绪往往交替地出现在同一个中学生身上。

6.烦恼突然增多

不知道以何种形象出现于公众面前；与父母的关系出现裂痕；不知道如何在同伴中保持较高地位等成为中学生烦恼的主要来源。

（二）中学生心理发展的特点

1.智力的迅速发展

中学生的感觉、知觉灵敏，记忆力、思维能力不断增强，逻辑抽象思维能力逐步占据主导地位。中学生逐步开始用批判的眼光来看待周围事物，有独到见解，喜欢质疑和争论。初中性的思维发展表现由具体形象向抽象逻辑的转变；高中生的抽象逻辑思维表现为由“经验型”向“理论型”的过渡。

2.自我意识增强

随着知识的积累、智力的发展以及独立安排生活道路这一客观要求的逼近，中学生的自我意识日渐成熟。他们倾心于认识自己的身心发展及其社会价值，独立地评价自己和别人，并逐渐克服评价的片面性，力求全面分析；初步形成稳定的性格特征；能较好地进行自我教育。

自我意识的发展，是中学生个性趋向成熟稳定的一个重要表现。他们能对自己、对他人做出比较深刻的评价，开始学会从各种角度比较全面地评价他人和自己。

3.情绪、情感趋向成熟

中学生的情绪和情感已趋向成熟和稳定，但与成人相比，又显得动荡不稳。这个时期的青少年办事积极、富于热情，情感易被激发，行动迅速，表现为奔放、果断。但由于生理和自我意识上的急剧变化，有时中学生的情绪、情感容易过于激动。随着智力的不断增长和社会需要，中学生慢慢地形成许多具有明确道德意识的社会情感，如集体荣誉感、社会责任感、义务感、正义感和民族自豪感等，其深刻性和持久性明显提高，由于对情感的自我调节和自我控制的能力提高，中学生的情感逐渐稳定。

4.意志发展迅速

中学生在遇到困难时，往往乐于独立思考，想办法克服困难，表现出良好的主动性，不像小学生那样轻易求助于他人，同时中学生控制和支配自己行为的能力也逐渐增强。此时，他们努力使自己的行为服从于原定的目的和计划，能较好地调节自己的情绪。行动的理智性比较强，当然有时也表现出冲动。此外，由于神经系统功能尤其是内抑制功能的发达，以及动机的深刻性和目的水平的提高，使中学生在面对困难时表现出坚韧性。他们勇于求成，凡事不肯轻易服输，即便受挫，亦不灰心。

5.言行趋于完善与成熟

言语和行为特征是表达中学生心理发展状况的重要标志。中学生的词汇已很丰富，且内容日渐深刻；口语表达中的独白、语言趋于完善；书面语言表达基本成熟；内部语言已达到完全简约化的水平。这个时期的中学生要求完全摆脱成人干预，独立行事，要求社会承认他们行为的社会价值；要求两性交往、恋爱等。他们要求像成人一样地参与社会生活，但是又往往不善于控制自己的行为，特别是在情感受到触动的时候容易冲动。

第三节 中小学生心理发展的相关概念和理论

一、学习准备

学习准备是指学生原有的知识水平或心理发展水平对新的学习的适应性，即学生在学习新知识时，那些促进或妨碍学习的个人生理、心理发展的水平和特点。学习准备是一个动态的发展过程，包括纵向和横向两个维度。纵向的方面是指从出生到成熟的各个年龄阶段的学习准备。在不同的年龄阶段，学生的生理成熟水平和心理发展水平有明显的差异。这些差异是有效学习所必须考虑的前提条件。横向的学习准备是指每个年龄阶段出现的各种内部因素相互影响、相互作用而形成的一个动力结构。丰富的环境影响，有利于生理器官和功能的发展，心理发展通过学习才能实现。总之，学习准备不仅影响新学习的成功，而且也影响学习的效率。同时，学习也会促进学生的心理发展，新的发展又为进一步的新学习做好准备。

二、最近发展区

苏联的维果斯基认为，儿童有两种发展水平：一是儿童的现有水平，即由一定的已经完成的发展系统所形成的儿童心理机能的发展水平，如儿童已经完全掌握了某些概念和规则。二是即将达到的发展水平。这两种水平之间的差异，就是最近发展区。也就是说，最近发展区是指儿童在有指导的情况下，借助成人帮助所能达到的解决问题的水平与独自解决问题所达到的水平之间的差异，实际上是两个邻近发展阶段间的过渡状态。它的提出说明了儿童发展的可能性，其意义在于教育者不应只看到儿童今天已达到的发展水平，还应该看到仍处于形成的状态，正在发展的过程。所以，维果斯基强调教学不能只适应发展的现有水平，走在发展的后面，而应适应最近发展区，从而走在发展的前面，并最终跨越最近发展区而达到新的发展水平。

三、关键期

奥地利生态学家劳伦兹在研究鸟类的自然习性时发现，刚孵出的幼禽，如小鸡、小鹅，会在出生后很短的一段时间内追逐自己的同类，若错过了这段时间，便很难再学会此类行为或“印刻”自己的“母亲”。他认为这个时间是幼禽认识并追随母禽的关键期。后来，发展心理学家将动物的关键期概念引入儿童行为学习的研究领域，认为儿童心理的发展同样存在关键期。这是个体早期生命中一个比较短暂的时期，在此期间，个体对某种刺激特别敏感；过了这一时期，同样的刺激对之影响很小或没有影响。

蒙台梭利在长期的学前教育中，通过对婴幼儿的观察与研究，归纳出九种关键期：语言敏感期（0～6 岁）；秩序敏感期（2～4 岁）；感官敏感期（0～6 岁）；对细微事物感兴趣的敏感期（1.5～4 岁）；动作敏感期（0～6 岁）；社会规范敏感期（2.5～6 岁）；书写敏感期（3.5～4.5 岁）；阅读敏感期（4.5～5.5 岁）；文化敏感期（6～9 岁）。

在蒙台梭利教育中对“敏感期”有这样的相关描述：当敏感力产生时，孩子在内心会有一股无法抑制的动力，驱使孩子对他所感兴趣的特定事物，产生尝试或学习的狂热，直到满足需求或敏感力减弱，这股力量才会消失。如果人类错过了发展的敏感期。虽然不会造成不可逆转的遗憾，却会阻碍人的发展，甚至导致行为和能力的障碍。“狼孩”“猪孩”就是例证。所以，我们应抓住关键期的有利时机，及时进行适当的教育，就能收到事半功倍的效果。

四、认知

（一）认知的含义

认知也称为认识，是指人认识外界事物的过程，即对作用于人的感觉器官的外界事物进行信息加工的过程。它包括感觉、知觉、记忆、思维等心理现象。

（二）皮亚杰的认知发展阶段论

瑞士心理学家皮亚杰认为，儿童从出生到成人的认知发展不是一个数量不断增加的简单累积过程，而是伴随同化性的认知结构的不断再构，使认知发展形成几个按不变顺序相继出现的时期或阶段。他认为逻辑思维是智慧的最高表现，因而从逻辑学中引进“运算”的概念作为划分智慧发展阶段的依据。这里的运算并不是形式逻辑中的逻辑演算，而是指心理运算，即能在心理上进行的、内化了的动作。经过一系列的研究与演变，他将从婴儿到青春期的认知发展分为感知运动、前运算、具体运算和形式运算等四个阶段。

1.感知运动阶段（0～2 岁）

这一阶段儿童的认知发展主要是感觉和动作的分化。初生的婴儿，只有一系列笼统的反射。随后的发展便是组织自己的感觉与动作以应付环境中的刺激，到这一阶段的后期，感觉与动作才渐渐分化而有调适作用的表现，思维也开始萌芽。

2.前运算阶段(2～7 岁)

这个阶段的儿童的各种感知运动图式开始内化为表象或形象模式,特别是语言的出现和发展,使儿童日益频繁地用表象符号来代替外界事物,但他们的语词或其他符号还不能代表抽象的概念,思维仍受具体直觉表象的束缚,难以从知觉中解放出来。他们的思维有如下主要特征:认为外界的一切事物都是有生命的;所有的人都有相同的感受,一切以自我为中心;认知活动具有相对具体性,还不能进行抽象的运算思维;思维不具有可逆性等。

3.具体运算阶段(7～11 岁)

这个阶段的儿童认知结构中已经具有了抽象概念,思维可以逆转,因而能够进行逻辑推理。这个阶段的标志是儿童已经获得了长度、体积、重量和面积的守恒。所谓守恒,是指儿童认识到客体在外形上发生了变化,但其特有的属性不变。这个阶段的儿童能凭借具体事物或从具体事物中获得的表象进行逻辑思维和群集运算。但这一阶段的儿童的思维仍需要具体事物的支持。

4.形式运算阶段(11～15 岁)

这一阶段的儿童思维已超越了对具体的可感知的事物的依赖,使形式从内容中解脱出来,进入形式运算阶段。

(1)命题之间关系

本阶段的儿童的思维是以命题形式进行的。他们不仅能考虑命题与经验之间的真实性关系,而且能看到命题与现实之间的关系,并能推论两个或多个命题之间的逻辑关系。

(2)假设—演绎推理

本阶段的儿童不仅能够运用经验—归纳的方式进行逻辑推理,而且能够运用假设—演绎推理的方式来解决问题。他们能在考查问题细节的基础上,假设这种或那种理论或解释是正确的,再从假设中演绎出从逻辑上讲这样或那样的经验现象实际上应该或不应该出现,然后检验他的理论,看这些预见的现象是否确实出现。

(3)抽象逻辑思维

本阶段的儿童能理解符号的意义、隐喻和直喻,能做一定的概括,其思维发展水平已接近成人的水平。

(4)可逆与补偿

本阶段的儿童不仅具备了逆向性的可逆思维,而且具备了补偿性的可逆思维。例如,对于“在天平的一边加一点东西,天平就失去平衡,怎样使天平重新平衡”的问题，他们不仅能考虑把所加的重量拿走（逆向性），而且能考虑移动天平的加重的盘子使它靠近支点，即使力臂缩短（补偿性）。

（5）思维的灵活性

本阶段的儿童不再刻板地恪守规则，反而常常由于规则与事实的不符而违反规则。对这一年龄阶段的儿童，教师和家长不宜采用过多的命令和强制性的教育，而应鼓励和指导他们自己作决定，同时对他们考虑不全面的地方提出建议和改进的办法。

五、人格

（一）人格的含义

人格的概念源于希腊语 Persona，原来主要是指演员在舞台上戴的面具，类似中国京剧中的脸谱，后来心理学借用这个术语用来说明：在人生的大舞台上，人也会根据社会角色的不同来换面具，这些面具就是人格的外在表现。面具后面还有一个实实在在的真我，即真实的自我，它可能和外在的面具截然不同。

人格又称个性，是指决定个体的外显行为和内隐行为并使其与他人的行为有稳定区别的综合心理特征。

（二）埃里克森的人格发展阶段理论

埃里克森认为，儿童人格的发展是一个逐渐形成的过程，必须经历八个顺序不变的阶段，其中前五个阶段属于儿童成长和接受教育的时期。每一阶段都有一个由生物学的成熟与社会文化环境、社会期望之间的冲突和矛盾所决定的发展危机，成功而合理地解决每个阶段的危机或冲突将促使个体形成积极的人格特征，有助于发展健全的人格，否则，个体就会形成消极的人格特征，导致人格向不健全的方向发展。

1.基本的信任感对基本的不信任感（0～1.5 岁）

该阶段的发展任务是发展对周围世界，尤其是对社会环境的基本态度，培养信任感。如果父母或照料者给予婴儿适当的、稳定的与不间断的关切、照顾、哺育与抚摸，婴儿就会对父母产生一种信任感，认为这个世界是安全而可信赖的地方。这种对人对环境的基本信任感是形成健康个性品质的基础，是以后各个时期发展的基础，其中最重要的是青年时期发展起来的同一性的基础。

2.自主感对羞耻感与怀疑（2～3 岁）

该阶段的发展任务是培养自主性。儿童初步尝试独立处理事情。如果父母允许幼儿去做他们能力所及的事，鼓励幼儿的独立探索愿望，幼儿就会逐渐认识自己的能力，养成自动自主的个性；反之，父母过分溺爱和保护或过分批评指责，就可能使儿童怀疑自己对自我和环境的控制能力，使之产生一种羞耻感。

3.主动感对内疚感(4～5岁)

该阶段的发展任务是培养主动性。由于身体活动能力和语言的发展，儿童有可能把他的活动范围扩展到家庭之外。儿童喜欢尝试探索环境，承担并学习掌握新的任务。此时如果父母或教师对儿童遇到的问题耐心听取，细心回答，对儿童的建议给予适当的鼓励或妥善的处理，则儿童不仅发展了主动性，还能培养明辨是非的道德感。反之，如果父母对儿童的问题感到不耐烦或嘲笑儿童的活动，儿童就会对自己的活动产生内疚感。有时，当儿童的主动性与别人的主动性产生冲突时，也有可能引发内疚感。

4.勤奋感对自卑感(6～11岁)

该阶段发展任务是培养勤奋感。这个时期，绝大多数儿童已进入学校，第一次接受社会赋予他并期望他完成的社会任务。他们追求工作完成时所获得的成就感及由其成就所带来的师长的认可与赞许。如果儿童在学习、游戏等活动中不断取得成就并受到成人的奖励，儿童将以成功、嘉奖为荣，培养乐观、进取和勤奋的人格；反之，如果由于教学不当，或努力不够而多次遭受挫折，或其成就受到漠视，儿童容易形成自卑感。

5.自我同一性对角色混乱(12～18岁)

该阶段的发展任务是培养自我同一性。自我同一性指个体组织自己的动机、能力、信仰及其活动经验而形成的有关自我的一致性形象。自我同一性的形成要求谨慎的选择和决策，尤其体现在职业定向、性别角色等方面。如果青少年不能整合这些方面和各种选择，或者他们根本无法在其中进行选择，就会导致角色混乱。

玛西亚(Marcia)提出青少年同一性发展的四种情形。它们是同一性达成、同一性拒斥、同一性分散和延期偿付。

同一性达成表明个体考虑了各种实际选项，做出了选择，并实践选择。同一性并不是在青春期才出现的，儿童在学前期已形成了各种同一性，但是进入青春期后，早期形成的同一性已不能应付眼前必须做出的种种选择和决断了。

同一性拒斥的个体过早地将自我意象固定化，没有考虑各种选择的可能，而停止了同一性的探求。同一性拒斥的青少年往往缺乏主见，遵从他人的目标、价值观和生活方式。这里的他人包括父母、宗教群体等。同一性完成过早的人会显得刻板与肤浅，不会沉思，应变能力差，但很少会忧虑。这类人倾向于与父母保持密切的关系，并采纳父母的价值观。他们喜欢有组织、有秩序的生活，尊重权威。

同一性分散的个体很少“发现自己”，不知道自己是谁，不知道想做什么，没有明确的发展方向。经历着同一性分散的青少年无法成功地做出选择，或者他们会逃避思考问题，缺乏兴趣，孤独，对未来不抱希望，或者可能很叛逆。他们宁可塞着耳塞听音乐或睡觉，也不愿意接触父母和老师。

统一性延期偿付表示个体延迟做出个人生活或职业的选择和承诺。自我同一性的达成是一个逐渐缓慢的探索过程，而不是外在的急剧变化。延期选择很正常，而且是健康有益的。

6.亲密感对孤独感(18～25 岁)

该阶段的发展任务是建立亲密感。这一时期，青年人已走向社会，进入人与人之间的新关系之中。他们需要与伴侣、朋友、同事等建立爱情、友谊、团结与亲密的关系。如果发现自己不能与别人建立起友爱、亲密的关系，就会感到孤独，产生不愿与人接近的孤独感。

7.繁殖感对停滞感(25～65 岁)

该阶段的发展任务是建立繁殖感。这一阶段正是成家立业之后，一方面自己承担着社会任务，有工作，有事业，要求为社会创造价值，发挥创造性；另一方面又有家庭，有孩子，需要照顾料理家务和孩子。如果能利用自己的能力，为社会、为事业而发挥创造力，就可获得创造感，进一步创造、再创造。如果只关心个人的需要与舒适，饱食终日，无所事事，陷入自我专注状态，就会产生停滞感。

8.自我整合对绝望感(65 岁以后)

该阶段是自己一生为之奋斗的事业趋于完成和进行反省的时期。当对自己的一生作肯定的评价，觉得没有虚度时光，未竟事业由下一代接替延续，对一生不存在奢望时，就会产生一种完善感。相反，当回顾一生，觉得一事无成，走过的道路充满坎坷，后悔当初的选择，重新开始又为时已晚，于是就充满悔恨、悲哀、绝望。

埃里克森认为，在每一个心理社会发展阶段中，解决了核心问题之后所产生的人格特质，都包括了积极与消极两方面的品质，如果各个阶段都保持向积极品质发展，就算完成了这阶段的任务，逐渐实现了健康的人格；否则就会产生心理社会危机，出现情绪障碍，形成不健全的人格品质。

(三)影响人格发展的社会因素

人格的发展是个体社会化的结果。不管什么社会，影响儿童人格发展的社会化动因基本上都是家庭、学校、同伴以及电视、电影、文艺作品等社会宣传媒体。

1.家庭教养模式

鲍姆宁曾根据控制、成熟的要求、父母与儿童的交往、父母的教养水平等四个指标，将父母的教养行为分成专制型、放纵型和民主型等三种教养模式，研究不同的教养模式对儿童人格发展的影响。结果发现，专制型教养模式下的儿童不太知足、不安全、忧虑、退缩、怀疑、不喜欢与同伴交往。放纵型教养模式下的儿童是最不成熟的，他们缺乏自我控制力和探索精神，有极强的依赖性，遇到新奇事物或紧张事情就会退缩。民主型教养模式下的儿童是最成熟的，他们有能力，独立性强，自信，知足，爱探索，善于控制自己，喜欢交往，自我肯定。

2.学校教育

学校教育在学生社会化中的作用主要是通过教师与学生的相互影响来实现的。教师的品德修养、知识经验、教育和教学技巧、对学生的态度等，对学生社会化与人格的发展都具有举足轻重的意义。同时，学校教育按照一定社会的教育目标，有计划、有步骤地对青少年学生施加影响，因而直接制约着学生人格发展的方向和基本质量。

3.同辈群体

与同父母的关系相比，中学生与同龄伙伴的交往更加自由和平等。与同辈群体的交往使儿童能够进行人际关系和交流的探索，并发展人际敏感性，奠定儿童今后社会交往的基础，促进儿童的社会化和人格的发展。一方面，同辈群体是儿童学习社会行为的强化物。另一方面，同辈群体又为儿童的社会化和人格发展提供社会模式或榜样。随着年龄的增长，同伴的影响越来越强，在某种程度上甚至超过父母的影响。

六、自我意识

（一）自我意识的含义

自我意识是个体对自己以及自己与周围事物的关系的意识。一般认为，自我意识包括三种成分：一是自我认识，个体对自己的心理特点、人格特征、能力及自身社会价值的自我了解与自我评价。二是自我体验，个体对自己的情感体验，如自尊、自爱、自豪、自卑及自暴自弃等。三是自我监控，属于对自己的意志控制，如自我检查、自我监督、自我调节、自我追求等。

（二）自我意识的发展

个体自我意识的发展经历了从生理自我到社会自我，再到心理自我的过程。

1.生理自我

生理自我是自我意识最原始的形态。儿童1周岁末，开始将自己的动作和动作的对象区分开来，把自己和自己的动作区分开来，并在与成人的交往中，按照自己的姓名、身体特征、行动和活动能力来看待自己，并做出一定的评价。生理自我在 3 岁左右基本成熟。

2.社会自我

儿童在 3 岁以后，自我意识的发展进入社会自我阶段。他们从轻信成人的评价逐渐过渡到自我独立评价，自我评价的独立性、原则性、批判性正在迅速发展，对道德行为的判断能力，也逐渐达到了前所未有的水平，从对具体行为的评价发展到有一定概括程度的评价。但他们的自我评价通常不涉及个人的内心世界和人格特征，自我的调节控制能力也较差，常出现言行不一的现象。社会自我至少年期基本成熟。

3.心理自我

心理自我是在青春期开始发展和形成的。这时，青年开始自觉地按照一定的行动目标和社会准则来评价自己的心理品质和能力。他们的自我评价越来越客观、公正和全面，并具有社会道德性，并在此基础上形成自我理想，追求最有意义和最有价值的目标。

青春期是自我意识发展的第二个飞跃期。初中生在日常生活中常常将很多心智用于内省；自我意识高涨，使其人格出现了暂时的不平衡性。然而高中生的自我意识中的独立意向日趋强烈；在心理上将自我分成了“理想自我”与“现实自我”两部分；强烈关心自己的个性成长；自我评价成熟；有较强的自尊心；并且道德意识得到高度发展。

自我意识是个体对自己的认识和态度，是人格的重要组成部分，是使人格各部分整合和统一起来的核心力量。同时，一切社会环境因素对人发生影响，都必须通过自我意识的中介而发挥作用，因而其在人格的形成和发展中起着不可缺少的重要作用。

第四节　个别差异与因材施教

因材施教的概念，是朱熹在总结我国古代教育家孔子的相关思想时提出的。在现代教育中，仍是一个重要的教学原则。一定年龄段的学生，他们的生理、心理特点既具有一定的稳定性和普遍性，又具有一定程度的可变性和特殊性；各个学生的生理条件、生活环境和所受教育的不同；同一年龄阶段的各个学生，在心理发展速度和面貌上又具有显著的不同，形成了学生的个性特点和个别差异。所以教师必须从学生的实际情况出发，依据学生的年龄特征和个别差异，有的放矢地进行教学。

一、学生的认知差异及其教育含义

认知过程是指学生借以获得信息、做出计划和解决问题的心理过程。这个过程存在着个体之间的认知方式和认知能力等方面的个别差异。

(一)认知方式差异

认知方式,又称认知风格,是个体在知觉、思维、记忆和解决问题等认知活动中加工和组织信息时所显示出来的独特而稳定的风格。学生间认知方式的差异主要表现在场独立与场依存、沉思型与冲动型、辐合型与发散型等方面。

1.场独立与场依存

场独立和场依存这两个概念最初来源于威特金对知觉的研究。在第二次世界大战期间,他研究飞行员怎样利用来自身体内部的线索和视觉见到的外部仪表的线索调整身体的位置。研究发现,有些被试主要利用来自仪表的视线索,另一些人则主要利用来自身体内部的线索。前一种人的知觉方式为场依存方式,后一种人的知觉方式为场独立方式。后来的研究发现,场独立与场依存是两种普遍存在的认知方式。具有场独立方式的人,对客观事物作判断时,常常利用自己内部的参照,不易受外来的因素影响和干扰;在认知方面独立于他们的周围背景,倾向于在更抽象的和分析的水平上加工,独立对事物做出判断。具有场依存方式的人,对物体的知觉倾向于以外部参照作为信息加工的依据。他们的态度和自我知觉更易受周围的人们,特别是权威人士的影响和干扰,善于察言观色,注意并记忆言语信息中的社会内容。

2.沉思型与冲动型

在有几种可能解答的问题情境中,有些儿童倾向于深思熟虑且错误较少,这种认知方式被称为沉思型认知方式;另一些儿童倾向于很快地检验假设,且常常出错,这种认知方式被称为冲动型认知方式。冲动与沉思的标准是反应时间与精确性。

3.辐合型与发散型

据美国的吉尔福德研究,辐合型认知方式是指个体在解决问题过程中常表现出辐合思维的特征,表现为搜集或综合信息与知识运用逻辑规律,缩小解答范围,直至找到最适当的唯一正确的解答。而发散型认知方式则是指个体在解决问题过程中常表现出发散思维的特征,表现为个人的思维沿着许多不同的方向扩展,使观念发散到各个有关方面,最终产生多种可能的答案而不是唯一正确的答案,因而容易产生有创见的新颖观念。

(二)认知能力差异——智力差异

1.智力与智力测量

为了对人的聪明程度做定量分析，心理学家创造了许多测量工具，这些测量工具被称作智力量表。世界上最著名的智力量表是斯坦福—比纳量表(简称S—B量表)。该量表最初由法国人比纳和西蒙于1905年编制，后来由斯坦福大学的推孟作了多次修订而闻名于世。我国有它的修订版。

智力测验中的一个重要概念是智商，简称IQ。

$$IQ=\frac{\text{智力年龄(MA)}}{\text{生理年龄(CA)}}\times 100$$

上述公式中的实际年龄指从出生到进行智力测验时的年龄，简称CA。智力年龄是根据智力测验计算出来的相对年龄，因为智力测验的题目按年龄分组，由此计算得到的智商属于比率智商。

1936年，美国的韦克斯勒编制了另一套智力量表，包括学龄前智力量表(WPPIS)、儿童智力量表(WISC)和成人智力量表(WAIS)。该量表仍采用智商的概念，但这里的智商是以同年龄组被试的总体平均数为标准确定的。它假定同年龄组测量成绩总平均数为100，用个人实际得分与总平均数比较，确定其在同龄组内所处的相对位置，以此判定其智力水平。

不管是斯坦福—比纳量表还是韦克斯勒量表，在选择测题时都严格控制各种因素的影响，使测题对所有儿童都有同样的检验。所以，儿童在回答测题时的数量与质量便成为其聪明程度的指标。

2.智力的差异

由于智力是个体先天禀赋和后天环境相互作用的结果，个体智力的发展存在明显的差异，包括个体差异和群体差异。

(1)智力的个体差异

智力的个体差异反映在个体间和个体内。个体间的差异指个人与其同龄团体的常模比较表现出来的差异。大量的研究表明，人们的智力水平呈常态分布(又称钟形分布)。绝大多数的人的聪明程度属中等。智商分数极高与极低的人很少。一般认为，IQ超过140的人属于天才，他们在人口中不到1%。智力的个体内差异，即个人智商分数的构成成分的差异。一般的智力测量都是由许多分测验构成的。如韦克斯勒儿童智力量表中有12个分测验,其中6个分测验是通过言语问答进行的,被认为是测量言语智力。另外6个分测验是通过动手操作完成的,被认为是测量操作智力。研究表明,两个IQ分数相同的儿童,他们智商分数的构成可能有很大差异。

(2)智力的群体差异

智力的群体差异是指不同群体之间的智力差异,包括智力的性别差异、年龄差异、种族差异等。目前研究的基本结论如下。

第一,男女智力的总体水平大致相等,但男性智力分布的离散程度比女性大。

第二,男女的智力结构存在差异,各自具有自己的优势领域。

(三)认知差异的教育含义

认知方式没有优劣好坏之分,只是表现为学生对信息加工方式的某种偏爱,主要影响学生的学习方式。智力是影响学习的一个重要因素。在传统教学条件下,智力是学习成绩的一个可靠的预测指标。然而,智力并不影响学习能否发生,它主要影响学习的速度、数量、巩固程度和学习的迁移。所有这些认知差异表明,我们必须根据学生认知差异的特点与作用,不断改革教学,努力因材施教。

首先,应该创设适应学生认知差异的教学组织形式。是按年龄分班教学还是按将能力或知识水平接近的学生组成教学班(组)进行教学?斯托达德曾提出一个双重进度方案,一部分课程(必修课)采用年级制分班,而其余课程则采用能力分级制,力图使两种教学形式有机地统一起来。

其次,采用适应认知差异的教学方式,努力使教学方式个别化。布卢姆通过长期的教学实验,提出著名的掌握学习理论。所谓掌握学习,是指向不同能力水平的学生提供最佳的教学和给予足够的学习时间而使绝大多数学生达到掌握的程度(通常要求成功地完成80%～90%的教学评价项目)。

最后,运用适应认知差异的教学手段。美国的斯金纳等人提倡程序教学,依靠教学机器或程序化教科书呈现学习程序,使学生循序个别学习。在现代,程序教学又发展为计算机辅助教学。它是根据程序教学的原理将电子计算机技术运用于教学的一种手段。

二、学生的性格差异及其教育含义

(一)性格的概念

性格是指个体在生活过程中形成的对现实的稳固的态度以及与之相适应的习惯化的行为方式。性格具有直接的社会意义,不同性格特征的社会价值是不一样的。因而，性格便成为人与人相互区别的主要方面，是人格的核心。

(二)性格的差异

性格的个别差异表现在性格特征差异和性格类型差异两个方面。

1.性格的特征差异

关于性格的特征差异，心理学家一般是从以下四个方面进行分析的：一是对现实态度的性格特征，包括对社会、集体、他人的态度；对劳动、工作和学习的态度；对自己的态度。在这几个方面个体间存在着很大的差异。二是性格的理智特征，是指人在感知、记忆、思维、想象等认识过程中所表现出来的习惯化了的行为方式。三是性格的情绪特征，这是指个体在情绪活动时的强度、稳定性、持续性以及主导心境等方面表现出来的个别差异。四是性格的意志特征，主要表现在个体对自己行为的控制和调节方面的性格特征，如自觉性、果断性、自制力以及坚韧性等方面的特征。

2.性格的类型差异

性格类型是指在一类人身上所共有的性格特征的独特结合，许多心理学家都试图划分性格的类型，依据个人心理活动的倾向性，可以把人的性格分为外倾型与内倾型两类；依据一个人独立或顺从的程度，把人的性格分为独立型和顺从型。

知识拓展：

性格色彩分析

从乐嘉红了之后，他的性格色彩学也日渐风靡。可是最早提出性格色彩的并不是乐嘉，而是哈特迈博士。“性格色彩学”的源头是希波克拉底的四液学说。希波克拉底将那些明显乐观、爱玩乐特征的人称为多血质；将那些喜欢成为领导者的人称为胆汁质；将那些循规蹈矩，感情细腻的人称为抑郁质；而将那些乐于旁观，很轻易就会被人所领导的人称为黏液质。“性格色彩”也仿效体液说将人的性格分为红、黄、蓝、绿。

红色性格的人喜欢说了算；只重结果不重过程；对人、对事、对物表现得干脆利落、爱憎分明；面对压力越挫越勇，不怕困难挫折；并且敢作敢为，敢于承担责任。但是红色性格的人节奏太快，过分自信，容易给人压力，让人感觉太倔强。

黄色性格的人喜欢表达、表现，活泼开朗，内外一致性好，兴趣广泛，崇尚浪漫，不斤斤计较，不记仇。但是这种性格的人容易丢三落四，半途而废，生活或工作中容易热情过头，爱吹牛，喜欢说大话。

蓝色性格的人内敛，做事追求完美，责任心强，谦虚谨慎，严格自律，具有同情心。但过于严肃,容易钻牛角尖,太求完美,没有魄力。

绿色性格的人为人随和,做事不急不躁,在集体中很乐意成为团队的普通一员,行动时节奏太慢,很容易被忽略。

(三)性格差异的教育含义

性格虽然也不会决定学习是否发生,但它却会影响学生的学习方式。性格也作为动力因素而影响学习的速度和质量。性格的性别差异又会影响学生对学习内容的选择,而且还会影响学生的社会性学习和个体社会化。

因此,为了促进学生的全面发展,学校教育应更重视情感因素的作用,使教育内容的选择和组织更好地适应学生的性格差异。

本章知识结构:

- 中小学生的心理发展与教育
  - 心理发展的概述
    - 心理发展含义及特点
    - 心理发展与教育
  - 心理发展的相关概念
    - 学习准备
    - 最近发展区
    - 关键期
    - 认知
      - 认知的含义
      - 皮亚杰的认知发展阶段
    - 人格
      - 人格的概念
      - 埃里克森的人格发展阶段理论
      - 影响人格发展的社会因素
    - 自我意识
      - 自我意识的概念及结构
      - 自我意识的发展阶段
  - 中小学生的身心发展特点
    - 小学生的身心发展特点
      - 小学生生理发展特点
      - 小学生心理发展特点
    - 中学生的身心发展特点
      - 中学生生理发展特点
      - 中学生心理发展特点
  - 个别差异与因材施教:认知差异、性格差异

实践活动:

王某,男,就读于武汉市某中学,初一时学习成绩中等,进入初二后学习成绩明显下降,常常在最后几十名徘徊,物理成绩尤其差。平时容易冲动、反叛。常常与

同年级其他不爱学习的学生一起玩，与班上同学关系一般。家庭比较宽裕，父母文化程度一般，高中毕业。父亲个体经商，母亲在一事业单位上班。与父母沟通一般，喜欢在中午放学后去游戏机室、网吧等地方玩耍，下午上课常常迟到，还编出各种理由搪塞老师，上课总是睡觉，不完成作业。

分析角度：

(1)该生性格特点

(2)家庭原因

(3)同辈群体影响

(4)社会风气影响

(5)学校老师管理

思考与练习：

1.什么是心理发展？学生的心理发展具有什么特点？

2.名词解释：学习准备、最近发展区、关键期、人格、自我意识、认知方式、性格。

3.简述皮亚杰的认知发展阶段及每阶段的认知特点。

4.埃里克森的人格发展经历哪些阶段？每个阶段的矛盾冲突是什么，如何顺利解决？

5.简述小学生、中学生的身心发展特点。

6.影响人格发展的社会因素有哪些？

7.结合教学实例，谈谈什么是因材施教。

第三部分　一般学习心理

第三章　学习的基本理论

引子："学习"是我们终身面对的话题和任务，那么，究竟学习本质是什么？学习的过程什么样？学习又遵循什么规律？依赖什么条件？等等，学习理论就是对上述问题进行研究而形成的有系统的知识体系。同时，由于研究者的哲学背景、研究视角的不同，学习理论又形成了各家各派。本章我们就来学习各种不同派别的学习理论。

学习目标：

1.理解并识记广义学习的实质、加涅的按学习层次分类的观点和按学习结果分类的观点。

2.理解并识记强化、认知结构、知识结构、奥苏伯尔的有意义学习、先行组织者、罗杰斯的有意义学习等概念。

3.解释说明联结学习理论、认知学习理论、建构主义学习理论和人本主义学习理论的主要观点。

4.运用尝试错误学习的基本规律、经典性条件反射的规律、操作性条件反射的规律、加涅的信息加工学习模式来解释说明学习者行为的形成。

5.运用布鲁纳的认知结构学习理论、奥苏伯尔有意义接受学习理论、建构主义学习理论和人本主义学习理论指导教学实践。

6.形成依据学习理论，科学地解释和指导学习行为的意识和习惯。

第一节　学习的实质与类型

一、学习的实质

(一)学习的心理实质

学习这一概念有广义和狭义之分。广义的学习指人和动物在生活过程中,凭借经验而产生的行为或行为潜能的相对持久的变化。

这一定义首先说明,学习表现为行为或行为潜能的变化。一般而言,我们可以凭借行为或行为潜能的改变,来推断学习的发生。有时,人们通过学习获得的一般性知识经验(如物理学的知识)和道德规范,往往不一定在人们的当前行为中立即表现出来,但它们却影响着人们未来的行为,即行为潜能。

第二,学习所引起的行为或行为潜能的变化是相对持久的。药物、疲劳、疾病等因素也能引起行为或行为潜能的变化,但这些变化都是比较短暂的。如中小学生因疲劳而降低了学习效率,但一旦疲劳消除,行为表现又会与过去等同。而一旦我们学会了游泳、滑冰、骑车、打球等,这些技能就几乎终生不忘。习得的知识概念虽然有时会发生遗忘,但相对于因药物或疲劳等引起的暂时性变化来说,它们的保持时间仍是比较持久的。

第三,学习是由反复经验而引起的。个体的成熟乃至衰老也会使其行为产生持久的改变,如青春期的少年的嗓音变化,是生理成熟的结果,与经验无关,因而不能称之为学习。由经验而产生的学习主要有两种类型:一种是由有计划的练习或训练而产生的正规学习,如中小学生在学校中的学习;另一种则是由生活经历而产生的随机学习,如经常过马路而懂得并遵守交通规则、经常吃西餐学会了使用刀叉等等。

从上述分析可知,学习不是本能活动,而是后天习得的活动,是由经验或实践引起的。任何水平的学习都将引起适应性的行为变化,不仅有外显行为的变化,也有潜在的个体内部经验的改组和重建,而且这些变化是相对持久的。但是也不能把个体一切持久的行为变化都归之为学习,那些由于疲劳、成熟、机体损伤以及其他生理变化所导致的行为变化就不属于学习,只有通过反复练习、训练使个体行为或行为潜能发生相对持久的变化才能称为学习。

(二)人类学习和学生的学习

人类学习和动物学习有着本质的区别。首先,人的学习除了要获得个体的行为经验外，还要掌握人类世世代代积累起来的社会历史经验和科学文化知识；第二，人的学习是在改造客观世界的生活实践中，在与其他人的交往过程中，通过语言的中介作用而进行的；第三，人的学习是一种有目的的、自觉的、积极主动的过程。因此，我国著名心理学家一般把人的学习定义为在社会生活实践中，以语言为中介，自觉地、积极主动地掌握社会的和个体的经验的过程。

学生的学习是人类学习中的一种特殊形式。它是在教师的指导下，有目的、有计划、有组织、有系统地进行的，是在较短的时间内接受前人所积累的知识经验，并以此来充实自己、获得发展的过程。学生的学习不但要掌握知识经验和技能，还要发展智能，培养行为习惯。以及修养道德品质和促进人格的发展。因此其学习内容大致可分为三个方面：一是知识、技能和学习策略的掌握；二是问题解决能力和创造性的发展；三是道德品质和健康心理的培养。

二、学习的一般分类

(一)加涅的学习层次分类

在西方心理学中，著名教育心理学家和教学设计专家加涅在《学习的条件》一书中先后提出的学习层次分类和学习结果分类影响较大。其中，加涅早期根据学习情境由简单到复杂、学习水平由低级到高级的顺序，把学习分成八类，构成了一个完整的学习层级结构。这八类学习依次是：①信号学习。指学习对某种信号刺激做出一般性和弥散性的反应。这类学习属于巴甫洛夫的经典条件反射。②刺激—反应学习。指学习使一定的情境或刺激与一定的反应相联结，并得到强化，学会以某种反应去获得某种结果。这类学习属于桑代克和斯金纳的操作性条件反射。③连锁学习。指学习联合两个或两个以上的刺激—反应动作，以形成一系列刺激—反应动作联结。各种动作技能的形成。都离不开这类学习。④言语联结学习。指形成一系列的言语单位的联结，即言语连锁化。⑤辨别学习。指学习一系列类似的刺激，并对每种刺激做出适当的反应。⑥概念学习指学会认识一类事物的共同属性，并对同类事物的抽象特征做出反应。例如，将猫、狗、鼠等概括为“动物”，就是概念学习。⑦规则或原理学习。指学习两个或两个以上概念之间的关系。例如，物理学中的“功＝力×距离”这一规则，涉及功与力和距离之间的关系，首先通过概念学习弄清什么是力和距离的概念，然后弄清力与功是什么关系，距离与功又是什么关系，最后“功＝力×距离”这一规则也就能理解了。⑧解决问题学习。指学会在不同条件下，运用规则或原理解决问题，以达到最终的目的。事实上，加涅的这种学习分类系统几乎概括了心理学家所研究的一切学习类型，它不仅包括了人类的低级学习(含动物的学习),也包括了人类的高级学习。

(二)加涅的学习结果分类

为了更好地与教学实际相结合,加涅后来在上述八类学习的基础上,进一步提出了五种学习结果,它们分别是:①智慧技能,表现为使用符号与环境相互作用的能力。例如运算、构思。它指向学习者的环境,使学习者能处理外部的信息。②认知策略,表现为用来调节和控制自己的注意、学习、记忆、思维和问题解决过程的内部组织起来的能力。它是在学习者应付环境事件的过程中对自身认知活动的认识监控和调节。例如运用多种感官参与活动以获得记忆材料的深刻印象,选择适宜的环境以保障注意的集中性。③言语信息,表现为有关事物的名称、时间、地点、定义以及特征等方面的事实性信息。包括符号(如人名、地名、数学符号等)、事实的知识(如中国的首都是北京)、有组织的整体知识(如影响人的身心发展的因素、鸦片战争的原因)。④动作技能,表现为平稳而流畅、精确而适时的动作操作。例如游泳、滑旱冰、骑自行车等。⑤态度,表现为影响着个体对人、对物或对某些事件的选择的内部状态。相对于这五种结果,教学中就有五种学习类型。即言语信息的学习、智慧技能的学习、认知策略的学习、动作技能的学习和态度的学习。

加涅认为,上述五类学习不存在等级关系,其顺序是随意排列的,它们是范畴各不相同的学习。这种分类是对学习层次分类的一种简缩,它集中于学习的更高水平,充分体现了人类学习的特点,尤其符合学校学习的性质。加涅认为,把学习结果作为教育目标,有利于确定到达目标所需要的条件;而从学习条件中可以派生出教学事件,告诉教师应该做什么。因此,通过对学习结果的分析,可以为教学设计提供可靠的依据,从而为到达教学目标铺平道路。

我国教育心理学家认为,教育系统是通过知识、技能的传递来形成和发展学生的能力和体力,通过行为规范的学习来形成和发展学生的态度和品德。因此,为促进学生德、智、体的全面发展,主张把学生的学习分为知识的学习、技能的学习和行为规范的学习三类。

第二节　联结学习理论

联结学习理论认为,一切学习或一切新的行为的形成都是通过条件作用,在刺激S和反应R之间建立直接联结的过程。强化在刺激—反应联结的建立中起着重要作用。所谓刺激—反应联结的建立,就是个体形成了新的习惯性行为,而习惯性行为是反复练习与强化的结果。习惯一旦形成,只要原来的或类似的刺激情境出现，习得的习惯性反应就会自动出现。

一、桑代克的尝试—错误说

桑代克

桑代克(Edward Lee Thorndike 1874～1949)，美国心理学家，动物心理学的开创者，心理学联结主义的建立者和教育心理学体系的创始人。他提出了一系列学习的定律，包括练习律和效果律等。1912 年当选为美国心理学会主席，1917 年当选为美国国家科学院院士。

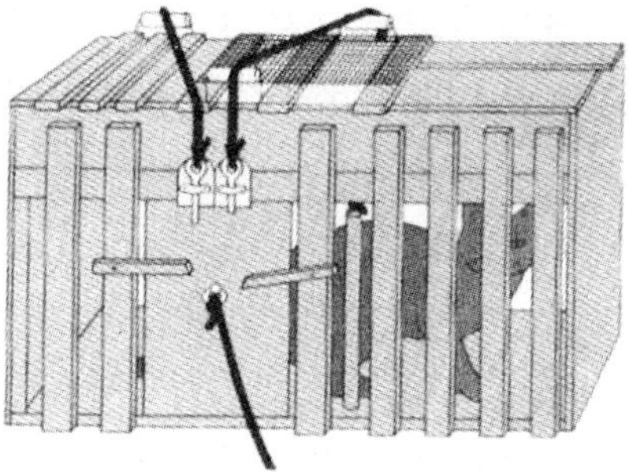

桑代克实验“迷箱”

(一)桑代克的经典实验

桑代克把人和动物的学习定义为刺激与反应之间的联结，认为这种联结的形成是通过盲目尝试—逐步减少错误—再尝试这样一个往复过程习得的。桑代克的这一理论观点是建立在小猫“迷箱”实验的基础上的。他把一只饥饿的小猫放入迷箱，把食物放在笼外，然后详细记录小猫在笼子中的行为表现。刚放入笼子时，小猫竭力想从任何缺口中挤出来，咬栅栏或铁丝，直至碰巧抓住线、环或扣，打开门逃出笼外为止。第二次再把小猫放入迷箱时，它的表现和第一次差不多。但重复很多次以后，小猫的那些盲目乱冲、乱抓、乱咬的行为逐渐减少，它从笼子里逃出来所需的时间也越来越短。最后以致把小猫一放入箱子，它就能很快地用一定的方式抓住门上的环或扣，逃出笼外。据此桑代克认为，初次进入一只新的迷箱时，动物的活动都不是根据对笼子性质的理解，而是依照某种一般的冲动行事、盲目尝试。随着错误反应的逐渐减少，正确反应的逐渐巩固，最终形成稳定的刺激—反应联结。

(二)尝试—错误学习的基本规律

1.效果律

在试误学习的过程中,如果其他条件相等,在学习者对刺激情境做出特定的反应之后能够获得满意的结果时,则其联结就会增强;而得到烦恼的结果时,其联结就会削弱。

2.练习律

在试误学习的过程中,任何刺激与反应的联结,一经练习运用,其联结的力量逐渐增大。而如果不运用,则联结的力量会逐渐减少。

3.准备律

在试误学习的过程中,当刺激与反应之间的联结,事前有一种准备状态时,实现则感到满意,否则感到烦恼;反之,当此联结不准备实现时,实现则感到烦恼。

应该说明的是,虽然尝试—错误学习模式是从动物实验中推导出来的,但它对于人类学习和学生学习来说,仍有很大的借鉴意义。科学发展史上的许多发明创造和技术革新都是通过尝试—错误的过程而获得的。中小学生的学习也有这个特点,它特别强调"做中学",即在实际的操作过程中学习有关的概念、原理、技能和策略。在这一过程中,教师应该允许学生犯错误,并鼓励学生从错误中进行学习,这样获得的知识学生才会是终生不忘的。同时,在实际的教育过程中,教师应努力使学生的学习能得到自我满意的积极结果,防止一无所获或得到消极后果。同时,应注意在学习过程中加强合理的练习,并注意在学习结束后不时地进行练习。此外,任何学习都应该在学生有准备的状态下进行,而不能经常搞"突然袭击"。

二、巴甫洛夫的经典性条件作用论

巴甫洛夫·伊凡·彼德罗维奇

巴甫洛夫·伊凡·彼德罗维奇(1849~1936),俄国生理学家、心理学家、高级神经活动学说的创始人。1849 年 9 月 26 日生于梁赞。1875 年毕业于彼得堡大学,1879 年毕业于军事医学研究院,1883 年获医学博士学位。1884 年起在军事医学研究院任副教授、教授等职,领导过实验医学研究所生理研究室工作。1901 年为彼得堡科学院通讯院士,1907 年为正式院士。

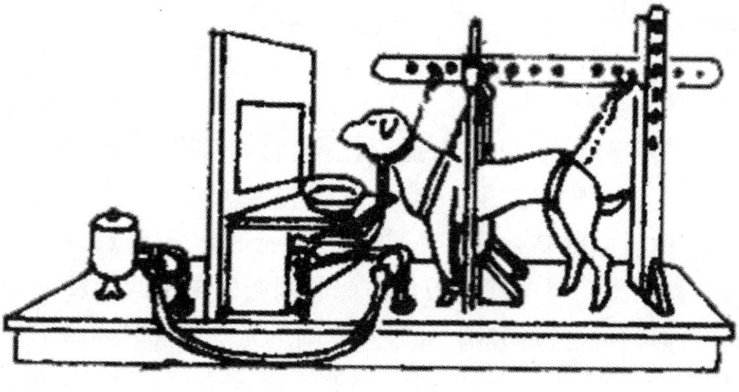

巴甫洛夫经典条件反向实践

(一)巴甫洛夫的经典实验

巴甫洛夫在他的经典实验中,他将狗置于经过严格控制的隔音实验室内。食物通过遥控装置可以送到狗面前的食物盘中。狗的唾液分泌量通过仪器可以随时测量并记录。实验开始后,首先向狗呈现铃声刺激,铃响半分钟后便给予食物,于是可观察并记录到狗的唾液分泌反应。当铃声与食物反复配对呈现多次以后,仅呈现铃声而不出现食物时,狗也会做出唾液分泌反应。在这个实验开始时,食物可以诱发狗的唾液分泌反应,而铃声不能诱发狗的唾液分泌,这时食物叫无条件刺激,铃声叫中性刺激,诱发的唾液分泌反应称为无条件反应。在铃声与食物经过多次匹配之后,单独呈现铃声而没有食物时,狗也会分泌唾液。此时,中性刺激铃声具有了诱发原来仅受食物制约的唾液分泌反应的某些力量而变成了条件刺激,单独呈现条件刺激即能引起的反应则叫作条件反应。这就是经典性条件反射的形成过程。

(二)经典性条件反射的基本规律

1.获得与消退

在条件作用的获得过程中,条件刺激与无条件刺激之间的时间间隔十分重要。一方面,条件刺激和无条件刺激必须同时或近于同时呈现,间隔太久则难于建立联系;另一方面,条件刺激作为无条件刺激出现的信号,必须先于无条件刺激而呈现,否则也将难以建立联系。

如果条件刺激重复出现多次而没有无条件刺激相伴随,则条件反应会变得越来越弱,并最终消失。然而,要完全消除一个已经形成的条件反应则比获得这个反应要困难得多。

2.刺激泛化与分化

人和动物一旦学会对某一特定的条件刺激做出条件反应以后，其他与该条件刺激相类似的刺激也能诱发其条件反应。例如，曾经被一条大狗咬过的人，看见非常小的狗也可能产生恐惧。借助于刺激泛化，我们可以把已有的学习经验扩展到新的学习情景，从而扩大学习范围。但是，泛化刺激所引起的泛化反应，有时是不准确或不精确的，这就需要刺激分化。刺激分化，指的是通过选择性强化和消退使有机体学会对条件刺激和与条件刺激相类似的刺激做出不同的反应。例如，为了使狗能够区分开圆形和椭圆形光圈，如果只在圆形光圈出现时才给予食物强化，而在呈现椭圆形光圈时则不给予强化，那么狗便可以学会只对圆形光圈做出反应而不理会椭圆形光圈。在实际的教育和教学过程中，也经常需要对刺激进行分化，如引导学生分辨勇敢和鲁莽、谦让和退缩，要求学生区别重力和压力、质量和重量等。

刺激泛化和刺激分化是互补的过程，泛化是对事物的相似性的反应，分化则是对事物的差异的反应。泛化能使我们的学习从一种情境迁移到另一种情境，而分化则能使我们对不同的情境做出不同的恰当反应，从而避免盲目行动。

总之，经典条件作用能较有效地解释有机体是如何学会在两个刺激之间进行联系，从而使一个刺激取代另一个刺激并与条件反应建立起联结的。但经典条件作用无法解释有机体为了得到某种结果而主动做出某种随意反应的学习现象，如中小学生为了报答父母的养育之恩、为了得到教师的表扬或同伴的认同而努力学习等。

三、斯金纳的操作性条件作用论

斯金纳

斯金纳(Burrhus Frederic Skinner 1904～1990)生于1904年，他于1931年获得哈佛大学的心理学博士学位，并于1943年回到哈佛大学任教，直到1975年退休。1968年曾获得美国全国科学奖章，是第二个获得这种奖章的心理学家。他在心理学的学术观点上属于极端的行为主义者，其目标在于预测和控制人的行为而不去推测人的内部心理过程和状态。他提出了一种“操作条件反射”理论，认为人或动物为了达到某种目的，会采取一定的行为作用于环境。当这种行为的后果对他有利时，这种行为就会在以后重复出现；不利时，这种行为就减弱或消失。人们可以用这种正强化或负强化的办法来影响行为，从而修正其行为，这就是强化理论，也叫作行为修正理论。

斯金纳箱

（一）斯金纳的经典实验

斯金纳是著名的行为主义心理学家，他的理论也是建立在动物学习实验的基础之上的。在斯金纳以白鼠等动物为被试进行的精密实验研究中，运用了一种特殊的实验装置——迷箱。箱内有一个伸出的杠杆，下面有一个食物盘，只要箱内的动物按压杠杆，就会有一粒食丸滚到食物盘内，动物即可得到食物。斯金纳将饥饿的白鼠关在箱内，白鼠便在箱内不安地乱跑，活动中偶然压到了杠杆，则一粒食丸滚到食物盘内，白鼠吃到了食丸。以后白鼠再次按压杠杆，又可得到食丸。由于食物强化了白鼠按压杠杆的行为，因此白鼠在后来按压杠杆的速度迅速上升。由此斯金纳发现，有机体做出的反应与其随后出现的刺激条件之间的关系对行为起着控制作用，它能影响以后反应发生的概率。他认为，学习实质上是一种反应概率上的变化，而强化是增强反应概率的手段。如果一个操作（自发反应）出现以后，有强化刺激尾随，则该操作的概率就增加；已经通过条件作用强化了的操作，如果出现后不再有强化刺激尾随，则该操作的概率就减弱，甚至消失。这就是操作性条件反射的基本过程。

（二）操作性条件作用的基本规律

斯金纳认为，人和动物的行为有两类：应答性行为和操作性行为。应答性行为是由特定刺激所引起的，是不随意的反射性反应，是经典条件作用的研究对象。而操作行为则不与任何特定刺激相联系，是有机体自发做出的随意反应，是操作性条件作用的研究对象。在日常生活中，人的行为大部分都是操作性行为，操作性行为主要受强化规律的制约。

1.强化

强化也是一种操作，强化的作用在于改变同类反应在将来发生的概率，而强化物则是一些刺激物，它们的呈现或撤除能够增加反应发生的概率。强化有正强化（实施奖励）与负强化（撤销惩罚）之分。在日常生活中，人们常在自觉或不自觉地运用奖励对他人的行为进行积极强化。例如，教师对上课守纪律的学生进行表扬，家长由于孩子的某一积极的行为表现而撤除对他（她）的某种限制等。强化虽然是塑造行为的有效手段，但是强化的运用必须得当，否则便会强化不良行为。这一点在中小学教育乃至家庭教育中尤为重要。

2.逃避条件作用与回避条件作用

当厌恶刺激出现时，有机体做出某种反应，从而逃避了厌恶刺激，则该反应在以后的类似情境中发生的概率便增加。这类条件作用称为逃避条件作用，它揭示了有机体是如何学会摆脱痛苦的。在日常生活中，逃避条件作用也不乏其例。如看见路上的垃圾后绕道走开，感觉屋内人声嘈杂时暂时离屋等。

当预示厌恶刺激即将出现的刺激信号呈现时，有机体也可以自发地做出某种反应，从而避免了厌恶刺激的出现，则该反应在以后的类似情境中发生的概率便增加。这类条件作用则称为回避条件作用，它是在逃避条件作用的基础上建立的，是个体在经历过厌恶刺激的痛苦之后，学会了对预示厌恶刺激的信号做出反应，从而免受痛苦。如过马路时听到汽车喇叭声后迅速躲避，违章骑车时遇到警察时赶快下车等。

回避条件作用与逃避条件作用都是通过负强化实现的条件作用类型。

3.消退

有机体做出以前曾被强化过的反应，如果在这一反应之后不再有强化物相伴，那么，此类反应在将来发生的概率便降低，称为消退。在操作性条件作用中，无论是正强化的奖赏，还是负强化的逃避与回避条件作用，其作用都在于增加某种反应在将来发生的概率，以达到塑造行为的目的，而消退则不然，消退是一种无强化的过程，其作用在于降低某种反应在将来发生的概率，以达到消除某种行为的目的。因此，消退是减少不良行为、消除坏习惯的有效方法。

4.惩罚

当有机体做出某种反应以后，呈现一个厌恶刺激，以消除或抑制此类反应的过程，称作惩罚。惩罚与负强化有所不同，负强化是通过厌恶刺激的排除来增加反应在将来发生的概率，而惩罚则是通过厌恶刺激的呈现来降低反应在将来发生的概率。但是，惩罚并不能使行为发生永久性的改变，它只能暂时抑制行为，而不能根除行为。因此，惩罚的运用必须慎重，惩罚一种不良行为应与强化一种良好行为结合起来，方能取得预期的效果。

总之，根据操作性条件学说，在教育过程中。教师应多用强化的手段来塑造学生的良性行为，用不预强化的方法来消除消极行为，而应慎重地对待惩罚，因为惩罚只能让学生明白什么不能做，但并不能让学生知道什么能做和应该怎么做。

（三）程序教学与机器教学

程序教学法来源于美国鲁莱西设计的一种进行自动教学的机器，企图利用这种机器，把教师从教学的具体事务中解脱出来，节省时间和精力。这种设想，当时没有引起重视和推广。到 1945 年，在操作性条件作用理论的直接影响下，斯金纳重新提出，其基本模式是：刺激——反应——强化，引起了广大心理学和教育界人士的重视。继斯金纳之后，瑞士心理学家、发生认识心理学创始人皮亚杰和美国心理学家、认知心理学奠基者西蒙，继续研究，为今后的“新模式”教学奠定了坚实基础。从此，“程序教学与机器教学”风靡全球，成为 20 世纪第一次世界性的教学改革运动，在程序教学中，教材被分成若干小步子，学生可自定学习步调，让学生对所学内容进行积极反应，并给予及时强化和反馈，使错误率最低。在 20 世纪 60 年代初，许多教科书都以程序化的方式编写，市场上也充斥着大量程序化的教材。但在 70 年代初期，人们的这种热情有所降低，并逐步放弃了程序教学。不过，程序教学中的合理成分也被整合进了计算机辅助教学中。随着国外这种新型教学模式的研究和发展，也引起了我国教育学家的注视。早在 20 世纪 50 年代，我国的著名心理学家卢仲衡教授就开始了此项教学理论的研究，并创立了“数学自学辅导法”。

程序教学的基本原则

1.小步子原则　即把学习内容按其内在逻辑关系分割成许多细小的单元，并按一定的逻辑关系排列起来，形成程序化教材。学生的学习是由浅入深、由易到难、循序渐进地进行，这种学习方式称为小步子学习原则。小步子学习原则要求对学习内容分割适当，对单元划分的大小要由具体的教学内容和教学任务来确定（不是步子分割得越小越好，否则容易使学生厌倦，也不利于学生从整体上认识事物）。

2.积极反应原则　斯金纳认为，传统教学主要是教师传授知识，学生被动地接受知识，很少有机会对教师提出的每个问题都做出反应。要改变这种消极的学习，就要求对每一单元的学习内容，都让学生做出积极反应。使学生通过选择、填空和输入答案等方式做出反应，以保持积极的学习动机。

3.及时强化原则　当学生做出反应后，必须使他们知道其反应是否正确。要求对学生的反应给予“及时强化”或“及时确认”，特别要注意对学生所做出的正确反应给予及时强化，以提高其操作能力。

4.自定步调原则　在传统教学中学习的进度是一致的，这极大地限制了学生的自由发展。而为了让每个学生都能自由发展，必须由他们根据自己的特点自定学习进度和速度。学生在以适宜速度进行学习的同时，通过不停地强化得到了进一步学习的内动力。

5.低错误率原则　在教学中应由浅入深，由已知到未知，使学生尽可能做出正确反应，将学习的错误率降到最低限度，提高学习效率。

程序教学分类

程序教学主要有以下几种：

(1)程序化了的教材通过机器呈现的，叫"机器教学""自动教学"。

(2)通过课本呈现的，叫课本式程序教学。

(3)通过电子计算机呈现的，称 CAI(计算机辅助教学)。

程序教学的优势

1.以学生为主体，促进学生主动地学习。教师根据程序教学的教学原则，将知识蕴含在各种例题和问题中，学生首先通过考察例题提出自己的认识和见解，然后在解决问题的过程中逐步加深理解，最后在小结的引导下归纳和概括知识。学生在任何一个环节遇到困难，都可以随时向教师提出来，并在教师的辅导下顺利地理解所学的知识。因此，这是一种有指导的发现学习。

2.采用低起点、小台阶的方式编排知识，促进理解性学习。由于考虑到减轻学习者的认知负荷，需要将所学的知识分解为一系列小的产生式，按照低起点、小台阶编排成学习程序，因此，学生只要认真考察每一个例题，解决每一个问题，就能获得相应的知识。这种做法对基础较差的学生尤为有利。在传统的课堂教学中，教师只能根据大多数学生的水平进行讲解，不可能为后进生对知识点的每个细节详细讲解。程序教学的低起点、小台阶的设计使得每个学生都能够对例题和问题进行反复推敲，逐渐理解，不受教师讲解内容和讲解速度的限制。这样，就有利于学生把握知识发生、发展的逻辑规律，从而促进理解性学习。

3.当时知道结果，促进高效率的学习。学生每次练习后，当时就能知道对错，及时反馈。一方面，它使学生能够随时体会到成功的喜悦，进而增强学习的信心；另一方面，它能够有效地缩小学生解决问题的搜索空间，从而减轻学生的认知负荷，提高学习效率。如果自己的解答对了，能增强学习信心；如果错了，学生要重新检查自己的解答，并根据老师的讲解修正原有的假设，从而激发学生学习的兴趣和求知的欲望。在程序教学的教学过程中，课堂上学生始终在积极地解决问题活动中，保持着很高的学习兴趣，有效地调动了学生的学习积极性，从而变被动学习为主动学习。

4.面向全体学生，实行分类推进。在程序教学中，不给学生规定统一的进度，学生可以根据各自的情况确定自己的学习速度，从而较好地体现了因材施教和分类推进的原则。在教学过程中，教师对不同类型的学生可提出不同的学习要求。一般说来，对于学习能力强、学习速度快的学生，可以让他们继续学下去，也可以补充一些提高题给他们锻炼，对于个别学生，通过个别学习和个别辅导对学生进行分类推进。这样，在达到统一教学目标的基础上，使每个学生都能得到充分的提高。

5.当堂消化、当堂完成。从课堂组织形式看，强调当堂消化所学知识，练习和测试当堂完成，课外可以不留作业。大大减轻了学生的课外作业负担，有利于学生的全面发展。

程序教学注意问题

根据斯金纳操作行为主义的学习理论，要实施程序教学必须注意的问题：首先，要仔细地考虑在特定的时间里计划教学的内容是什么，这教学内容最终是要通过学生的行为的获得来表示的。其次要考虑有哪些可以利用的强化物。这种强化物包括两种：一种是学习者在学习过程中对所操纵的材料具有强烈的兴趣性；另一种是在学习过程中给予学生奖励，譬如教师的一个善意的微笑、一句肯定的赞语、一件奖品，等等。第三，强化的最有效的安排，即教师要把非常复杂的行为模式逐渐精致地做成小的单位或步骤，也就是把教学目标进行具体分解，确定每个步骤所保持行为的强度，以使强化的效果能提高到最大限度。

对程序教学的评价

斯金纳从操作性学习中提出了程序教学，并推动了程序教学运动，从而促使了教学设计过程和理论的诞生与早期发展。程序教学运动产生了“教学设计者”，这类专门人员的出现使教学设计理论的探索有了专业队伍，他们对目标理论、任务分析、个别化教学、媒体选择、形成性评价一系列设计问题的研究更为深入，他们从事设计的范围也从对教学机器、个别媒体的设计拓展到多媒体学习乃至对整个教学系统的课程和教育项目的设计上来。这一切都促使教学设计理论得以发展。

另外，尽管强化的概念在桑代克效果律中已有阐述，但在斯金纳的行为分析中，强化所扮演的角色发生了重大变化。首先，在桑代克那里，强化是用来解释刺激—反应联结加强的一条主要原理，而在斯金纳体系中，强化只是一个用来描述反应概率增加的术语，如何安排强化才是核心所在。其次，其他研究人员（例如巴甫洛夫）把消退看作是一个主动的抑制过程，而斯金纳认为不能把消退看作是一种与强化无关的独立过程。事实上，强化可用于消退行为，停止强化可以使反应概率下降。消退过程可用来表明强化效果持续的时间。

尽管程序教学思想对教学设计产生极其深刻的影响，到 20 世纪 70 年代后，程序教学的思想和方法又被广泛用于计算机辅助教学，但是行为主义把人视为消极被动的机械结构，任由环境摆布，否定人的主观能动作用，否定大脑对行为的支配和调节作用，这一切都使行为主义在理论上显得苍白无力，在许多具体问题上难以自圆其说。

四、班杜拉的社会学习理论

班杜拉

阿尔伯特·班杜拉(Alber Bandulca 1925～)是美国当代著名心理学家。班杜拉对心理学的最大贡献就是提出了社会学习理论与行为矫正技术。他是新行为主义的主要代表人物之一，社会学习理论的创始人。现任斯坦福大学心理学系约丹讲座教授。他所提出的社会学习理论是在与传统行为主义的继承与批判的历史关系中逐步形成的，并在认知心理学和人本主义心理学几乎平分心理学天下的当代独树一帜，影响波及实验心理学、社会心理学、临床心理治疗以及教育、管理、大众传播等社会生活领域。他认为来源于直接经验的一切学习现象实际上都可以依赖观察学习而发生，其中替代性强化是影响学习的一个重要因素。

(一)观察学习

班杜拉以儿童的社会性行为习得为研究对象，形成了关于学习的基本思路，认为人的行为，特别是人的复杂行为主要是后天习得的。行为的习得既受遗传因素和生理因素的制约，又受后天经验环境的影响。生理因素的影响和后天经验的影响在决定行为上微妙地交织在一起，很难将两者分开。班杜拉认为行为习得有两种不同的过程：一种是通过直接经验获得行为反应模式的过程，班杜拉把这种行为习得过程称为“通过反应的结果所进行的学习”，即我们所说的直接经验的学习；另一种是通过观察示范者的行为及其强化的结果而习得行为的过程，班杜拉将它称为“通过示范所进行的学习”，即我们所说的间接经验的学习，班杜拉又称之为观察学习或替代学习、模仿学习。观察学习并不依赖于直接强化，也不一定具有外显的行为，儿童可以通过观察示范的行为就知道自己如何做了，这样可以避免许多不必要的错误和危险的结果。另外，观察学习中已参与了个体认知的成分。

观察学习的全过程由四个阶段(或四个子过程)构成。**注意过程**是观察学习的起始环节，在注意过程中，示范者行动本身的特征、观察者本人的认知特征以及观察者和示范者之间的关系等诸多因素影响着学习的效果。在观察学习的**保持阶**

段，示范者虽然不再出现，但他的行为仍给观察者以影响。要使示范行为在记忆中保持，需要把示范行为以符号的形式表象化。通过符号这一媒介，短暂的榜样示范就能够被保持在长时记忆中。观察学习的第三个阶段是**运动再现**，把记忆中的符号和表象转换成适当的行为，即再现以前所观察到的示范行为。**这一过程涉及运动再生的认知组织和根据信息反馈对行为的调整等一系列认知的和行为的操作**。最后是**动机过程**，观察学习者（或模仿者）是否能够经常表现出示范行为要受到行为结果因素的影响。行为结果包括**外部强化**（指观察者因表现出观察的行为而受到来自环境的直接强化）、**自我强化**（指观察者对自己表现出的符合或超出标准的行为而进行的自我奖励）和**替代性强化**（指观察者因看到榜样的行为被强化而受到强化）。班杜拉把这三种强化作用看成是学习者再现示范行为的动机力量。

（二）交互决定论

为了解释说明人类行为，心理学家提出了各种理论。班杜拉对其中的环境决定论和个人决定论提出了批判，并提出了自己的交互决定论，即强调在社会学习过程中行为、认知和环境三者的交互作用。

环境决定论认为，行为是由作用于有机体的环境刺激决定的；个人决定论认为，环境取决于个体如何对其发生作用；班杜拉则认为行为、环境与个体的认知之间的影响是相互的。班杜拉指出，行为、个体（主要指认知和其他个人的因素）和环境是“你中有我，我中有你”的，不能把某一个因素放在比其他因素重要的位置，尽管在有些情境中，某一个因素可能起支配作用。他把这种观点称为“交互决定论”。

（三）自我调节理论

班杜拉认为自我调节是个人的内在强化过程，是个体通过将自己对行为的计划和预期与行为的现实成果加以对比和评价，来调节自己行为的过程。人能依照自我确立的内部标准来调节自己的行为。按照班杜拉的观点，自我具备提供参照机制的认知框架和知觉、评价及调节行为等能力。他认为人的行为不仅要受外在因素的影响，也受通过自我生成的内在因素的调节。自我调节由自我观察、自我判断和自我反应三个过程组成，经过上述三个过程，个体完成内在因素对行为的调节。

（四）自我效能理论

自我效能是指个体对自己能否在一定水平上完成某一活动所具有的能力判断与感受，也就是个体在面临某一任务活动时的胜任感及其自信、自珍、自尊等方面的感受。自我效能也可称作“自我效能感”“自我信念”“自我效能期待”等。

班杜拉指出：“效能预期不只影响活动和场合的选择，也对努力程度产生影响。

被知觉到的效能预期是人们遇到应激情况时选择什么活动、花费多大力气、支持多长时间的努力的主要决定者”。班杜拉对自我效能的形成条件及其对行为的影响进行了大量的研究，指出自我效能的形成主要受五种因素的影响，包括行为的成败经验、替代性经验、言语劝说、情绪的唤起以及情境条件。

第一，行为的成败经验指经由操作所获得的信息或直接经验。成功的经验可以提高自我效能感，使个体对自己的能力充满信心。反之，多次的失败会降低对自己能力的评估，使人丧失信心。第二，替代性经验指个体能够通过观察他人的行为获得关于自我可能性的认识。第三，言语劝说包括他人的暗示、说服性告诫、建议、劝告以及自我规劝。第四，情绪和生理状态也影响自我效能的形成。在充满紧张、危险的场合或负荷较大的情况下，情绪易于唤起，高度的情绪唤起和紧张的生理状态会降低对成功的预期水准。最后，情境条件对自我效能的形成也有一定的影响，某些情境比其他情境更难以适应与控制。如当个体进入一个陌生而易引起焦虑的情境中时，会降低自我效能的水平与强度。

如果一个人对自己的能力有较高的预期，即自我效能感高，在面临困难时往往会勇往直前，愿意付出较大的努力，坚持较久的时间；如果一个人对自己的能力缺乏自信，即自我效能感低，往往会产生焦虑、不安和逃避行为。因此，改变人的回避行为，建立较高的自我效能感是十分必要的。

(五)班杜拉社会学习理论在教育中的应用

1.班杜拉在对行为习得过程的叙述中提出了人类的观察学习模式，并且，班杜拉在论述观察学习过程中反应信息的传递时指出：不同的示范形式具有不同的效果，用言语难以传递图像及实际行动所具有的同等量的信息，而且图像和实际行为的示范形式在引起注意方面也比言语描述更为有力。

这些理论与我们所说的“身教胜于言教”的原则具有异曲同工之妙，因而为教育上解释学习行为的自律问题提供了依据。教师应把学习刻苦、自觉守纪、品德优良的学生典范确立为其他学生学习的榜样，使学生沉浸在一种良好的氛围中，充分发挥榜样的作用，从而使学生自觉向好的方向发展。同时，我们可以用优秀科学家、有成就者的事迹来教育学生，这会产生鞭策激励的巨大力量。此外，教师要为人师表，注意自己在学生面前的行为表现，为学生起到好的示范作用。

2.班杜拉的自我效能理论对于教育教学工作具有积极影响，尤其是对开发学生的潜在能力、激发学生的学习动机和情感、促进学生积极的自我意识发展起到了重要作用，对于探讨教师如何提高教学质量具有一定的启发意义。

首先，学校和教师应该为学生设立通向成功的阶梯。成功的经验会增强学生的自我效能，使学生树立成功的信心，正确看待自己的能力。这就要求教师要着重培养学生良好的心理品质，培养学生正当的兴趣、爱好和特长，并给学生创造成功的机会，为学生铺好通向成功的阶梯。

其次，教师应该给予学生积极的鼓励和及时肯定的评价。对于表现出色的学生，我们给予其积极肯定的评价可以进一步促进学生向更好的方向发展，同时也能激励其他学生的观察学习行为。对于相对较差的学生我们更应该及时给予鼓励而不是一味指责，以逐渐增强他们的自我效能。

最后，要侧重发展学生的能力。能力是建立自信心的基础，因此要注重培养和发展学生的各方面能力，能力水平提高了，学生的自我效能自然会得到提高。我们应该让每个学生在班集体里找到自己合适的位置。让每个学生都在班级中负有一定的责任，都有为大家服务的机会，并不断地为每个学生创造成功的机会，使他们品尝到成功的欢乐，从而培养学生的自信，提高他们的自我效能。

3.班杜拉在论述创造性示范的影响时指出：接触多种榜样的人更具有创新性，观察学习是创造性行为的主要来源，榜样越是多样化，观察者就越有可能做出创造性的反应。这告诉我们要培养学生的创新性，就要为学生提供多样化的示范者。现代社会，电影、电视和其他声像信息传播媒介为社会学习提供了广泛的信息来源，为观察学习提供了极大的方便。学校和教师应该多让学生接触这方面的教学资源，为学生好的创新性行为提供便利条件和激励机制。

4.班杜拉提出的观察学习为教育中的示范教学、观摩教学以及教学演示等行为提供理论依据。观察学习是人们行为习得的一个重要方面。在观察学习中，示范者对学习者来说具有举足轻重的作用。示范不仅仅影响人们的行为反应，在不同类型的示范影响下，人们通过观察学习，可以学到许多东西。其中包括判断标准、言语方式、概念结构、信息处理策略、认知策略、行为标准、道德判断、个性特征和新的行为方式等。在教育中的示范教学、观摩教学等方式可以为其他教学者提供一种榜样示范作用，使教学者之间相互学习，取长补短，不断提高教学质量。

5.在说明强化在观察学习中的作用时班杜拉指出，与其等待对榜样的模仿出现后才给予奖赏，不如事先让观察者预测选择榜样的行为会带来益处，这样才能更有效地进行观察学习。这就要求教育者对学生的思想给予正确的引导，让他们认识到对积极、正确的榜样的观察模仿学习行为会给他们带来益处。即增加学生对观察学习良好行为的自我强化，以促进他们良好行为模式的形成。

按照班杜拉的观点，自我奖惩标准是在个人成长过程中逐步确立起来的。个体可以通过模仿父母、同伴或权威人物的示范行为获得评判标准，在个人成长过程中，由于父母、教师或其他年长者对符合他们信念和标准的行为予以奖励，不符合者予以惩罚，使个体将这些信念和标准内化为自己的标准，掌握道德的、伦理的评价尺度；或者是凭借榜样作用，学习怎样借助道德的要求或论点为自己的标准提供合理的依据。因此，父母、教师要在儿童自我奖惩标准确立的过程中起到方向标的作用，指引他们前进的方向。

此外，我们应该看到，观察学习对于人的个性形成、生活和工作方式的养成、道德品质和社会性行为的塑造都发挥着十分重要的作用。社会就是教育人的一所大学校，而观察学习就是人们在这个大学校里进行有意或无意学习的主要方式。一个社会要学会利用这所学校影响和塑造每个社会成员。我们要力争营造良好的社会环境，形成积极向上的社会舆论，创造文明的社会文化氛围，促进每一个社会成员的社会性学习向着健康、文明的方向发展。

第三节　认知学习理论

认知学习理论认为，学习不是在外部环境的支配下被动地形成 S—R 联结，而是主动地在头脑内部构造认知结构；学习不是通过练习与强化形成反应习惯，而是通过顿悟与理解获得期待；有机体当前的学习依赖于他原有的认知结构和当前的刺激情境，学习受主体的预期所引导，而不是受习惯所支配。

一、苛勒的完形—顿悟说

(一)苛勒的经典实验

苛勒(Kohler，1887～1967)是德国著名的心理学家，格式塔心理学的创始人之一。苛勒曾在 1913～1917 年间，对黑猩猩的间接问题解决行为进行了一系列的实验研究，从而提出了与当时盛行的桑代克的尝试—错误学习理论相对立的完形—顿悟说。

实验情境一：在房间中央的天花板上吊一串香蕉，猩猩站在地板上而不能拿到，房间的四周放了一些箱子。面对这样一个情境，猩猩采取跳跃的方式获取香蕉，但是没有达到目的。于是它不再跳，而是走来走去。突然它站在箱子前面一动不动，过一会儿，它很快把箱子挪到香蕉下面，爬上箱子，取到香蕉。有时，一个箱子不够，还能把两个或几个箱子叠起来，站在上面获取香蕉。如图 A。

实验情境二：在黑猩猩的笼子外面放有香蕉，笼子里面放有两根竹棒，用其中任何一根都够不着笼子外面的香蕉。然而，黑猩猩待了一会儿，突然将两根棒子相接起来，够着了香蕉，把香蕉拨过来。黑猩猩一旦领悟棒子接起来与远处香蕉的关系时，就一次又一次把一根棒子插进另一根棒子的末端，以便能获得远处的香蕉。如图 B。

A

B

对于黑猩猩的这些行为，苛勒的解释是，在遇到问题时，动物可能审视相关的条件，也许考虑一定行动成功的可能性，当突然看到棒子接起来或箱子叠起来与远处香蕉的关系时，它便产生了顿悟，从而解决了问题。

（二）完形—顿悟说的基本内容

1.学习的实质是在主体内部构造完形

完形是一种心理结构，是对事物关系的认知。苛勒认为，学习过程中问题的解决，都是由于对情境中事物关系的理解而构成一种“完形”来实现的。例如，在黑猩猩接棒取物的实验中，黑猩猩往往先看一看目的物，考虑到所要达到的目的，再开始接棒取物的。它的行为是针对食物（目标），而不仅是针对棒子（手段和工具）的。这就意味着，动物领会了食物（目标）和棒子（工具）之间的关系，才发生了接棒取物的动作。

2.学习是通过顿悟过程实现的

苛勒认为，学习是个体利用本身的智慧与理解力对情境及情境与自身关系的顿悟，而不是动作的累积或盲目的尝试。顿悟虽然常常出现在若干尝试与错误的学习之后，但不是桑代克所说的那种盲目的、胡乱的冲撞，而是在做出外显反应之前，在头脑中要进行一番类似“验证假说”的思索。动物解决问题的过程似乎是在提出一些“假说”，然后检验一些“假说”，并抛弃一些错误的“假说”。动物只有在清楚地认识到整个问题情境中各种成分之间的关系时，顿悟才会出现。

完形—顿悟学说作为最早的一个认知性学习理论，肯定了主体的能动作用，强调心理具有一种组织的功能，把学习视为个体主动构造完形的过程，强调观察、顿悟和理解等认知功能在学习中的重要作用，这对反对当时行为主义学习论的机械性和片面性具有重要意义。但是，苛勒的顿悟学习与桑代克的尝试—错误学习也并不是互相排斥和绝对对立的。尝试—错误往往是顿悟的前奏，顿悟则是练习到某种程度时出现的结果。尝试—错误和顿悟在人类学习中均极为常见，它们是两种不同方式、不同阶段或不同水平的学习类型。一般说来，简单的、主体已有经验可循的问题解决，往往不需要进行反复的尝试—错误；而对于复杂的、创造性的问题解决，大多需要经过尝试—错误的过程，方能产生顿悟。

二、布鲁纳的认知—结构学习理论

杰罗姆·布鲁纳

杰罗姆·布鲁纳(Jerome Seymour Bruner，1915～)，美国教育心理学家和教育家，当代认知心理学派和结构主义教育思想的代表人物之一。布鲁纳1937年毕业于杜克大学。1941年获得哈佛大学心理学博士学位。第二次世界大战爆发后，布鲁纳在美国情报部队进行心理战术研究和宣传以及公共舆论分析工作。1945年战争结束后，布鲁纳回到哈佛大学任教，并从事人的知觉研究。此后，在瑞士心理学家皮亚杰的认知心理学影响下，他开始研究思维过程及概念形成过程。1952年起任哈佛大学教授。1960年，他与心理学家米勒一起创办了哈佛大学认知研究中心，并担任该中心主任，形成了以认知心理学研究为基础的教育思想。

1957年，苏联发射第一颗人造卫星，对美国的震惊很大，使美国的政治、经济、安全受到威胁。这使美国认为空间竞争和科技落后是教育上的原因造成的。1959年，美国科学院召开中小学数理课程改革会议，布鲁纳是会议主席。他的会议总结在1960年公开发表，题目为"教育过程"，在其中提出了他的课程论思想，包括其学习理论，这些思想成为当时美国中小学教改的基本思想并影响世界。布鲁纳主张学习的目的在于以发现学习的方式，使学科的基本结构转变为学生头脑中的认知结构。因此，他的理论常被称之为认知—结构论或认知—发现说。

(一)学习观

1.学习的实质是主动地形成认知结构

布鲁纳认为，学习的本质不是被动地形成刺激—反应的联结，而是主动地形成认知结构。布鲁纳认为认知结构是人对外部世界进行感知和概括的一般方式，是在过去经验的基础上形成的，并在学习过程中不断变动。认知结构形成后是进一步学习和理解新知识的重要的内部原因。

布鲁纳非常强调人的学习的主动性，学习者不是被动地接受知识，而是主动地获取知识，并通过把新获得的知识和已有的认知结构联系起来，积极地建构其知识体系。布鲁纳重视已有经验在学习中的作用，学习者总是在已有经验的基础上，对输入的信息进行组织和重新组织。布鲁纳十分强调认知结构在学习过程中的作用，认为认知结构可以给经验中的规律性以意义和组织，使人能够超越给定的信息，举一反三，触类旁通。他主张，应当向学生提供具体的东西，以便他们“发现”自己的认知结构。

2.学习包括获得、转化和评价三个过程

布鲁纳认为，学习活动首先是新知识的获得。新知识的获得是学习者将新知识与已有的知识经验相联系，通过“同化”或“顺应”，形成新的认知结构。转化是学习者对新知识进一步分析概括，超越给定的信息，运用各种方法将它们变成另外的形式（如形成概念、原理、规则、公式等），以适合新任务，并获得更多的知识，即举一反三、触类旁通。评价是对知识转化的一种检查，通过评价可以核对我们处理知识的方法是否适合新的任务，或者运用得是否正确。因此，评价通常包含对知识的合理性进行判断。总之，布鲁纳认为学习任何一门学科的最终目的是构建学生良好的认知结构。因此，教师首先应明确所要构建的学生的认知结构包含哪些组成要素，并最好能画出各组成要素的关系的图解。在此基础上，教师应采取有效措施来帮助学生获得、转化和评价知识，使学科的知识结构转化为学生的认知结构，使书本的死的知识变为学生自己的活的知识。

（二）教学观

1.教学的目的在于理解学科的基本结构

由于布鲁纳强调学习的主动性和认知结构的重要性，所以他主张教学的最终目标是促进学生对学科结构的一般理解。所谓学科的基本结构，是指学科的基本概念、基本原理及其基本态度和方法。当学生掌握和理解了一门学科的结构，他们就会把该学科看作是一个相互联系的整体。因此，布鲁纳把学科的基本结构放在设计课程和编写教材的中心地位，成为教学的中心。他认为，学生理解了学科的基本结构，就容易掌握整个学科的具体内容，就容易记忆学科知识，就能促进学习迁移，促进儿童智力和创造力的发展，并可提高学习兴趣。还能缩小高级知识与初级知识之间的间隙，他提出“任何学科都能够用在智育上诚实的方式，有效地教给任何发展阶段的儿童。”

2.掌握学科基本结构的教学原则

(1)动机原则。所有学生都有内在的学习愿望,内部动机是维持学习的基本动力。学生具有三种最基本的内在动机,即好奇内驱力(即求知欲)、胜任内驱力(即成功的欲望)和互惠内驱力(即人与人之间和睦共处的需要)。教师如能善于促进并调节学生的探究活动,便可激发他们的这些内在动机,有效地达到预定的学习目标。

(2)结构原则。任何知识结构都可以用动作、图像和符号三种表象形式来呈现。动作表象是借助动作进行学习,无需语言的帮助;图像表象是借助表象进行学习,以感知材料为基础;符号表象是借助语言进行学习,经验一旦转化为语言,逻辑推导便能进行。至于究竟选用哪一种呈现方式为好,则视学生的知识背景、认知水平和课题性质而定。

(3)程序原则。教学就是引导学习者通过一系列有条不紊地陈述一个问题或大量知识的结构,以提高他们对所学知识的掌握、转化和迁移的能力。通常每门学科都存在着各种不同的程序,它们对学习者来说,有难有易,不存在对所有的学习者都适用的唯一的程序。

(4)强化原则。教学规定适合的强化时间和步调是学习成功重要的一环。知道结果应恰好在学生评估自己作业的那个时刻。知道结果过早,易使学生慌乱,从而阻扰其探究活动的进行;知道结果太晚,易使学生失去受帮助的机会,甚至有可能接受不了正确的信息。

总之,根据结构主义教学观及其教学原则,为了促进中小学生良好认知结构的发展,教师首先必须全面深入地分析教材,明确学科本身所包含的基本概念、基本原理及它们之间的相互关系,只有这样,才有可能引导学生加深对教材结构的理解。在引导学生理解教材结构的过程中,首先应注意教学本身应有新异性,同时跨度应适当,其难度不能过高或过低,以激发学生的好奇心和胜任感;其次,应根据中小学生的经验水平、年龄特点和材料性质,选取灵活的教学程序和结构方式来组织实际的教学活动过程;同时,应注意提供有助于学生矫正和提高的反馈信息,并教育学生进行自我反馈,以提高学习的自觉性和能动性。

3.提倡发现学习

发现学习就教师创设问题情境,让学生独立思考,改组材料,自行发现知识,掌握原理、原则。

布鲁纳说:“发现不限于那种寻求人类尚未知晓的事物行为,正确地说,发现包括着用自己的头脑亲自获得知识的一切形式或方法。”他说：“教师不能把学生教成一个活动的书橱，而是教学生如何思维；教他如何像历史学家研究史料那样，从求知过程中去组织属于他自己的知识。”举例说来，代数中的变换律、分配律和结合律等，是代数这门学科的基本结构，小学低年级学生完全能够掌握这些最基本的原理。事实上，儿童在幼儿园玩跷跷板时就知道，如果对方比自己重，自己就得往后移；如果对方比自己轻，就得往前移，否则就不可能玩跷跷板。根据这个原理，布鲁纳设计了一个天平，让 8 岁儿童借助动手操作、视觉映像和符号来掌握代数中的基本结构。布鲁纳认为，小学低年级学生往往能够像鹦鹉学舌似地说出“几乘以几等于 18”，但他们对“9×2”与“2×9”，或“6×3”与“3×6”有没有不同常常感到吃不准。但是，如果学生自己先动手操作，在天平一边钩子 9 上挂 2 个小环，让学生在天平的另一边寻找各种能保持天平平衡的各种组合，并把它们记录下来。小学生根据以往玩跷跷板的经验，很快就能知道在钩子 2 上挂 9 个小环；在钩子 3 上挂 6 个小环；或在钩子 6 上挂 3 个小环……，都能保持天平的平衡。这样，学生掌握的不只是“9×2＝18”“6×3＝18”，而是代数的基本结构——交换律。在学习过程中，开始时，让学生动手操作；接着，移去天平，让学生凭借头脑中形成的视觉映像来运算；最后，学生熟练掌握运算规则，不用实物和视觉映像，用符号也能自如地运算了。布鲁纳由此认为，教师只要把握每门学科的基本结构，根据学生表征系统形成的特点来设计，任何学科都可以教给任何年龄的任何人。

布鲁纳所倡导的发现学习有利于提高儿童的智慧潜能，激发儿童学习的内部动力，学会将来作为发现的最优方法和策略，并且经由学习者自己发现的知识更容易保持和检索。但是，他过分夸大了儿童的学习能力，忽视了知识学习的特殊性。其次，发现学习虽然在当时具有积极的作用，但是发现学习运用范围有限，从学习主体看，真正能够运用发现法的学生只是少数；从学科领域来看，发现法更适合自然科学的某些知识的教学，对于文学、艺术等学科是不适用的；从执教人员来看，发现法教学过于灵活，对教师的知识素养和教学机智、技巧、耐心等要求很高，一般教师很难掌握，反而容易弄巧成拙。另外，发现学习耗时过多，不经济，不宜用于在短时间内向学生传授一定数量的知识和技能点的教学活动。

奥苏伯尔

三、奥苏伯尔的有意义接受学习理论

奥苏伯尔(AuSubel，1918～2008)，美国心理学家、学者，

纽约市立大学研究生院荣誉教授。是认知派的代表人物之一。奥苏伯尔担任过美国心理学会、美国教育委员会、美国医学协会和白宫吸毒问题研究小组等组织机构的成员。他在医学、精神病理学和发展心理学等领域颇有学术建树。他从20世纪50年代中期开始致力于有意义言语材料的学习与保持的研究。他的理论在60年代提出，受到中小学教师的欢迎，1976年获美国心理学会的“桑代克奖”。

(一)学习分类

奥苏伯尔曾根据学习进行的方式把学习分为接受学习与发现学习，又根据学习材料与学习者原有知识结构的关系把学习分为机械学习与意义学习，并认为学生的学习主要是有意义的接受学习。

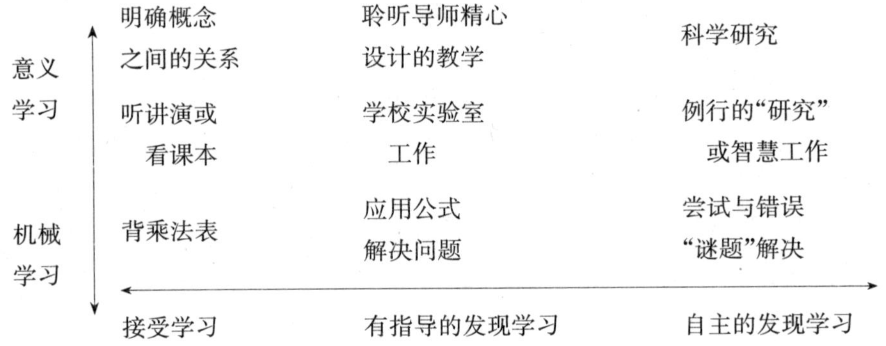

图3—1　奥苏伯尔的学习分类

奥苏伯尔与布鲁纳一样都认为学习是一个认知过程，是认知结构的组织和重新组织，强调已有的知识经验的作用，但奥苏伯尔对布鲁纳认为发现学习是主要的学习方式的观点持强烈的批评态度，他认为接受学习才是学生学习的主要学习方式。他认为把接受学习等同于机械的，把发现学习等同于有意义的是错误的。学生的意义学习才是有价值的学习，所以，他强调的是意义的接受学习，学校应该采用意义接受学习。人们普遍认为，奥苏伯尔的贡献不是强调了接受学习，而是深刻地描述了意义学习。

(二)意义学习的实质和条件

1.意义学习的实质

所谓意义学习，奥苏伯尔认为就是将符号所代表的新知识与学习者认知结构中已有的适当观念建立起非人为的和实质性的联系。相反，如果学习者并未理解符号所代表的知识，只是依据字面上的联系，记住某些符号的词句或组合，则是一种死记硬背式的机械学习。所谓实质性的联系，是指学习者能用不同的语言或符号表达同一认知内容。所谓非人为的联系，是指有内在联系而不是任意的联想或联系，即新知识与原有认知结构中有关的观念建立在某种合理的或逻辑基础上的联系（如包含关系、因果关系、并列关系等）。

2.意义学习的条件

意义学习的产生既受学习材料本身性质（客观条件）的影响，也受学习者自身因素（主观条件）的影响。从客观条件来看，意义学习的材料本身必须具有逻辑意义，在学习者的心理上是可以理解的，是在其学习能力范围之内的。一般来说，学生所学的教科书或教材，是人类认识世界的概括，都是有逻辑意义的。

从主观条件来看，首先学习者认知结构中必须具有能够同化新知识的适当的认知结构；其次学习者必须具有积极主动地将符号所代表的新知识与认知结构中的适当知识加以联系的倾向性。如果学习材料本身有逻辑意义，而学习者认知结构中又具备了适当的知识基础，那么，这种学习材料对学习者来说就构成了潜在的意义，即学习材料有了和学习者认知结构中的适当观念建立联系的可能性。最后，学习者必须积极主动地使这种具有潜在意义的新知识与认知结构中的有关旧知识发生相互作用，使认知结构或旧知识得到改善，使新知识获得实际意义即心理意义。意义学习的目的，就是使符号代表的新知识获得心理意义。上述条件缺一不可，否则就不能构成有意义的学习。

（三）接受学习的实质与技术

1.接受学习的实质

接受学习是在教师指导下，学习者接受事物意义的学习。接受学习也是概念同化过程，是课堂学习的主要形式。奥苏伯尔认为，接受学习适合于年龄较大、有较丰富的知识和经验的人。在接受学习中，所要学习的内容大多是现成的、已有定论的、科学的基础知识，包括一些抽象的概念、命题、规则等，通过教科书或老师的讲述，用定义的方式，直接向学习者呈现。这时不可能发现什么新知识，学习者只能接受这些已有的知识，掌握它的意义。学习者接受知识的心理过程表现为：首先在认知结构中找到能同化新知识的有关观念；然后找到新知识与起固定点作用的观念的相同点；最后找到新旧知识的不同点，使新概念与原有概念之间有清晰的区别，并在积极的思维活动中融会贯通，使知识不断系统化。

2.先行组织者技术

奥苏伯尔认为，影响接受学习的关键因素是认知结构中适当的起固定作用的观念的可利用性。为此,他提出了“先行组织者”的教学策略。所谓“先行组织者”,是先于学习任务本身呈现的一种引导性材料,它的抽象、概括和综合水平高于学习任务,并且与认知结构中原有的观念和新的学习任务相关联。其目的是为新的学习任务提供观念上的固着点,增加新旧知识之间的可辨别性,以促进学习的迁移。例如,奥苏伯尔曾研究过先行组织者对学习有关钢的性质的材料的影响。实验组学生在学习该材料之前,先学习了一个“先行组织者”,它强调了金属和合金的异同、各自的利弊和冶炼合金的理由。控制组学生在学习该材料之前,先学习一个有关炼铁和炼钢方法的历史说明材料以提高学习兴趣,但没有提供可作为理解钢的性质的观念。结果两组学生在学习钢的性质的材料之后,实验组的平均成绩明显高于控制组。

奥苏伯尔指出,组织者最适宜在两种情况下运用:

第一,当学生面对学习任务时,倘若认知结构中缺乏适当的观念可以用来同化新知识,则可以设计一个概括与包容水平高于要学习的材料的组织者,使学生获得一个可以同化新知识的认知结构框架。这样的组织者被称为陈述性组织者。如生物课上学习脊椎动物时,老师说:“在接下来的两周里,我们将讨论脊椎动物,所有的脊椎动物都有一个重要的共同点即他们都有一个‘背骨’(脊椎)。我们将学到五种类型的脊椎动物,它们是哺乳动物、鸟类、爬行类、两栖类和鱼类。而且我们将分别分析这些类动物的特点以及它们之间的不同。例如,它们是热血的还是冷血的,它们是否长有头发、鳞或羽毛以及它们是卵生的还是胎生的。”

第二,当学生面对新的学习任务时,倘若认知结构中已具有了同化新知识的适当观念,但原有观念不清晰或不巩固,学生难以应用,或者他们对新旧知识之间的关系辨别不清,则可以设计一个对新旧知识异同比较的组织者,这种组织者被称为比较性组织者。如学习课文《雷达》时,老师这样说:“雷达有点像回声。雷达和回声一样都从某一源头发出一种波(雷达波或声波),投射到远处的一个物体后,返回它们的源头。”

事实上,接受学习是学习者掌握人类文化遗产及先进的科学技术知识的主要途径。在教师的讲授和指导下,学习者可以尽快在较短时间内掌握大量的间接知识,所获得的知识是系统的、完整的、精确的,便于贮存和巩固的。在实际的教学过程中,有意义接受学习理论的“先行组织者”技术很有价值,教师应灵活地运用这一技术,以促进知识的学习和保持。

四、加涅的信息加工学习理论

加涅

罗伯特·加涅(Robert M. Gagne,1916～2002),1916年出生在美国麻省的北安多弗。1933年入耶鲁大学主修心理学,受到了新行为主义的严格训练,1937年获学士学位。毕业后进布朗大学攻读实验心理学,于1939年和1940年分别获理科硕士学位和哲学博士学位。加涅原是经过严格的行为主义心理学训练的心理学家。在其学术生涯的后期,他吸收了信息加工心理学的思想和建构主义认知学习心理学的思想,形成了有理论支持也有技术操作支持的学习理论。这一理论解释了大部分课堂学习,并提出了切实可行的教学操作步骤。加涅在教育心理学方面做出了很大贡献。主要代表著作《学习的条件》(*The Conditions of Learning*)使他饮誉全球。罗伯特·加涅后半生将主要精力集中于学习理论、教学设计乃至教育技术学基础理论的研究和构建中,并成为心理学和教育技术学这两个研究领域公认的大师级人物。

在本章第一节,我们已经介绍了加涅的学习层次和学习结果分类。在这里,我们将进一步介绍加涅对学习过程的看法。加涅认为,学习是一个有始有终的过程,这一过程可分成若干阶段,每一阶段需进行不同的信息加工。与此相应,教学过程既要根据学生的内部加工过程,又要影响这一过程。因而,教学阶段与学习阶段是完全对应的。教学就是由教师安排和控制这些外部条件构成的;而教学的艺术,就在于学习阶段与教学阶段是否完全吻合。

(一)学习的信息加工模式

加涅认为,学习的模式是用来说明学习的结构与过程的,它对于理解教学和教学过程,以及如何安排教学事件具有极大的应用意义,并提出了影响深远的信息加工的学习模式,如图3—2所示。

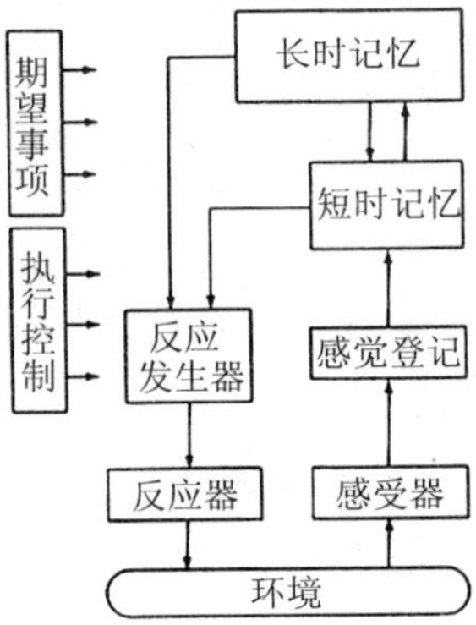

图 3—2 学习的信息加工模式

1.信息流

从图 3—2 中,我们可以看到信息从一个假设的结构中流动变化的经过。首先,学生从环境中接受刺激,刺激推动感受器,并转变为神经信息。这个信息进入感觉登记,这是非常短暂的记忆贮存,一般在 0.25～3 秒内就可把来自各感受器的信息登记完毕。有些部分登记了,其余部分很快就消失了,这涉及注意或选择性知觉的问题。被视觉登记的信息很快进入短时记忆,信息在这里可以持续二三十秒钟。短时记忆的容量很有限,一般只能贮存七个左右的信息项目。一旦超过了这个数目,新的信息进来,就会把部分原有信息赶走。如果想要保持信息,就得采取复述的策略。但复述只能有利于保持信息以便进行编码,并不能增加短时记忆的容量。当信息从短时记忆进入长时记忆时,信息发生了关键性转变,即要经过编码过程。所谓编码,不是把有关信息收集在一起,而是用各种方式把信息组织起来。信息是经编码形式储存在长时记忆中的。一般认为,长时记忆是个永久性的信息贮存库。当需要使用信息时,需经过检索提取信息。被提取出来的信息可以直接通向反应发生器,从而产生反应,也可以再回到短时记忆,对该信息的合适性作进一步的考虑,结果可能是进一步寻找信息,也可能是通过反应发生器做出反应。

2.控制结构

除信息流程之外,在图所示的信息加工学习模式的上部,还包含着期望事项与执行控制。期望事项是指学生期望达到的目标,即学习的动机。正是因为学生对学习有某种期望,教师给予的反馈才会具有强化作用。换言之,反馈所以有效,是因为反馈能肯定学生的期望。执行控制即加涅所讲的认知策略,执行控制过程决定哪些信息从感觉登记进入短时记忆,如何进行编码、采用何种提取策略等。由此可见，期望事项与执行控制在信息加工过程中起着极为重要的作用。加涅所以没有把这两者与学习模式中其他结构联系起来，主要是由于这两者可能影响信息加工过程中的所有阶段，并且它们之间相互联结的关系目前还不很清楚。

（二）学习阶段及教学设计

从学习的信息加工模式中可以看到，学习是学生与环境之间相互作用的结果。学习过程是由一系列事件构成的。加涅认为，学生内部的学习过程一环接一环，形成一个链索；与此相应的学习阶段则把这些内部过程与构成教学的外部事件联系起来了。如图 3—3 所示。

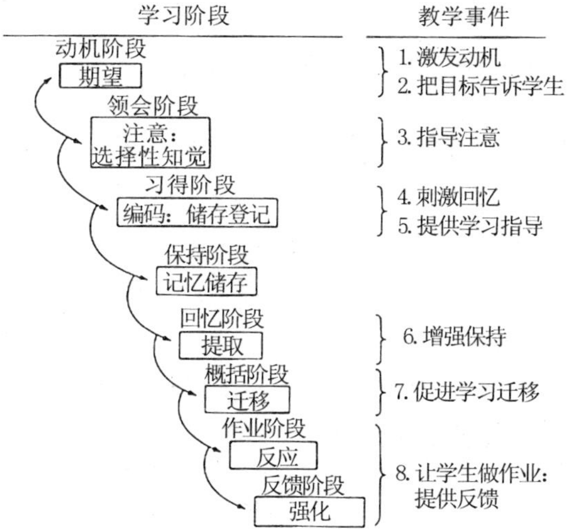

图 3—3　学习阶段与教学事件

1.动机阶段

有效的学习必须要有学习动机，这是整个学习的开始阶段。动机的形式多种多样，在教育教学情境中，首先要考虑的是激发学生进行学习活动的动机，即学生力图达到某种目的的动机。它是借助于学生内部产生的心理期望过程而建立起来的。期望就是指学生对完成学习任务后将会得到满意结果的一种预期，它可以为随后的学习指明方向。

但是，在有些场合下，学生最初并没有被达到某种目的的诱因所推动，这时就要帮助学生确立学习动机，形成学习期望。理想的期望只有通过学生自己的体会才能形成，而不能仅仅通过教师告诉学生学习的结果来形成。因此，为了使学生形成理想的期望，在学生实际获得某种知识和技能之前，应向学生表明他们能够达到预期的目标。

2.领会阶段

有了学习动机的学生，首先必须接受刺激，即必须注意与学习有关的刺激，而无视其他刺激。当学生把所注意的刺激特征从其他刺激中分化出来时，这些刺激特征就被进行知觉编码，储存在短时记忆中。这个过程就是选择性知觉。

为了使学生能够有效地进行选择性知觉，教师应采用各种手段来引起学生的注意，如改变讲话的声调、手势动作等；同时，外部刺激的各种特征本身必须是可以被分化和辨别的。学生只有对外部刺激的特征做出选择性知觉后，才能进入其他学习阶段。

3.习得阶段

当学生注意或知觉外部情境之后，学生就可获得知识。而习得阶段涉及的是对新获得的刺激进行知觉编码后储存在短时记忆中，然后再把它们进一步编码加工后转入长时记忆中。在短时记忆中暂时保存的信息，与被直接知觉的信息是不同的。在这里，知觉信息已被转化成一种最容易储存的形式，这种转化过程被称为编码过程。当信息进入长时记忆时，信息又要经历一次转换，这一编码的目的是为了保持信息。如用某种方式把刺激组织起来，或根据已经习得的概念对刺激进行分类，或把刺激简化成一些基本原理，这些都会有助于信息的保持。在此过程中，教师可以启发学生检索回忆原有认知结构中可以和新信息建立联系的适当观念，给学生提供各种编码程序，鼓励学生选择最佳的编码方式。

4.保持阶段

学生习得的信息经过复述、强化后，以语义编码的形式进入长时记忆储存阶段。对于长时记忆，人类至今了解不深，但有几点目前是清楚的：第一，储存在长时记忆中的信息，其强度并不随时间进程而减弱，如七八十岁的老人回忆孩提时的事情往往比当天的事情更清楚；第二，有些信息因长期不用会逐渐消退，如一个人已习得的外语单词会因经常不用而遗忘；第三，记忆储存可能会受干扰的影响，新旧信息的混淆往往会使信息难以提取。因此，如果教师能对学习条件作适当安排，避免同时呈现十分相似的刺激，可以减少干扰的可能性，从而提高信息保持的程度。

5.回忆阶段

学生习得的信息要通过作业表现出来，信息的提取是其中必需的一环。相对其他阶段而言，回忆或信息提取阶段最容易受外部刺激的影响。教师可以利用各种方式使学生得到提取线索，这些线索可以增强学生的信息回忆量。但作为教师，最重要的是指导学生，使他们为自己提供线索，从而成为独立的学习者。

6.概括阶段

学生提取信息的过程并不始终是在与最初学习信息时相同的情境中进行的。同时，教师也总是希望学生能把学到的知识运用于各种类似的情境中去，以达到举一反三的目的。因此，学习过程必然有一个概括的阶段，也就是学习迁移的问题。为了促进学习的迁移，教师必须让学生在不同情境中学习，并给学生提供在不同情境中提取信息的机会；同时，更为重要的是，要引导学生对学习材料进行总结、整理、归纳，概括和掌握其中的原理和原则，并能应用到各种新的情境中。

7.作业阶段

一个完整的学习过程需要有作业阶段似乎是不言而喻的，因为只有通过作业才能反映学生是否已习得了所学的内容，学生通过作业看到自己学习的结果，可以获得一种满足。教师在这一阶段要提供各种作业形式，使学习者有机会表现他们的操作活动。

8.反馈阶段

当学生完成作业后，他马上意识到自己已经达到了预期的目标。这时，教师应给予反馈，让学生及时知道自己的作业是否正确，从而强化其学习动机。此时学生在动机阶段形成的期望在反馈阶段得到了肯定。教师在提供反馈时，不仅可以通过“对”“错”“正确”或“不正确”等词汇来表达，而且可以使用点头、微笑等许多微妙的方式反馈信息。同时，反馈并不总是需要外部提供的，它也可以从学生内部获得，即进行自我强化。例如，学生可以根据已经学过的概念、规则，知道自己的答案是否正确。

总之，加涅认为教师是教学活动的设计者和管理者，也是学生学习效果的评定者。一个完整的学习过程是由上述八个阶段组成的。在每个学习阶段，学习者的头脑内部都进行着信息加工活动，使信息由一种形态转变为另一种形态，直到学习者用作业的方式做出反应为止。教学程序必须根据学习的基本原理来进行。在学习结果（即言语信息、认知策略、智慧技能、动作技能、态度）确定之后，它们必须按照教学工作目标的适当顺序安排。有效的教学要求教师根据学生的内部学习条件，创设或安排适当的外部条件，促进学生有效地学习，以实现预期的教学目标。

第四节　建构主义学习理论

一则寓言故事

有一个池塘中生活着两个小动物：一条鱼和一只青蛙，它们是很要好的朋友。一天，青蛙告别了鱼，到陆地上去旅行。在游历一番以后，青蛙回到了池塘。鱼一见到青蛙，便迫不及待地问道："青蛙大哥，你都看到什么了？"青蛙说："我看到了一种动物，它有两条腿，一对翅膀，身上、翅膀上和尾巴上都长了漂亮的羽毛，可以在空中飞翔……"鱼饶有兴趣地听着青蛙的讲述，头脑中就形成了如图3—4所示的形象。青蛙作为"教师"准确地讲出了"鸟"这种动物的特征，鱼作为"学生"在心目中形成了"鱼化"的鸟。因为鱼是以自己已有的经验为基础来建构对新信息的理解。反思我们的教学，难道不也是这样的效果吗？

图3—4　**"鱼化鸟"**

建构主义是认知学习理论的新发展，对当前的教学改革产生了非常深远的影响。这种学习理论进一步解释了学习者在学习过程中的主动性，突出了意义建构和社会文化互动在学习中的作用。建构主义在20世纪80年代的兴起，被视为"教育心理学的一场革命"。建构主义的奠基人当属皮亚杰，后来，在维果斯基、布鲁纳、奥苏伯尔等人的理论的推动下，这一理论得以充分的发展并形成了较为完整的体系。建构主义不是一个学习理论，而是众多理论观点的整合。

一、建构主义学习理论的形成和发展

建构主义是学习理论中行为主义发展到认知主义以后的进一步发展。行为主义的基本主张是:①客观主义——分析人类行为的关键是对外部事件的考察。②环境主义——环境是决定人类行为的最重要因素。③强化——人们行动的结果影响着后继的行为。行为主义的客观主义观反映在教学上,认为学习就是通过强化建立刺激与反应之间的联结;教育者的目标在于传递客观世界的知识,学习者的目标是在这种传递过程中达到教育者所确定的目标,得到与教育者完全相同的理解。行为主义者根本无视在这种传递过程中学生的理解及心理过程。信息加工的认知主义者,基本上还是采取客观主义的传统。他们认为世界是由客观实体、其特征以及客观事物之间的关系所构成。他们与行为主义者的不同之处在于强调学习者内部的认知过程。教学的目标在于帮助学习者习得这些事物及其特性,使外界客观事物(知识及其结构)内化为其内部的认知结构。建构主义是认知主义的进一步发展。在皮亚杰和早期布鲁纳的思想中已经有了建构的思想,但相对而言,他们的认知学习观主要在于解释如何使客观的知识结构通过个体与之交互作用而内化为主观的认知结构。

自 20 世纪 70 年代末,以布鲁纳为首的美国教育心理学家将苏联教育心理学家维果斯基的思想介绍到美国以后,对建构主义思想的发展起了极大的推动作用。维果斯基在心理发展上强调社会文化历史的作用,特别是强调活动和社会交往在人的高级心理机能发展中的突出作用。他认为,高级的心理机能来源于外部动作的内化,这种内化不仅通过教学,也通过日常生活、游戏和劳动等来实现。另一方面,内在智力动作也外化为实际动作,使主观见之于客观。内化和外化的桥梁便是人的活动。

建构主义还强调,意义不是独立于学习者而存在的,个体的知识由学习者建构起来的,对事物的理解不是简单由事物本身决定的,人以原有知识经验为基础来建构自己对现实世界的解释和理解。不同的人由于原有知识经验不同,对统一事物会有不同的理解。学习是积极主动的意义建构和社会互动的过程。

上述所有这些都对当今的建构主义理论的形成有很大的影响。

从现实的缘起来看,建构主义的许多观点是针对传统教学的诸多弊端提出的。传统教学中学生习得的知识存在很多缺陷,比如(1)不完整:过于空泛,过于脆弱;(2)惰性:无法在需要的时候进行运用;(3)不灵活:无法在新的相关情境中迁移运用。如何缩小学校学习与现实生活之间的差距,实现学习广泛而灵活的迁移,这是建构主义所关注的一个核心问题。另外,随着知识社会的来临,知识创新融入了多数社会行业之中,成为社会发展的基础和动力,这就要求未来的社会成员具有创造性地探究知识和应用知识的能力。建构主义学习理论针对探究性学习和创造性学习机制和策略提出了有价值的观点。社会的需要促进了建构主义理论的应用和发展。

(二)当今建构主义学习理论的基本观点

1.知识观

建构主义者一般强调,(1)知识并不是对现实的准确表征,它只是一种解释、一种假设,它并不是问题的最终答案。相反,它会随着人类的进步而不断地被“革命”掉,并随之出现新的假设。如“地心说”被“日心说”取代。(2)知识并不是能精确地概括世界的法则,在具体问题中,我们并不是拿来便用,一用就灵,而是需要针对具体情境进行再创造。如“社会主义”只有完善成为“中国特色社会主义”才能指引我们国家社会主义建设。(3)建构主义认为,知识不可能以实体的形式存在于具体个体之外,尽管我们通过语言符号赋予了知识一定的外在形式,甚至这些命题还得到了较普遍的认可,但这并不意味着学习者会对这些命题有同样的理解,因为这些理解只能由个体基于自己的经验背景而建构起来,它取决于特定情境下的学习历程。如同为“月亮”,诗人可能想到的是“月有阴晴圆缺”情绪,恋人想到的是“花前月下”的浪漫,天文学家想到的是第二天的天气状况。

建构主义的这种知识观尽管不免过于激进,但它向传统的教学和课程理论提出了巨大挑战,值得我们深思。按照这种观点,课本知识只是一种关于各种现象的较为可靠的假设,而不是解释现实的“模板”。科学知识包含真理性,但不是绝对正确的最终答案,它只是对现实的一种更可能正确的解释。而且,更重要的是,这些知识在被个体接受之前,它对个体来说是毫无权威可言的,不能把知识作为预先决定了的东西教给学生,不要用我们对知识正确性的强调作为让个体接受它的理由,不能用科学家、教师、课本的权威来压服学生。学生对知识的“接受”只能靠他自己的建构来完成,以他们自己的经验、信念为背景来分析知识的合理性。学生的学习不仅是对新知识的理解,而且是对新知识的分析、检验和批判。另外,知识在各种情况下应用并不是简单套用,具体情境总有自己的特异性,所以,学习知识不能满足于教条式的掌握,而是需要不断深化,把握它在具体情境中的复杂变化。

2.学习观

(1)学习的主动建构性。建构主义认为,学习不是知识由教师向学生的传递,而是学生建构自己的知识的过程,学生不是被动的信息吸收者,而是信息意义的主动建构者,这种建构不可能由其他人代替。学习是个体建构自己的知识的过程,这意味着学习是主动的,学生不是被动的刺激接受者,他要对外部信息做主动的选择和加工,因而不是行为主义所描述的 S—R 过程。而且,知识或意义也不是简单由外部信息决定的，外部信息本身没有意义，意义是学习者通过新旧知识经验间反复的、双向的相互作用过程而建构成的。其中，每个学习者都在以自己原有的经验系统为基础对新的信息进行编码，建构自己的理解，而且原有知识又因为新经验的进入而发生调整和改变，所以学习并不简单是信息的积累，它同时包含由于新、旧经验的冲突而引发的观念转变和结构重组。学习过程并不简单是信息的输入、存储和提取，而是新旧经验之间的双向的相互作用过程。

(2)学习的社会互动。学习不是每个学生单独在头脑中进行的活动，学习者也并非是一个孤立的自然的探究者，而是一个社会的人。学习者的学习总是在一定的社会文化环境下进行的，即使学习者表面上一个人在学习，但他所用的书本、纸笔、电脑、书桌都是人类文化的产物，积淀着人类社会的智慧和经验。建构主义强调，学习是通过对某种社会文化的参与而内化相关的知识技能、掌握相关的工具的过程，这一过程常常需要通过一个共同体的合作互动来完成。所谓学习共同体是由学习者及其助学者共同构成的团体，他们彼此之间经常在学习过程中进行沟通交流，分享各种学习资源，共同完成一定的学习任务，从而获得自身的发展。比如，在大学，一个研究生导师及其课题组就是一个学习共同体。刚成为研究生的学生处在这个共同体的边缘，对这个学习共同体的知识、活动、方式、规则等都比较陌生，做的事情也比较低层次。随着年级的升高，这些学生对这一共同体的知识、活动、方式、规则等越来越熟练，承担的任务也越来越重要、完整，最后成为共同体的骨干，从而也掌握了这个共同体的知识、活动、方式、规则等。这一过程就是一个学习者在社会互动中学习发展的过程。

(3)学习的情境性。传统教学观念对学习基本持“去情境”的观点，认为概括化的知识是学习的核心内容，这些知识可以从具体情境中抽象出来，让学生脱离具体物理情境和社会实践情境进行学习，而所习得的概括化的知识可以自然地迁移到各种具体情境中去。但是，情境总是具体的、千变万化的，抽象的观念和规则无法灵活适应具体情境的变化，因此学生难以灵活应用在学校中获得的知识来解决现实世界中的真实问题，难以有效的参与各种社会实践活动。

建构主义者提出了情境认知的观点，强调学习、知识、智慧的情境性，认为知识不可能脱离活动情境而抽象地存在，学习应该与情境化的社会实践活动联系在一起。

3.学生观

建构主义者强调，学生并不是空着脑袋走进教室的。在日常生活中，在以往的学习中，他们已经形成了丰富的经验，小到身边的衣食住行，大到宇宙、星体的运行,从自然现象到社会生活,他们几乎都有一些自己的看法。而且,有些问题即使他们还没有接触过,没有现成的经验,但当问题一旦呈现在面前时,他们往往也可以基于相关的经验,依靠他们的认知能力(理智),形成对问题的某种解释。并且这种解释并不都是胡乱猜测,而是从他们的经验背景出发而推出的合乎逻辑的假设。所以,教学不能无视学生的这些经验,另起炉灶,从外部装进新知识,而是要把儿童现有的知识经验作为新知识的生长点,引导儿童从原有的知识经验中"生长"出新的知识经验。教学不是知识的传递,而是知识的处理和转换。教师不简单是知识的呈现者,他应该重视学生自己对各种现象的理解,倾听他们的看法,洞察他们这些想法的由来,以此为根据,引导学生丰富或调整自己的理解。这不是简单的"告诉"就能奏效的,而是需要与学生共同针对某些问题进行探索,并在此过程中相互交流和质疑,了解彼此的想法,彼此做出某些调整。由于经验背景的差异,学生对问题的理解常常各异,在学生的共同体之中,这些差异本身便构成了一种宝贵的学习资源。教学就是要增进学生之间的合作,使他看到那些与他不同的观点,从而促进学习的进行。

(三)建构主义学习理论在教学中的运用

建构主义主张老师要超越单纯的讲授式的教学方法,灵活采用随机通达教学、探究式学习、情境教学、支架式教学及交互式教学、合作学习等方法。

随机通达教学是指同一内容的学习要在不同的时间多次进行,每次的情境都是经过改组的,且目的不同,分别着眼于问题的不同侧面,以便学习者从不同的角度建构所学的知识的意义。这种就要求每个概念的教学都要涵盖充分的变式,分别用于说明不同方面的意义,而且各种实例者可能同时涉及其他概念。这种学习可以使学习者形成对概念的多角度理解,进而实现灵活运用。

探究式学习是通过有意义的问题情境,让学生不断地发现和解决问题,来学习与所探究的问题有关的知识,形成解决问题的技能及自主学习的能力。

情境性教学认为学习应在与现实情境相类似的情境中发生,学习内容选择真实性的任务,以解决学生在现实生活中遇到的问题为目标,指导学生探索并解决问题,解决问题的过程与现实的问题解决过程相类似。情境性教学不需要独立于教学过程的测验,而是采用融合式测验,在学习中对具体问题的解决过程本身就反映了学习效果,或者进行与学习过程一致的情境化的评估。

支架式教学以维果斯基的最近发展区理论为基础提出来的,强调学生通过教师的帮助(支架)去完成他们无法独立完成的任务,然后将管理学习的任务逐渐由教师转移给学生自己,最后撤去支架,使学生达到独立学习的目标。

交互式教学是一种通过教师与学生之间相互作用，指导学生通过自我提问、总结、澄清和预言等步骤，监控学习的过程，并建构起对所学知识的理解的教学方式。在这种模式中，教师先给学生进行示范，然后学生将轮流充当教师角色。比如语文阅读教学中，教师给学生示范如何根据学习内容提出问题，如何恰当地回答，然后由学生充当教师向其他同学提出问题。在这个过程中，学生也检测到自己对材料的理解水平。

合作学习是以小组活动为基本教学方式，以团体成绩为评价标准和奖励依据，互动合作的一种教学活动。合作学习更强调同伴交往在完成任务过程的作用。在合作学习的模式下，学生会有意识地模仿专家或同伴的行为来思考或完成具体的任务。在这个过程中模仿、证明、辩论，不仅学习者的认知水平获得发展，而且小组成员的情绪、动机、个性等心理因素又会彼此影响。因此，在合作学习进行小组编排时教师要尽量组织安排能力水平不同的学生进行合作学习，接受能力较强的同伴的指导是促进儿童在最近发展区内发展的最有效的一种方式。合作学习一般4～6人一组，并且必须将小组团体成绩作为考核和评价小组合作学习的依据。

建构主义在课堂中的应用实例：

1.提供具体经验以使学生建构起他们自己对概念意义的理解

①艺术课教师在透视画法课上，首先让学生观看各种滑道、滑坡，并展示其他学生及教师自己的作品。当学生交上自己的画后，教师将每幅画呈现在全体学生面前并让学生讨论透视画法在每幅画中有怎样的体现。

②为了帮助学生理解历史的“过程”，历史课教师让学生们写下一段发生在当地的事件或现象的“历史”，他要求学生寻找各种基本的资源，与他人面谈，并将有关的结果写进作品中。

2.在真实的学习任务中理解重要的概念

①二年级教师在教学生如何绘制图表时让学生绘出学生每天出勤率的图表。男生和女生的出勤率分别记录，在图表被保留的几周里，让学生对绘图的模式进行讨论。

②在学习中学生物课时，采取当地一条河流作为样本，进行一项生态学研究。他们研究了河流的各种条件和有关的污染物质，并写信给当地的报纸和政治家以分享这些信息。

3.设计课堂任务以鼓励学生相互作用

①当学生完成一个实验后，老师让他们口头描述他们的观察和结论。当学生出现不同意见时，教师鼓励学生对差异进行详细讨论，并指导他们做出有效的

解释。

②英语课教师让学生通过合作学习小组讨论课堂上正在学习的文学作品。教师要求每个小组对事先准备好的问题单一一做出回答并与全班同学分享他们的结论。

第五节　人本主义学习理论

一则非常感人的故事

开学的第一天，她站在五年级的学生们面前，说了个谎。她看着她的学生，说她会平等地爱班里的每一位同学。但这是不可能的，那是因为坐在前排的一个小男孩，他叫泰迪斯托达德。

汤普森夫人发现，泰迪根本无法与其他孩子们玩到一起去。他的衣服很邋遢，身上也不整洁，而且不怎么受大家欢迎。汤普森夫人很喜欢在他的卷子上用红笔画一个个红叉。

过了不久，汤普森夫人教课的学校要求老师对每个孩子过去的记录进行审阅，她把泰迪的档案放到了最后一个才看。然而，当她看泰迪档案的时候吃了一惊。

泰迪一年级的老师写道："泰迪是个聪明的孩子，永远面带笑容。作业写得很整洁、很有礼貌，他给周围的人带来了欢乐。"

二年级的老师写道："泰迪是个优秀的学生，深受同学的喜欢，但是他很苦恼，因为他妈妈的病已到了晚期，家里生活窘迫。"

三年级的老师写道："母亲的去世对他是个沉重的打击。他试图尽最大努力，但他的父亲责任感不强，如果不采取一些措施，他的家庭会对他产生不利影响。"

四年级的老师写道："泰迪性格孤僻，对学习不感兴趣。他没有什么朋友，有时会在课堂上睡觉。"

此时，汤普森夫人才意识到问题的所在，她为自己的行为感到羞愧。

圣诞节到了，当学生们送给她圣诞礼物时，她更是无地自容。学生们的礼物是用明亮的彩纸包好，上面扎着美丽的丝带，唯独泰迪的不是。他的礼物是用厚厚的牛皮纸袋包裹，那纸是从杂货袋上扯下的。汤普森夫人费了很大劲才打开这个礼物。那是一只水晶石手链，上面有颗水晶石已经丢失了，还有一瓶只有四分之一的香水。一些孩子开始发笑，她制止了他们。她大声夸赞这只手链多漂亮啊，并把它戴在手上，还在手腕上擦了些香水。

那天放学后，泰迪斯托达德说了一句话才走："汤普森夫人，今天你身上味道就像我妈妈以前一样。”

孩子们走后，她哭了至少一个小时。就从那一天起，她不再研究怎样教阅读、写作和算术，而是研究怎样教育孩子们。

多年后，汤普森老师收到一封信，这次泰迪说，当初拿到学士学位后，他决定继续留在学校深造，他还说，汤普森夫人仍是自己一生中遇到的最好的老师。但如今信上的落款变得长了些：医学博士西奥多·斯托达德。

那年春天，泰迪又来了一封信，说他马上要结婚了，他不知道汤普森夫人是否愿意参加他的婚礼，并坐在新郎母亲的座位上。当然，汤普森夫人去了。她戴着那只丢了颗水晶石的手链，还专门喷了泰迪母亲用过的那种香水。师生俩互相拥抱，斯托达德博士轻声在汤普森夫人的耳畔说：“谢谢你，汤普森夫人，非常感谢你让我知道自己可以有所作为。”汤普森夫人眼含热泪，低声说：“泰迪，你全搞错了，是你教会了我，直到遇见你，我才知道如何做老师。”

人本主义心理学是有别于精神分析与行为主义的心理学界的“第三种力量”，主张从人的直接经验和内部感受来了解人的心理，强调人的本性、尊严、理想和兴趣，认为人的自我实现和为了实现目标而进行的创造才是人的行为的决定因素。人本主义心理学的目标是要对作为一个活生生的完整的人进行全面描述。人本主义心理学家认为，行为主义将人类学习混同于一般动物学习，不能体现人类本身的特性，而认知心理学虽然重视人类认知结构，却忽视了人类情感、价值观、态度等最能体现人类特性的因素对学习的影响。在他们看来，要理解人的行为，必须理解他所知觉的世界，即必须从行为者的角度来看待事物。要改变一个人的行为，首先必须改变其信念和知觉。人本主义者特别关注学习者的个人知觉、情感、信念和意图，认为它们是导致人与人的差异的“内部行为”，因此他们强调要以学生为中心来构建学习情景。代表人物是马斯洛和罗杰斯。

1.马斯洛的学习理论

马斯洛

马斯洛(Abraham Harold Maslow, 1908～1970)，美国社会心理学家，人格理论家，人本主义心理学的主要发起者。马斯洛对人的动机持整体的看法，他的动机理论被称为“需要层次论”。1968 年当选为美国心理学会主席。1933 年在威斯康星大学获博士学位，第二次世界大战后转到布兰代斯大学任心理学系教授兼主任，开始对健康人格或自我实现者的心理特征进行研究。曾任美国人格与社会心理学会主席和美国心理学会主席(1967)。

(一)自我实现的人格发展观

人本主义心理学家认为,人的成长源于个体自我实现的需要,自我实现的需要是人格形成发展、扩充成熟的驱力。所谓自我实现的需要,马斯洛认为就是“人对于自我发挥和完成的欲望,也就是一种使他(她)的潜力得以实现的倾向”。通俗地说,自我实现的需要就是“一个人能够成为什么,他就必须成为什么,他必须忠于自己的本性”。正是由于人有自我实现的需要,才使得有机体的潜能得以实现、保持和增强。人格的形成就是源于人性的这种自我的压力。

人格发展的关键就在于形成和发展正确的自我概念。而自我的正常发展必须具备两个基本条件:无条件的尊重和自尊。其中,无条件的尊重是自尊产生的基础,因为只有别人对自己有好感(尊重),自己才会对自己有好感(自尊)。如果自我正常发展的条件得以满足,那么个体就能依据真实的自我而行动,就能真正实现自我的潜能,成为自我实现者或称功能完善者、心理健康者。人本主义心理学家认为,自我实现者能以开放的态度对待经验,他的自我概念与整个经验结构是和谐一致的,他能体验到一种无条件的自尊,并能与他人和谐相处。

马斯洛同时还认为,人的潜能是自我实现的,而不是教育的作用使然。因此,在教环境与教育的作用问题上,他认为“文化、环境、教育只是阳光、食物和水,但不是种子”,自我潜能才是人性的种子。他们认为教育的作用只在于提供一个安全、自由、充满人情味的心理环境,使人的固有的优异的潜能自动地得以实现。

(二)内在学习观

马斯洛认为,理想的学校应反对外在学习,倡导内在学习。所谓内在学习,就是依靠学生的内在驱力,充分开发潜能,达到自我实现的学习。这是一种自觉的、主动的、创造性的学习模式。这种教育模式会促进学生自发的学习,打破各种束缚人发展的清规戒律,自由地学他想学的任何课程,充分发挥想象力和创造力。

外在学习是单纯依赖强化和条件作用的学习,其着眼点在于灌输而不在于理解,属于一种被动的、机械的、传统的教育模式。

马斯洛批判传统的学习是一种外在学习,学习活动不是由学生决定的,是由教师强制的。学生只是对个别刺激做出零碎的反应而已,学生所学的知识缺少个人意义。“学生学到的,顶多不过是在他口袋里装的几把钥匙或几个铜钱而已。学生所学到的一切,对他个人的心智成长,毫无意义。”在他看来,目前学生渗透着外在学习的态度,并且像黑猩猩对训练员的技巧做出反应那样对分数和考试做出反应。读一本书唯一理由可能是读书可能带来的外部奖赏,为了“一纸文凭”或“赚取学位”,这就是外在学习的弊端。

二、罗杰斯的学习理论

罗杰斯

罗杰斯(Carl Ransom Rogers，1902～1987)，美国心理治疗学家，在人本主义心理学的理论开创方面，相比马斯洛(被心理学史学家誉为“人本主义心理学之父”)，罗杰斯不是最出色的，然而，就其在教育实际方面的影响而言，罗杰斯的影响最大。

1990年，凯恩在概括卡尔·罗杰斯的主要贡献时指出，罗杰斯在强调心理咨询中咨询者对咨询客人的倾听、建立良好的“以当事人为中心”的治疗关系之外，还“为教育领域的变革贡献一种激进的理念和实践”。罗杰斯学习心理学以其心理学思想作为基础，以突出学习者的中心地位为其核心，强烈冲击了传统的教育理论，大大影响了现代西方的教育。

(一)知情统一的教学目标观

罗杰斯在60年代将他的“患者中心”(client centered)的治疗方法应用到教育领域，提出了“自由学习”和“学生中心”(student centered)的学习与教学观。

罗杰斯认为，情感和认知是人类精神世界中两个不可分割的有机组成部分，彼此是融为一体的。因此，罗杰斯的教育理想就是要培养“躯体、心智、情感、精神、心力融汇一体”的人，也就是既用情感的方式也用认知的方式行事的情知合一的人。这种知情融为一体的人，他称之为“完人”(whole person)或“功能完善者”(fully functioning person)。当然，“完人”或“功能完善者”只是一种理想化的人的模式，而要想最终实现这一教育理想，应该有一个现实的教学目标，这就是“促进变化和学习，培养能够适应变化和知道如何学习的人”。他说：“只有学会如何学习和学会如何适应变化的人，只有意识到没有任何可靠的知识，只有寻求知识的过程才是可靠的人，才是真正有教养的人。在现代世界中，变化是唯一可以作为确立教育目标的依据，这种变化取决于过程而不是静止的知识。”可见，人本主义重视的是教学的过程而不是教学的内容，重视的是教学的方法而不是教学的结果。

(二)有意义的自由学习观

由于人本主义强调教学的目标在于促进学习，因此学习并非教师以填鸭式严格强迫学生无助地、顺从地学习枯燥乏味、琐碎呆板、现学现忘的教材，而是在好奇心的驱使下去吸收任何他自觉有趣和需要的知识。罗杰斯认为，学生学习主要有两种类型：认知学习和经验学习，其学习方式也主要有两种：无意义学习和有意义学习，并且认为认知学习和无意义学习、经验学习和有意义学习是完全一致的。因为认知学习的很大一部分内容对学生自己是没有个人意义（personal significance）的，它只涉及心智（mind），而不涉及感情或个人意义，是一种“在颈部以上发生的学习”，因而与完人无关，是一种无意义学习。而经验学习以学生的经验生长为中心，以学生的自发性和主动性为学习动力，把学习与学生的愿望、兴趣和需要有机地结合起来，因而经验学习必然是有意义的学习，必能有效地促进个体的发展。

所谓有意义学习（significant learning），不仅仅是一种增长知识的学习，而且是一种与每个人各部分经验都融合在一起的学习，是一种使个体的行为、态度、个性以及在未来选择行动方针时发生重大变化的学习。在这里，我们必须注意罗杰斯的有意义学习（significant learning）和奥苏伯尔的有意义（meaning fullearning）的区别。前者关注的是学习内容与个人之间的关系；而后者则强调新旧知识之间的联系，它只涉及理智，而不涉及个人意义。因此，按照罗杰斯的观点，奥苏伯尔的有意义学习（meaningful learning）只是一种“在颈部以上发生的学习”，并不是罗杰斯所指的有意义学习（significant learning）。

对于有意义学习，罗杰斯认为主要具有四个特征：(1)全神贯注：整个人的认知和情感均投入到学习活动之中；(2)自动自发：学习者由于内在的愿望主动去探索、发现和了解事件的意义；(3)全面发展：学习者的行为、态度、人格等获得全面发展；(4)自我评估：学习者自己评估自己的学习需求、学习目标是否完成等。因此，学习能对学习者产生意义，并能纳入学习者的经验系统之中。总之，“有意义的学习结合了逻辑和直觉、理智和情感、概念和经验、观念和意义。若我们以这种方式来学习，便会变成统整的人。”

(三)学生中心的教学观

人本主义的教学观是建立在其学习观的基础之上的。罗杰斯从人本主义的学习观出发，认为凡是可以别人教给的知识，相对来说都是无用的；能够影响个体行为的知识，只能是他自己发现并加以同化的知识。因此，教学的结果，如果不是毫无意义的，那就可能是有害的。教师的任务不是教学生学习知识（这是行为主义者所强调的），也不是教学生如何学习（这是认知主义者所重视的），而是为学生提供各种学习的资源，提供一种促进学习的气氛，让学生自己决定如何学习。为此，罗杰斯对传统教育进行了猛烈的批判。他认为在传统教育中，“教师是知识的拥有者，而学生只是被动的接受者；教师可以通过讲演、考试甚至嘲弄等方式来支配学生的学习，而学生无所适从；教师是权力的拥有者，而学生只是服从者”。因此，罗杰斯主张废除“教师（teacher）”这一角色，代之以“学习的促进者（facilitator）”。

罗杰斯认为,促进学生学习的关键不在于教师的教学技巧、专业知识、课程计划、视听辅导材料、演示和讲解、丰富的书籍等(虽然这中间的每一个因素有时候均可作为重要的教学资料),而在于特定的心理气氛因素,这些因素存在于"促进者"与"学习者"的人际关系之中。那么,促进学习的心理气氛因素有哪些呢?罗杰斯认为,这和心理治疗领域中咨询者对咨客(患者)的心理气氛因素是一致的,这就是:(1)真实或真诚:学习的促进者表现真我,没有任何矫饰、虚伪和防御;(2)尊重、关注和接纳:学习的促进者尊重学习者的情感和意见,关心学习者的方方面面,接纳作为一个个体的学习者的价值观念和情感表现;(3)移情性理解:学习的促进者能了解学习者的内在反应,了解学生的学习过程。在这样一种心理气氛下进行的学习,是以学生为中心的,"教师"只是学习的促进者、协作者或者说伙伴、朋友,"学生"才是学习的关键,学习的过程就是学习的目的之所在。

总之,罗杰斯等人本主义心理学家从他们的自然人性论、自我实现论及其"患者中心"出发,在教育实际中倡导以学生经验为中心的"有意义的自由学习",对传统的教育理论造成了冲击,推动了教育改革运动的发展。这种冲击和促进主要表现在:突出情感在教学活动中的地位和作用,形成了一种以知情协调活动为主线、以情感作为教学活动的基本动力的新的教学模式;以学生的"自我"完善为核心,强调人际关系在教学过程中的重要性,认为课程内容、教学方法、教学手段等都维系于课堂人际关系的形成和发展;把教学活动的重心从教师引向学生,把学生的思想、情感、体验和行为看作是教学的主体,从而促进了个别化教学运动的发展。不过,罗杰斯对教师作用的否定,是不正确的,是言过其实的。

本章知识结构：

- 学习的基本理论
  - 学习的概述
    - 学习的心理实质
    - 学习的分类
  - 行为学习理论
    - 桑代克——尝试—错误说
    - 巴甫洛夫——经典性条件作用理论
    - 斯金纳——操作性条件作用理论
  - 认知学习理论
    - 班杜拉——社会学习理论
    - 苛勒——完形—顿悟说
    - 布鲁纳——认知—结构学习理论
    - 奥苏伯尔——有意义接受学习理论
    - 加涅——信息加工学习理念
  - 建构主义学习理论
    - 建构主义学习理论的基本观点
    - 建构主义学习理论在教学中的应用
  - 人本主义学习理论
    - 马斯洛的学习理论
    - 罗杰斯的学习理论

实践活动：

结合本章学习的相关知识讨论并回答问题。

1.某班的学生难于管理，杜老师接手这个班，第一天上课就遇到了这样的情景：在楼道就听到了班里传来的喊叫声；上课时有些同学随便走动，打扰教学秩序；甚至有的同学吃东西；即使是听课的同学也会问一些与所讲的主题毫不相干的问题。如果你是杜老师：

①如何看待这类的班级？

②如何着手处理这种情景？

③如何矫正学生的不良行为呢？

④如何使用奖励和惩罚呢？

⑤如何培养学生良好的行为习惯呢？

2.搜集一套小学数学教材或中学物理教材，重点分析：

①这些教材是否有效地突出了学科的基本结构？

②这些教材是否有效地促进了学生对知识的有意义的学习？

思考与练习：

1.什么是学习(广义)?
2.桑代克关于学习的规律是什么？对教学工作有何启发?
3.经典条件作用的泛化与分化有何区别?
4.负强化和惩罚有何区别？如何使用惩罚?
5.社会认知理论的基本观点是什么?
6.观察学习经历了什么过程？举例说明。
7.在课堂上如何引导学生进行观察学习?
8.说明完形说的基本观点,总结这一观点的理论和实践价值。
9.举例说明学生的认知结构是如何形成的。
10.发现学习的实质是什么？有何利弊?
11.接受学习的实质和条件是什么?
12.举例说明先行组织者技术及其如何使用。
13.接受学习和发现学习有何区别?
14.图示加涅的信息加工过程。
15.加涅从信息加工的观点出发把学生的学习分成了几个阶段？针对各个阶段教师应做哪些工作?
16.简要概括建构主义的知识观、学习观和学生观。
17.支架的教学的基本思路是什么?
18.什么是情境教学?
19.合作学习有什么价值?
20.罗杰斯有意义学习的内涵是什么?
21.在人本主义学习理论中,教师扮演了什么角色?

第四章　学习动机

引子:教师们在日常的教学中会遇到各种各样的问题。如:有些学生在学习中为避免过多的失败,而不愿去主动尝试;有的学生虽然智商不差,但在学习的主动性、积极性方面却存在很大的不足;有的学生由于过度焦虑而不能将注意力集中于所学的知识,从而使学习成绩下降;有的学生不能正确地找出学习成绩提高或降低的原因而导致对完成后来的学习任务缺乏信心和激情……以上这些问题都可以归结为学习动机的问题。本章将就学习动机的含义及结构、学习动机的种类、学习动机与学习效果的关系、动机理论及学生学习动机的培养与激发等问题展开学习。

学习目标:

1.领会并识记学习动机、自我效能感、问题情境等基本观念。

2.用自己的语言说明学习动机的结构、学习动机与学习效果的关系、耶克斯—多德森定律。

3.用自己的语言说明强化理论、需要层次理论、成就动机理论、成败归因理论和自我效能感理论等动机理论的主要观点。

4.依据动机的本质、运用动机理论阐明如何培养和激发学习动机。

5.形成科学地认识动机和科学的培养与激发动机的态度与行为。

第一节　学习动机概述

一、学习动机的含义与结构

(一)动机及其功能:

所谓动机,是指引起和维持个体的活动,并使活动朝向某一目标的内在心理过程或内部动力。它一般具有以下三种功能：一是激活功能，即动机会促使人产生某种活动。二是指向功能，即在动机的作用下，人的行为将指向某一目标。三是强化功能，即当活动产生以后，动机可以维持和调整活动。

(二)学习动机及其基本结构

学习动机是指激发个体进行学习活动、维持已引起的学习活动，并致使行为朝向一定的学习目标的一种内在过程或内部心理状态。学习动机的两个基本成分是学习需要和学习期待，两者相互作用形成学习的动机系统。

1.学习需要与学习驱力

学习需要是指个体在学习活动中感到有某种欠缺而力求获得满足的心理状态。它的主观体验形式是学习者的学习愿望或学习意向。它包括学习的兴趣、爱好和学习的信念等。内驱力也是一种需要，但它是动态的。从需要的作用上来看，学习需要即为学习的内驱力。所以，学习需要就称为学习驱力。

奥苏伯尔认为，学校情境中的成就动机即学习的内驱力主要由以下三个方面的内驱力组成，即认知的内驱力、自我提高的内驱力和附属的内驱力。①认知内驱力是一种要求理解事物、掌握知识，系统地阐述并解决问题的需要。它以求知作为目标，从知识的获得中得到满足，是学习的内部动机。②自我提高的内驱力是指个体由自己的学业成就而获得相应的地位和威望的需要。它不直接指向知识和学习任务本身，而是把学业成就看作是赢得地位和自尊的根源。③附属内驱力是指个体为了获得长者(如教师、家长等)的赞许和同伴的接纳而表现出来的把工作、学习搞好的一种需要。它既不直接指向学习任务本身，也不把学业成就看作是赢得地位的手段，而是为了从长者或同伴那里获得赞许和接纳。自我提高和交往的内驱力都是一种间接的学习需要，属于外部动机。

应该说明的是，认知内驱力、自我提高内驱力和附属内驱力在动机结构中所占的比重并非一成不变，通常是随着年龄、性别、个性特征、社会地位和文化背景等因素的变化而变化。在儿童早期，附属内驱力最为突出，他们努力学习获得学业成就，主要是为了实现家长的期待，并得到家长的赞许。到了儿童后期和少年期，附属内驱力的强度有所减弱，而且来自同伴、集体的赞许和认可逐渐替代了对长者的依附。在这期间，赢得同伴的赞许就成为一个强有力的动机因素。而到了青年期，认知内驱力和自我提高内驱力成为学生学习的主要动机，学生学习的主要目的在于满足自己的求知需要，并从中获得相应的地位和威望。

2.学习期待与诱因

学习期待是个体对学习活动所要达到目标的主观估计。学习期待与学习目标密切相关,但两者不能等同。学习目标是个体通过学习活动想要达到的预期结果,而在个体完成学习活动之前,这个预想结果是以观念的形式存在于头脑之中的。因此,学习期待就是学习目标在个体头脑中的反映。

诱因是指能够激起有机体的定向行为,并能满足某种需要的外部条件或刺激物。诱因可以是简单的物体如食物、水等,也可以是复杂的事情如名誉、地位等。凡是使个体产生积极的行为,即趋向或接近某一目标的刺激物称为积极诱因,例如,在激发学生学习积极性的教育措施中,教师所提供的奖品、成绩等都是积极的诱因。相反,消极的诱因可以产生负性行为,即离开或回避某一目标。

学习期待是静态的,而诱因是动态的,它将静态的期待转换成为目标。所以,学习期待就其作用来说就是学习的诱因。

二、学习动机的种类

(一)高尚的动机与低级的动机

根据学习动机内容的社会意义,可以分为高尚的与低级的动机。高尚的学习动机的核心是利他主义,学生把当前的学习同国家和社会的利益联系在一起。例如,中小学生勤奋、努力学习各门功课,是因为他们意识到自己在不久的将来是国家建设的中坚力量,肩负着祖国繁荣昌盛的重任,所以现在要打好基础,踏实地掌握科学知识。低级的学习动机的核心是利己的、自我中心的,学习动机只来源于自己眼前的利益。例如,有的学生努力学习只是为了个人的名誉、地位或报答父母的养育之恩等,就是自私的、狭隘的,因而也是低级的。

(二)近景的直接性动机和远景的间接性动机

根据学习动机的作用与学习活动的关系,可以分为近景的直接性动机和远景的间接性动机。近景的直接性动机是与学习活动直接相连的,来源于对学习内容或学习结果的兴趣。例如,学生的求知欲望、成功的愿望、对某门学科的浓厚兴趣以及老师生动形象的讲解、教学内容的新颖等都直接影响到学生的学习动机。远景的间接性动机是与学习的社会意义和个人的前途相连的。例如,中小学生意识到自己的历史使命,为不辜负父母的期望,为争取自己在班集体中的地位和荣誉等都属于间接性的动机。

(三)内部学习动机和外部学习动机

根据学习动机的动力来源,可以分为内部学习动机和外部学习动机。这是在所有动机划分中,已得到心理学家公认的,而且对教育实践具有相当重要的应用价值。内部动机是指由个体内在的需要引起的动机。内部学习动机的动力来源于个体内部，例如，学生的求知欲、学习兴趣等，会促使学生积极主动地学习。外部动机是指个体由外部诱因所引起的动机。外部学习动机的动力来源于个体外部，例如，某些学生为了得到老师或父母的奖励或避免受到老师或父母的惩罚而努力学习，他们从事学习活动的动机不在学习任务本身，而是在学习活动之外。

内部学习动机和外部学习动机的划分不是绝对的。由于学习动机是推动人从事学习活动的内部心理动力，因此任何外界的要求、外在的力量都必须转化为个体内在的需要，才能成为学习的推动力。在外在学习动机发生作用时，人的学习活动较多地依赖于责任感、义务感或希望得到奖赏和避免受到惩罚的意念。因此，从这个意义上说，外在学习动机的实质仍然是一种学习的内部动力。故此，我们在教育过程中强调内部学习动机，但也不忽视外部学习动机的作用。教师应一方面逐渐使外部动机转化成为内部动机，另一方面又应利用外部动机使学生已经形成的内部动机处于持续的激起状态。

三、学习动机与学习效果的关系

学习动机与学习效果的关系并不是直接的，它们之间往往以学习行为为中介，而学习行为又不单纯只受学习动机的影响，它还要受一系列主客观的因素，如学习基础、教师指导、学习方法、学习习惯、智力水平、个性特点、健康状况等的制约。因此，只有把学习动机、学习行为、学习效果三者放在一起加以考查，才能看出学习动机与学习效果之间既一致又不一致的关系(表 4－1)。

表 4－1 学习动机与学习效果的关系

	正向一致	负向一致	正向不一致	负向不一致
学习动机	＋	－	－	＋
学习行为	＋	－	＋	－
学习效果	＋	－	＋	－

注：“＋”表示好或积极，“－”表示坏或消极。

从表 4－1 可以看出，在四种学习动机与学习效果的关系类型中，有两种类型的学习动机与学习效果的关系是一致的，另两种类型的学习动机与学习效果的关系则不一致。一致的情况是：学习动机强，学习积极性高，学习行为也好，则学习效果好(正向一致)；相反，学习动机弱，学习积极性不高，学习行为也不好，则学习效果差(负向一致)。不一致的情况是:学习动机强,学习积极性高,如果学习行为不好,其学习效果也不会好(负向不一致);相反,学习动机不强,如果学习行为好,其学习效果也可能好(正向不一致)。据此,我们便可以得出这样的结论:学习动机是影响学习行为、提高学习效果的一个重要因素,但却不是决定学习活动的唯一条件。在学习中,激发学习动机固然是重要的,但应当把改善各种主客观条件以提高学习行为水平作为重点来抓。只有抓住了这个关键,才会保持正向一致和正向不一致,消除负向一致与负向不一致。

第二节　学习动机理论

一、强化理论

学习动机的强化理论是由行为主义学习理论家提出来的,他们不仅用强化来解释学习的发生,而且用它来解释动机的产生。在他们看来,人的某种学习行为倾向完全取决于先前的这种学习行为与刺激因强化而建立起来的稳固联系,而不断强化则可以使这种联结得到加强和巩固。按照这种观点,任何学习行为都是为了获得某种报偿。因此,在学习活动中,采取各种外部手段如奖赏、赞扬、评分、等级、竞赛等,可以激发学生的学习动机,引起其相应的学习行为。

一般说来,强化起着增进学习动机的作用,如适当的表扬与奖励、获得优秀成绩、取消讨厌的频繁考试等便是强化的手段;惩罚则一般起着削弱学习动机的作用,但有时也可使一个人在失败中重新振作起来,如频繁的惩罚、考试不及格等便是惩罚的手段。在学习中如能合理地运用强化,减少惩罚,将有助于提高学生的学习动机水平,改善他们的学习行为及其结果。

当然,强化动机理论就其主要倾向来说,是行为派的学习动机理论。由于行为派的强化理论过分强调引起学习行为的外部力量(外部强化),忽视甚至否定了人的学习行为的自觉性与主动性(自我强化),因而这一学习动机理论有较大的局限性。

二、需要层次理论

需要层次理论是人本主义心理学理论在动机领域中的体现,美国心理学家马斯洛是这一理论的提出者和代表人物。马斯洛认为人的基本需要有五种,它们由低到高依次排列成一定的层次,即生理的需要、安全的需要、归属和爱的需要、尊重的需要、自我实现的需要。在人的需要层次中，最基本的是生理需要，例如，对食物、水、空气、睡眠、性等的需要；在生理需要得到基本满足之后，便是安全需要，即表现为个体要求稳定、安全、受到保护、免除恐惧和焦虑等；这之后是归属和爱的需要，即个体要求与他人建立感情联系，如结交朋友，追求爱情等；随后出现的是尊重需要，它包括自尊和受到他人的尊重；在上述这些低一级的需要得到基本满足之后，便进入自我实现的需要层次，自我实现作为一种最高级的需要，包括认知、审美和创造的需要。它具有两方面的含义，即完整而丰满的人性的实现以及个人潜能或特性的实现。马斯洛认为，自我实现的人心胸开阔、独立性强，具有创造性；他们知道自己的需要，能意识到自己实际上是怎样一个人，自己的使命是什么。从学习心理的角度看，人们进行学习就是为了追求自我实现，即通过学习使自己的价值、潜能、个性得到充分而完备的发挥、发展和实现。因此，可以说自我实现是一种重要的学习动机。

马斯洛需要层次理论还说明，只有低级的需要获得满足后，高层次的需要才会产生。学习需要是一种高层次的需要，在某种程度上学生缺乏学习动机可能是由于某种低级需要没有得到充分满足（如父母离异使归属与爱的需要得不到满足），而正是这些因素会成为学生学习和自我实现的主要障碍。所以，教师不仅要关心学生的学习，也应该关心学生的生活，以排除影响学习的一切干扰因素。

三、成就动机理论

成就动机是个体努力克服障碍、施展才能、力求又快又好地解决某一问题的愿望或趋势。它在人的成就需要的基础上产生，是激励个体乐于从事自己认为重要的或有价值的工作，并力求获得成功的一种内在驱动力。成就动机是人类所独有的，它是后天获得的具有社会意义的动机。在学习活动中，成就动机是一种主要的学习动机。

成就动机理论的主要代表人物是默里、麦克里兰、阿特金森。他们认为，个体的成就动机可以分成两类，一类是力求成功的动机，另一类是避免失败的动机。力求成功的动机，即人们追求成功和由成功带来的积极情感的倾向性；避免失败的动机，即人们避免失败和由失败带来的消极情感的倾向性。根据这两类动机在个体的动机系统中所占的强度，可以将个体分为力求成功者和避免失败者。力求成功者的目的是获取成就，所以他们会选择有所成就的任务，而成功概率为50%的任务是他们最有可能选择的，因为这种任务能给他们提供最大的现实挑战。当他们面对完全不可能成功或稳操胜券的任务时，动机水平反而会下降。相反，避免失败者则倾向于选择非常容易或非常困难的任务,如果成功的概率大约是50%时,他们会回避这项任务。因为选择容易的任务可以保证成功,使自己免遭失败;而选择极其困难的任务,即使失败,也可以找到适当的借口,得到自己和他人的原谅,从而减少失败感。

在教育实践中对力求成功者,应通过给予新颖且有一定难度的任务,安排竞争的情境,严格评定分数等方式来激起其学习动机。而对于避免失败者,则要安排少竞争或竞争性不强的情境;如果取得成功则要及时表扬给予强化;评定分数时要求稍稍放宽些;并尽量避免在公众场合下指责其错误;对于复杂的学习任务,要化整为零、循序渐进,尽量减少学习者的挫败感。

四、成败归因理论

人们做完一项工作之后,往往喜欢寻找自己或他人之所以取得成功或遭受失败的原因。美国心理学家维纳(B. Weiner)对行为结果的归因进行了系统探讨,并把归因分为三个维度:内部归因和外部归因,稳定性归因和非稳定性归因,可控制归因和不可控制归因;又把人们活动成败的原因即行为责任主要归结为六个因素,即能力高低、努力程度、任务难易、运气(机遇)好坏、身心状态、外界环境等。如果将此三维度和六因素结合起来,就可组成如表4—2所示的归因模式。

表4—2 成就动机的归因模式

结果归因 / 责任归因	稳定性		内在性		可控性	
	稳定	不稳定	内在	外在	可控	不可控
能力高低	+		+			+
努力程度		+	+		+	
任务难度	+	+		+		+
运气好坏		+		+		+
身心状态		+	+			+
外界环境		+		+		+

由于归因理论是从结果来阐述行为动机的,因此它的理论价值与实际作用主要表现在三个方面:一是有助于了解心理活动发生的因果关系;二是有助于根据学习行为及其结果来推断个体的心理特征;三是有助于从特定的学习行为及其结果

来预测个体在某种情况下可能产生的学习行为。正因为如此，在实际教学过程中，运用归因理论来了解学习动机，对于改善学生的学习行为，提高其学习效果，也会产生一定的作用。

就稳定性维度而言，如果学习者把成功或失败归因于稳定因素（能力、任务难度），则学习者对未来的学习结果也会抱成功或失败的预期，并会增强他们的自豪感、自信心或产生羞耻感、自卑感；相反，如果学习者把成功或失败归因于不稳定因素（努力、运气、身心状态、外界环境），则不会影响他们对未来成功或失败的期望，其成败体验也不会影响到将来的学习行为。

就内在性维度而言，如果学习者将成功或失败归因于自身内在的因素（能力、努力、身心状态），学习者会产生积极的自我价值感，进而更投入到未来的学习活动中去，或形成消极的自我意象，从而更避免参与成就性任务；相反，如果学习者将成功或失败归因于机体外在因素（任务难度、运气、外界环境），则学习结果不会对其自我意象产生什么影响。

就可控性维度而言，如果学习者把成功或失败归因于可控因素（努力），学习者会对自己充满信心或产生一种犯罪感；反之，如果学习者把成功或失败归因于不可控因素（能力、任务难度、运气、身心状态、外界环境），则会产生感激心情或仇视报复情绪。

可见，学习者成败归因不同，对自我意象的影响和对下一次学习行为成功的期望的影响是不同的。

五、自我效能感理论

自我效能感理论在第三章班杜拉的社会学习理论中已做介绍。20 世纪 80 年代以来，自我效能感理论得到了丰富和发展，也得到了大量实证研究的支持。班杜拉在他的动机理论中指出，人的行为受行为的结果因素与先行因素的影响。行为的结果因素就是通常所说的强化，并把强化分为三种：一是直接强化，即通过外部因素对学习行为予以强化；二是替代性强化，即通过一定的榜样来强化相应的学习行为或学习倾向；三是自我强化，即学习者根据一定的评价标准进行自我评价和自我监督，来强化相应的学习行为。但是，他认为行为的出现不是由于随后的强化，而是由于人认识了行为与强化之间的依赖关系后，形成了对下一次强化的期待。所谓“期待”，包括结果期待和效能期待。结果期待指的是个体对自己的某种行为会导致某一结果的推测。如果个体预测到某一特定行为会导致某一特定的结果，那么这一行为就可能被激活和被选择。例如，学生认识到只要上课认真听讲，就会获得他所希望的好成绩,那他就很可能认真听课。效能期待则指个体对自己能否实施某种成就行为的能力的判断,即人对自己行为能力的推测。当个体确信自己有能力进行某一活动时,他就会产生高度的“自我效能感”,并会实际去实施那一活动。例如,学生不仅认识到注意听课可以带来理想的成绩,而且还感到自己有能力听懂教师所讲的内容时,才会真正认真听课。在人们获得了相应的知识、技能后,自我效能感就成为学习行为的决定因素。

班杜拉研究指出,影响自我效能感形成的最主要因素是个体自身行为的成败经验。一般来说,成功经验会提高效能期待,反复的失败则会降低效能期待。这一理论目前仍处于进一步发展阶段,具有较大的科学价值。

第三节 学习动机的培养与激发

一、学习动机的培养

(一)利用学习动机与学习效果的互动关系培养学习动机

学习动机作为引起学习活动的动力机制,是学习活动得以发动、维持、完成的重要条件,并由此影响学习效果。而学习动机之所以能影响学习效果,是因为它直接制约学习积极性。学习动机强的学生,必然在学习活动中表现出较高的学习积极性,他们在学习中能专心一致,具有深厚持久的学习热情,一旦遇到困难时有顽强的自制力和坚强的毅力。反之,缺乏学习动机的学生,必然学习积极性低。而学习积极性的高低将直接影响学习效果。因此,学习动机可以影响到学习效果。

但是,心理学研究表明,不仅学习动机可以影响学习效果,学习效果也可以反作用于学习动机。如果学习效果好,主体在学习中所付出的努力与所取得的收获成正比例,主体的学习动机就会得到强化,从而巩固了新的学习需要,使学习更有成效。这样,学习需要与学习效果相互促进,从而形成学习上的良性循环。反之,不良的学习效果,使学习的努力得不到相应的收获,从而削弱学习需要,降低学习积极性,导致更差的学习效果,最终形成学习上的恶性循环。而要想使学习上的恶性循环转变成良性循环,关键在于:①改变学生的成败体验,使他获得学习上的成就感。②改善学生的知识技能掌握情况,弥补其基础知识和基本技能方面的欠缺。

我们知道,学习效果虽然是客观的,对它的评定要遵循一定的客观标准,但是,学生对它的感觉却有主观性。因此,教师应掌握评分的艺术,使学生保持学习上的成功感。为此,在实际教学中要注意:①学生的成败感与他们的自我标准有关,教师应注意这种个别差异，使每个学生都体验到成功。②课题难度要适当，经过努力要可以完成，否则，总不能正确完成，就会丧失信心，产生失败感。③课题应由易到难呈现，以使学生不断获得成功感。④在某一课题失败时，可先完成有关基础课题，使学生下次在原来失败的课题上获得成功感。

当然，成功体验的获得，最终必须依赖于学习上的真正成功，即有效地掌握知识和技能。大多数学生成绩不良的实质问题，是在知识技能的掌握或应用上存在障碍。由于新旧学习内容之间有着内在联系，先前学习中的问题必然会影响到今后的学习。因此，找出学习上的关键问题，填补知识技能掌握方面的空缺，是取得好的学习效果，使恶性循环变成良性循环的关键，也是获得真正成功感的先决条件。

（二）利用直接发生途径和间接转化途径培养学习动机

教育心理学研究表明，新的学习需要可以通过两条途径来形成，一是直接发生途径，即因原有学习需要不断得到满足而直接产生新的更稳定更分化的学习需要；一是间接转化途径，即新的学习需要由原来满足某种需要的手段或工具转化而来。

利用直接发生途径，主要应考虑的就是如何使学生原有学习需要得到满足。由于认知内驱力是最稳定、最重要的学习动机，因此满足学生的认知需要有利于培养新的学习需要。为此，教师应耐心有效地解答学生提出的问题，精心组织信息量大、有吸引力的课堂教学，以满足学生的求知欲。同时，教师要积极引导学生运用所学知识去解决实际问题，使学生了解到知识的价值，以形成掌握更多知识、探究更深问题的愿望。从间接途径考虑，主要应通过各种活动，提供各种机会，满足学生其他方面的要求和爱好。就各种课外活动小组而言，很多参加的学生，最初可能并不是由于对某一门学科的爱好，而很可能是追求活动中的娱乐和与同伴交流的快乐。比如，参加自然小组的学生，可能不是出于对自然科学的兴趣，而是出于对外出郊游的向往；参加数学小组的学生，可能不是出于对数学本身的兴趣，而是由于喜欢数学的游戏形式。但是在逐渐活动的过程中，自然小组的学生就可能发展出对地理、化学、物理等方面知识的兴趣；数学小组的学生可能会产生学习计算、测量等方面知识的愿望。结果，原来的对娱乐、游戏等要求的满足，就转化成了新的学习需要。

二、学习动机的激发

（一）创设问题情境，实施启发式教学

启发式教学与传统的“填鸭式”教学相比，具有极大的优越性。而要想实施启

发式教学,关键在于创设问题情境。所谓问题情境,指的是具有一定难度,需要学生努力克服,而又是力所能及的学习情境。

阿特金森在其成就动机理论中指出,在现实的学习活动中,存在着两类学习者,即力求成功者和避免失败者。由于绝大部分大学生属于追求成功的学习者,因此我们主要探讨如何到达成功。阿特金森认为,主体对某一问题的反应倾向的强度 Trg 是由内驱力强度即需要 Mg、到达目标的可能性即诱因 Erg 和目标对主体的吸引力即价值 Ig 共同决定的,用公式表示即:$Trg = Mg \times Erg \times Ig$。其中,$Erg + Ig = 1$。也就是说,当难度越小,目标实现的可能性(Erg)越大时,目标对主体的吸引力(Ig)就越小;反之,当难度增大,实现目标的可能性减少时,目标的价值就会增大。因此,在学习过程中,如果仅仅让学生简单地重复已经学过的东西(Erg 趋近于 1,Ig 趋近于 0),或者是让学生学习力不能及的过难的东西(Erg 趋近于 O,Ig 趋近于 1),学生都不会感兴趣(Trg 趋近于 0)。只有在学习那些"半生不熟""似懂非懂""似会非会"的东西时,学生才感兴趣而迫切希望掌握它。因此,能否成为问题情境,主要看学习任务与学生已有知识经验的适合度如何。如果完全适合(太易)或完全不适合(太难),均不能构成问题情境;只有在既适应又不适应(中等难度)的情况下,才能构成问题情境。那么,教师应怎样去创设难度适宜的问题情境呢? 要想创设问题情境,首先要求教师熟悉教材,掌握教材的结构,了解新旧知识之间的内在联系;此外要求教师充分了解学生已有的认知结构状态,使新的学习内容与学生已有水平构成一个适当的跨度。这样,才能创设问题情境。问题情境创设的方式多种多样,并应贯穿在教学过程的始终。

(二)根据作业难度,恰当控制动机水平

一般情况下,动机水平增加,学习效果也会提高。但是,动机水平也并不是越高越好,动机水平超过一定限度,学习效果反而更差。美国心理学家耶克斯(Yerks)和多德森(Dodson)认为,最佳的动机激起水平与作业难度密切相关:任务较容易,最佳激起水平较高;任务难度中等,最佳动机激起水平也适中;任务越困难,最佳激起水平越低。这便是有名的耶克斯—多德森定律(简称倒"U"曲线),如图 4—3 所示。

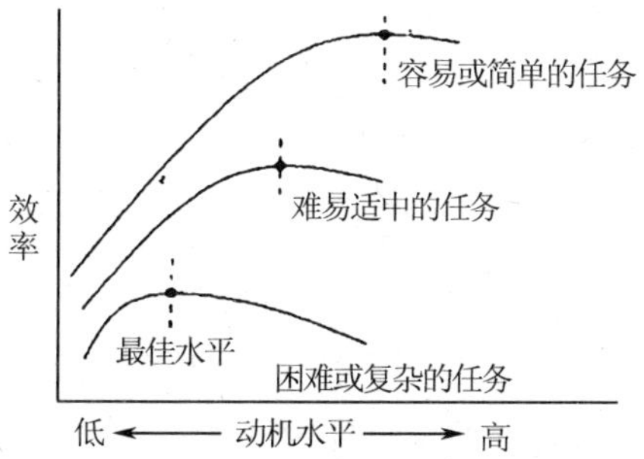

图 4—3　耶克斯—多德森定律示意图

由此可知,教师在教学时,要根据学习任务的不同难度,恰当控制学生学习动机的激起程度。在学习较容易、较简单的课题时,应尽量使学生集中注意力,使学生尽量紧张一点;而在学习较复杂、较困难的课题时,则应尽量创造轻松自由的课堂气氛,在学生遇到困难或出现问题时,要尽量心平气和地慢慢引导,以免学生过度紧张和焦虑。因此,平日大学生中流传的"大考大要,小考小要,不考不要"的调皮话,在一定程度上是有积极意义的。

(三)充分利用反馈信息,妥善进行奖惩

心理学研究表明,来自学习结果的种种反馈信息,对学习效果有明显影响。这是因为,一方面学习者可以根据反馈信息调整学习活动,改进学习策略;另一方面学习者为了取得更好的成绩或避免再犯错误而增强了学习动机,从而保持了学习的主动性和积极性。当然,如果在提供定量的信息反馈的基础上,再加上定性的评价,效果会更明显,这就是奖励与惩罚的作用。

心理学研究表明,表扬与奖励比批评与指责能更有效地激发学生的学习动机,因为前者能使学生获得成就感,增强自信心,而后者恰恰起到相反的作用。心理学家曾做过这样一个实验,把 106 名四、五年级的学生分为四个等组,各组内的能力相当,在四种不同的情况下进行难度相等的加法练习,每天 15 分钟,共练习 5 天。控制组单独练习,不给任何评定,而且与其他三个组学生隔离。受表扬组、受训斥组和静听组在一起练习,每次练习之后,不管成绩如何,受表扬组始终受到表扬和鼓励,受训斥组都受到批评和指责,静听组则不给予任何评定,只让他们静听其他两组受到表扬或批评。然后探讨不同的评定对学习成绩的影响。结果发现,三个实验组的学习成绩优于控制组,这是因为控制组未受到任何信息作用。静听组虽然未受到直接的评定,但它与受表扬组和受训斥组在一起,受到间接的评定,所以对动机的唤醒程度较低，平均成绩劣于受训斥组。受表扬组的成绩优于其他组，而且一直不断地直线上升。这表明，对学习结果进行评价，能激发学生的学习动机，对学习有促进作用；适当的表扬的效果优于批评，所以在教学中要给予学生表扬而非批评。虽然表扬和奖励对学习具有推进作用，但使用过多或者使用不当，也会产生消极作用。有许多研究表明，如果滥用外部奖励，不仅不能促进学习，而且可能破坏学生的内在动机。所以，要根据学生的具体情况进行奖励，把奖励看成某种隐含着成功的信息，其本身并无价值，只是用它来吸引学生的注意力，促使学生由外部动机向内部动机转换，对信息任务本身产生兴趣。

(四)正确指导结果归因，促使学生继续努力

在本章第二节，我们已介绍了维纳的成就归因理论模型。在这一理论模式的指导下，心理学家进行了大量研究。结果表明，学生对学习结果的归因对以后的学习行为会产生影响。

维纳通过一系列的研究，得出一些归因的最基本的结论：①个人将成功归因于能力和努力等内部因素时，他会感到骄傲、满意、信心十足，而将成功归因于任务容易或运气好等外在因素时，产生的满意感则较少。相反，如果一个人将失败归因于缺少能力或努力，则会产生羞愧和内疚，而将失败归因于任务太难或运气不好时，产生的羞愧则较少。归因于努力比归因于能力，无论成功或失败均有强烈的情绪体验。努力而成功，体验到愉快；努力而失败，体验到羞愧，努力而失败，也应受到鼓励。②付出同样的努力时，能力低的应得到更多的奖励。③能力低而努力的人应该受到较高的评价，能力高而不努力的人应该受到较低的评价。由此看来，维纳总是强调内部、不稳定、可控的维度。

既然不同的归因方式会影响到主体今后的行为，也就可以通过改变主体的归因方式来改变主体今后的行为，这对于学校教育工作是有实际意义的。在学生完成某一学习任务后，教师应指导学生进行成败归因。一方面，要引导学生找出成功或失败的真正原因；另一方面，教师也应根据每个学生过去一贯的成绩的优劣差异，从有利于今后学习的角度进行归因，哪怕这时的归因并不真实。一般而言，无论对优生还是差生，归因于主观努力的方面均是有利的。因为归因于努力，可使优等生不至于过分自傲，能继续努力，以便今后能继续成功；使差等生不至于过于自卑，也能进一步努力学习，以争取今后的成功。

本章知识结构：

- 学习动机
  - 学习动机的概述
    - 学习动机的含义
    - 学习动机的结构
    - 学习动机的分类
    - 学习动机和学习效果的关系
  - 学习动机理论
    - 强化理论
    - 需要层次理论
    - 成就动机理论
    - 成败归因理论
    - 自我效能感理论
  - 学习动机的培养与激发
    - 学习动机的培养
    - 学习动机的激发

实践活动：

对某一小学高年级（5 或 6 年级）学生进行问卷调查，调查其对考试成绩取得的归因倾向，并分析不同的归因倾向与其学习成绩的关系。

思考与练习：

1.什么是学习动机？

2.学习动机的结构基本结构是什么？

3.简要说明学习动机的几种分类结果。

4.学生的学习动机是否越强越好？为什么？

5.学习动机的理论有哪些？这些理论对培养和激发学生的学习动机有何实践价值？

第五章　学习迁移

引子：

A.汉语拼音的学习影响法语字母的发音

B.“角”的概念的掌握影响“钝角”“平角”等概念的学习

C.“石”字的学习影响“磊”字的学习

D.在学校形成的爱护公物的习惯影响在校外的行为表现

以上这样的事实在日常教学和生活中比比皆是，那么这些现象具有什么样的本质？又是如何发生的？学校教学中又如何发挥这一现象的积极影响而避免消极的影响呢？

学习目标：

1.识记迁移、正迁移与负迁移、垂直迁移与水平迁移、顺向迁移与逆向迁移、一般迁移与具体迁移、定式等基本概念。

2.理解早期的四种迁移理论和现代迁移理论的基本观点。

3.结合实例分析相似性、原有认知结构、定式等因素对迁移的影响，分析如何应用有效的教学措施促进迁移。

4.通过对迁移理论的学习，形成对现象进行科学分析、理论概括的态度和行为；形成举一反三的意识；掌握学习迁移的策略。

第一节　学习迁移概述

一、什么是学习迁移

迁移是学习中的一种普遍现象，平时我们所说的举一反三、触类旁通、闻一知十等即是典型的迁移形式。由于迁移的作用，几乎所有的习得经验都是以各种方式相互联系起来的。学习迁移也称训练迁移，指一种学习对另一种学习的影响，或习得的经验对完成其他活动的影响。迁移广泛存在于各种知识、技能、行为规范与态度的学习中。比如，数学学习中的审题技能的掌握可能会促进物理、化学等其他学科的审题技能的应用；平面几何的学习影响着立体几何的学习；在学校中形成的合作、有序的规范行为也影响到在校外时的表现。

迁移不仅存在于某种经验内部，而且也存在于不同的经验之间，比如，外语学习中，丰富的词汇知识的掌握将促进外语阅读技能的提高，而阅读技能的提高又可以促进更多的外语词汇知识的获得；知识与技能之间也存在着相互迁移。迁移表明了各种经验内部及其不同经验之间的相互影响，通过迁移，各种经验得以沟通，经验结构得以整合。

二、迁移的种类

（一）正迁移与负迁移

这是根据迁移的性质不同、即迁移的影响效果不同而划分的两种类型。正迁移指一种学习对另一种学习起到积极的促进作用。如阅读技能的掌握有助于写作技能的形成。负迁移指两种学习之间的相互干扰、阻碍。在学习对数运算法则时，受 $m(a+b)=ma+mb$ 的影响而错误地得到 $\lg(a+b)=\lg a+\lg b$。

（二）水平迁移与垂直迁移

这是根据迁移内容的不同抽象与概括水平而进行的划分。水平迁移也称横向迁移，是指处于同一概括水平的经验之间的相互影响。学习内容之间的逻辑关系是并列的，如化学中锂、钠、钾等金属元素之间的关系是并列的，都处于同一抽象和概括层次，各种概念的学习之间的相互影响即水平迁移。垂直迁移又称纵向迁移，指处于不同概括水平的经验之间的相互影响。具体讲，是具有较高的概括水平的上位经验与具有较低的概括水平的下位经验之间的相互影响。垂直迁移表现在两个方面，一是自下而上的迁移，二是自上而下的迁移。前者指下位的较低层次的经验影响着上位的较高层次的经验的学习，比如，数学学习中由数字运算到字母运算的转化中即包含着自下而上的迁移。此类迁移也常见于归纳式的学习中。后者指上位的较高层次的经验影响着下位的较低层次的经验的学习，如一般平行四边形有关内容的掌握影响着菱形的学习，其中即包含着自上而下的迁移。此类迁移也常见于演绎式的学习中。

(三)一般迁移与具体迁移

这是根据迁移范围的不同而进行的划分。一般迁移也称普遍迁移、非特殊迁移,是将一种学习中习得的一般原理、方法、策略和态度等迁移到多种学习中去。如数学学习中形成的认真审题的态度及其审题的方法也将影响到化学、物理等学科中的审题活动。具体迁移也称为特殊迁移,指一种学习中习得的具体的、特殊的经验直接迁移到另一种特定的学习中去,或经过某种要素的重新组合,以迁移到新情境中去。如英语学习中,当学完单词 eye(眼睛)后,再学习 eyeball(眼球)时,即可以产生特殊迁移,也就是说,利用具体的相同字母组合的迁移来进行新的学习。特殊迁移仅适用于非常有限的情境中,但这并不意味着特殊迁移是不重要的,相反,它对于系统掌握某一领域的知识是非常必要的。

(四)同化性迁移、顺应迁移与重组性迁移

这是根据迁移过程中所需的内在心理机制的不同而进行的划分。同化性迁移是指不改变原有的认知结构,直接将原有的认知经验应用到本质特征相同的一类事物中去。原有认知结构在迁移过程中不发生实质性的改变,只是得到某种充实。平时我们所讲的举一反三、闻一知十等都属于同化性迁移。

顺应性迁移指将原有认知经验应用于新情境中时,需调整原有的经验或对新旧经验加以概括,形成一种能包容新旧经验的更高一级的认知结构,以适应外界的变化。此时,原有认知结构发生了实质性的变化。这也表明,迁移并非仅是先学习的经验对以后的影响,也包括后面对前面的影响。比如,学生头脑中有一些日常概念,当这些前科学的日常概念不能解释所遇到的事例时,就要建立一个概括性更高的科学概念来标志某一现象或事物,新的科学概念的建立过程也是一种顺应的过程。

重组性迁移指重新组合原有认知系统中某些构成要素或成分,调整各成分间的关系或建立新的联系,从而应用于新情境。在重组过程中,基本经验成分不变,但各成分间的结合关系发生了变化,即进行了调整或重新组合。比如,将已掌握的字母进行重新组合,形成新的单词;在操作技能形成过程中,许多不同成分的动作被重新结合成连续的整体动作,形成新的操作技能系统,其中不涉及新的动作的增加,只是各动作成分的重新结合、重新排列。通过重组性迁移,可以提高经验的增值性,扩大了基本经验的适用范围。

三、迁移的作用

首先,迁移对于提高解决问题的能力具有直接的促进作用。学习的最终目的并不是将知识经验储存于头脑中，也不是仅用于解决书本上的问题，而是要应用于各种不同的实际情境中，解决现实中的各种问题。能否准确、有效地提取有关经验来分析、解决目前的问题，这实际上就是一个迁移的问题。在学校情境中，大部分的问题解决是通过迁移来实现的，迁移是学生进行问题解决的一种具体体现。要将校内所学的知识技能用于解决校外的现实问题，这同样也依赖于迁移。要培养解决问题的能力，就必须从迁移能力的培养入手，否则，问题解决也就成为空谈。

其次，迁移是习得的经验得以概括化、系统化的有效途径，是能力与品德形成的关键环节。只有通过广泛的迁移，原有的经验才得以改造，才能够概括化、系统化，原有的经验结构才更为完善、充实，从而建立起能稳定地调节个体活动的心理结构，即能力与品德的心理结构。迁移是习得的知识、技能与行为规范向能力与品德转化的关键环节。

再次，迁移规律对于学习者、教育工作者以及有关的培训人员具有重要的指导作用。应用有效的，学习者可以在有限的时间内学得更快、更好，并在适当的情境中主动、准确地应用原有的经验，防止原有经验的惰性化。教育工作者以及有关的培训人员应用迁移规律进行教学和培训系统的设计，在课程设置、教材的选择、编排、教学方法的确定、教学活动的安排、教学成效的考核等方面利用迁移规律，加快教学和培训的进程。

第二节　学习迁移理论

一、早期的迁移理论

早期的迁移理论主要包括形式训练说、相同要素说、经验类化说与关系转换说等。

(一)形式训练说

形式训练说认为心理官能只有通过训练才得以发展，迁移就是心理官能得到训练而发展的结果。这一学说的心理学基础是官能心理学，代表人物有德国的沃尔夫(C.von Wolff，1734)。官能即注意、知觉、记忆、思维、想象等一般的心理能力。对官能的训练就如同对肌肉的训练一样，而得到训练的官能又可以自动地迁移到其他活动中去。官能训练注重训练的形式而不注重内容，因为内容易忘记，其作用是暂时的，但形式是永久的。形式训练说认为，学习项目越困难，官能得到的训练就越多，一种作业越深奥，其学习就越有效。学校开设的学科和教材的选择不必重视其内容价值，关键看其对官能的训练价值。这种理论认为，学生在校时间是有限的，而知识是无限的，我们不可能把所有的知识都传授给学生。如果学生的官能由于训练而得到发展，任何知识随时都可以去吸收。所以掌握知识是次要的，官能的发展才是最重要的。这种观点在当时受到许多教育家的重视，在欧洲和北美盛行了近200年，一度成为课程编制的指导思想。形式训练说认为，迁移是无条件的、自动发生的。由于形式训练说缺乏科学的依据，所以引起了一些研究者的怀疑和反对。

(二)共同要素说

桑代克等人通过对知觉、注意、记忆和运动动作等方面所进行的一系列的实验，来检验形式训练说。

1901年，桑代克进行了"形状知觉实验"。他以大学生为被试，训练他们判断各种形状、各种大小的图形的面积。在训练前对他们进行了预测，让他们估计127个矩形、三角形、圆形和不规则图形的面积，使他们判断图形面积的能力达到一定水平。接着，让被试训练对90个10～100平方厘米大小的平行四边形的面积进行判断。最后，对被试进行这样的两种测验：第一个测验是要求他们判断13个与训练图形相似的长方形的面积；第二个测验是要求他们判断27个三角形、圆和不规则图形的面积，这27个图形是预测当中使用过的。其研究结果为：被试对长方形面积的判断成绩提高了，而对三角形、圆和不规则图形的面积的判断成绩没有提高。这一结果表明，经过训练的某一官能并不能自动地迁移到其他方面，只有当两种情境中有相同要素时才能产生迁移。相同要素也即相同的刺激与反应的联结，刺激相似而且反应也相似时，两情境的迁移才能发生，相同联结越多，迁移越大。后来相同要素被改为共同要素，即认为两情境中有共同成分时可以产生迁移。迁移是非常具体的，并且是有条件的，需要有共同的要素。这些都是对形式训练说的否定，也使迁移的研究有所深入。但仅将迁移视为相同联结的转移，这在某种程度上否认了迁移过程中的复杂的认知活动。

(三)经验类化理论

贾德的经验类化理论则强调概括化的经验或原理在迁移中的作用。该理论认为两种学习活动中所存在的共同成分，仅是迁移产生的必要前提，而产生迁移的关键则是学习者所概括出来的两种活动所具有的共同的原理或概括化的经验。为了证明他的观点，1908年，贾德进行了一个著名的"水下打靶"。该实验以小学五六年级的学生为被试，根据教师的评定把他们分成能力相等的甲、乙两组，训练他们射击水中的靶子。其中甲组在练习射击之前学习了光的折射原理，乙组则不学习该原理。在射击潜于水下 3.05 厘米的靶子时，这两组的成绩基本相同，这说明理论并不能代替实际的练习；但当情景改变，把靶子置于 10.16 厘米时，学习过光的折射原理的甲组同学不论在速度上还是在准确度上，都大大超过了没有学过光的折射原理的乙组同学。贾德认为这是由于甲组被试将折射原理概括化，并运用到特殊的情境中去了。他解释实验结果时说"理论曾把有关的全部经验——外部的、深水的和浅水的经验——组成整个的思想体系。……学生在理论知识的背景上，理解了实际情况以后，就能利用概括化的经验。去迅速地解决需要按实际情况做出分析和调整新的问题了。"

经验类化理论强调概括化的经验在迁移中的作用，强调原理的理解，这一点比相同要素说有所进步。但概括化的经验仅是影响迁移成功与否的条件之一，并不是迁移的全部。

（四）关系转换理论

格式塔心理学家从理解事物关系的角度对经验类化的迁移理论进行了重新解释，并通过实验证明迁移产生的实质是个体对事物间的关系的理解。

格式塔心理学家苛勒用"小鸡啄米"的实验来论证了这一假说。他让小鸡在深、浅不同的两种灰色的纸下面寻找食物。通过条件反射学习，小鸡学会了只有从深灰色纸下才能获得食物奖赏。然后，变换实验情境，保留原来的深灰色纸，用黑色纸取代浅灰色纸。现在的问题是：如果小鸡仍然到深灰色纸下面寻找食物，那就证明迁移是由于相同要素的作用；如果小鸡是到两张纸中颜色更深的那张（即黑色纸）下面寻找食物，那就证明迁移是对关系做出的反应。实验表明：小鸡对新刺激（黑色纸）的反应为 70%，对原来的阳性刺激（深灰色纸）的反应是 30%；而幼儿在做同样的实验时始终对黑色纸的刺激做出反应。

他认为这结果证明是情景中的关系对迁移起了作用，而不是其中的相同要素，被试选择的不是刺激的绝对性质而是比较其相对关系（把在前一种情景中学会的关系即"食物总是在颜色较深的纸下面"迁移到后一种情景中，从而做出了正确的反应）。

习得的经验能否迁移，并不取决于是否存在某些共同的要素，也不取决于对原理的孤立的掌握，而是取决于能否理解各个要素之间形成的整体关系，能否理解原理与实际事物之间的关系。个体越能发现事物间的关系，则越能加以概括、推广，迁移越普遍。

这些早期的迁移理论各自从不同的角度对迁移进行探讨，但囿于研究手段的落后、研究范围的狭窄以及缺乏其他相关学科的新观念的影响，对迁移的研究仍无实质性的进展。随着认知科学与信息加工理论的产生与发展，研究者试图用认知的观点与术语来解释、研究迁移问题，并提出了一些新的迁移理论。

二、现代的迁移理论

(一)认知结构迁移理论

美国教育心理学家奥苏伯尔曾提出认知结构迁移理论，认为任何有意义的学习都是在原有学习的基础之上进行的，有意义的学习中一定有迁移。迁移是以认知结构为中介进行的。

认知结构迁移理论指出，原有认知结构的清晰性、稳定性、概括性、包容性、连贯性和可辨别性等特性都始终影响着新的学习的获得与保持。塑造学生良好的认知结构是实现迁移的重要条件。

(二)产生式理论

产生式迁移理论是针对认知技能的迁移提出来的。以安德森等人为代表，认为如果前后学习两种情境中有产生式的交叉或重叠，则可以产生迁移。产生式是认知的基本成分，由一个或多个"条件—动作"的配对构成。一个产生式就是一个条件—行动规则，即 C—A 规则。C 代表行动产生的条件，它不是外部刺激，而是学习者工作记忆中的认知内容；A 代表行动，它不仅是外部反应，也包括学习者头脑中的心理运算。以加特纳、吉克等人为代表，认为前后两种情境中的结构特征、内在关系与联系等本质特性是决定迁移的关键成分，而表面的特征则无关紧要。若前后两种情境的结构特征相匹配或相同，则产生迁移。尽管这些观点强调认知结构的不同方面或用不同的术语来描述认知结构，但它们都主张认知结构中的某些成分是决定迁移能否发生的根本条件。安德森认为，迁移的产生式理论是桑代克相同要素说的现代化。

(三)建构主义的迁移观

建构主义强调外界环境与主体的相互作用对迁移的影响。认为迁移是在社会活动中、在个体与环境的相互作用中产生的，最初学习以及迁移时的物理环境、社会活动情境等都是产生迁移所不可缺少的成分。也就是说，迁移的产生是由外界物理环境、社会环境与主体因素共同决定的。该理论强调通过社会交互作用与合作学习，可以促进迁移的产生。

就传统与现代的迁移研究来看，传统的迁移研究是比较宏观的，粗线条的；而现代的迁移研究则是比较微观、细致的，较重视迁移的认知特性的探讨，对迁移过程的认知成分、迁移得以发生的内在机制进行了较深入的分析，这促进了迁移研究的深化。可以说，迁移实质上是新旧经验的整合过程，整合是新旧经验的一体化现象，即通过分析、抽象、综合、概括等认知活动，使新旧经验相互作用，从而形成在结构上一体化、系统化，在功能上能稳定调节活动的一个完整的心理系统。整合可以通过同化、顺应与重组来实现。

第三节　迁移与教学

一方面，使学生产生最大程度的迁移，这是有效教学的主要目标之一；另一方面，真正有效的教学又必须依据迁移规律，充分考虑影响迁移的各种因素，利用或创设某些条件，以促进迁移的产生。

一、影响迁移的主要因素

(一)相似性

相似性的大小主要是由两任务中含有的共同成分决定的，较多的共同成分将产生较大的相似性，并导致迁移的产生。共同成分既可以是学习材料(如刺激)、学习中的环境线索、学习结果(反应)、学习过程、学习目标等方面的，也可以是态度、情感等方面的。早期的研究主要关注外在的刺激与外在的反应的相似性对迁移的影响，现代的研究对迁移中所需的内在心理特性的相似性也给予了充分的关注。迁移的产生既受到客观相似性的影响，也受到主观相似性的影响。

以学习材料的相似性为例，英语和法语这两种学习材料在语音、词汇、语法等方面具有许多共同特征，学习这两门外语时，在听、说、读、写以及记忆、思维等学习过程、学习结果方面也具有共同的要求，这些共同的成分决定了两种学习具有很大的相似性，因此彼此之间很容易产生正迁移。而英语与汉语之间的共同成分较少，因此相对而言，不容易产生正迁移。

(二)原有认知结构

原有的学习对后继学习的影响是比较常见的一种迁移方式，原有认知结构的特征直接决定了迁移的可能性及迁移的程度。奥苏伯尔的认知结构迁移理论对此进行了明确的阐述。原有认知结构对迁移的影响主要表现在以下几方面：

首先，学习者是否拥有相应的背景知识，这是迁移产生的基本前提条件。已有的背景知识越丰富，越有利于新的学习，即迁移越容易。专家之所以具有较强的迁移能力，其原因之一就是他们具有解决某一问题的丰富的背景经验或认知结构。值得注意的是，有时即使个体拥有迁移所需的某种经验，但由于这些经验不能被学习者主动地加以应用，它们在头脑中处于一种惰性状态，因此，也无助于迁移的产生。

其次，原有的认知结构的概括水平对迁移起到至关重要的作用。一般而言，经验的概括水平越高，迁移的可能性越大，效果越好；经验的概括水平越低，迁移的范围越小，效果也越差。贾德的"水下打靶"实验以及其他研究者的类似实验表明，掌握水的折光原理的学生，能够在不同深度的水面下准确射击水中的靶子，即能够适应不同的问题情境。当然，强调概括经验在迁移中的作用，这并非意味着只掌握抽象的概念、原理就可以广泛的迁移，如果脱离具体事例而孤立地学习抽象的概念、原理，这在一定程度上无助于有效的迁移。

再次，学习者是否具有相应的认知技能或策略以及对认知活动进行调节、控制的元认知策略，这也影响着迁移的产生。有些情况下，学习者虽然掌握了某种迁移所必需的知识，且学习对象也具有相似性，但仍不能产生迁移，其原因之一就是缺乏必要的认知和元认知技能与策略。拥有认知策略和元认知策略，可以使学习者沿着正确、合理的程序分析问题，使其注意力集中到要迁移的问题上，促使个体知道何时、何处、如何迁移某种经验，也可以在一定程度上增强学习过程的相似性。掌握必要的认知策略和元认知策略，是提高迁移发生可能性的有效途径。

(三)学习的心向与定式

心向与定式常常是指的同一种现象，即先于一定的活动而又指向该活动的一种动力准备状态。定式的形成往往是由于先前的反复经验，它将支配个体以同样的方式去对待后继的同类问题，正因如此，定式在迁移过程中也起到一定的作用。定式对迁移的影响表现为两种：促进和阻碍。定式既可以成为积极的正迁移的心理背景，也可以成为负迁移的心理背景，或者成为阻碍迁移产生的潜在的心理背景。

陆钦斯的"量杯"实验是定式影响迁移的一个典型例证。实验中要求个体用容积不同的 3 种容器(A,B,C)去量所要求的水量(见表 5－1)。结果表明，进行事先练习(即先做 1 至 6 题)、获得一定经验的个体倾向于用三杯(B－A－2C)方法来解决第 7 和第 8 题，表明形成了定式。没有进行事先练习的个体则更倾向于用更简单的办法(A＋C 或 A－C)去解决第 7 题和第 8 题。

表 5—1　陆钦斯的量杯实验

问题	三种容器的容量			要求量出的水量	解决方法
	A	B	C	D	
1	29	3		20	D=B—A—2C
2	20	127	3	100	D=B—A—2C
3	14	163	25	99	D=B—A—2C
4	18	43	10	5	D=B—A—2C
5	9	42	6	21	D=B—A—2C
6	20	59	4	31	D=B—A—2C
7	23	49	3	20	D=B—A—2C,D=A—C
8	15	39	3	18	D=B—A—2C,D=A+C

因先前的练习而形成的定式影响到后面第 7、8 道问题的解决，使解题的速度加快，问题变得比较容易。从这一意义上讲，定式是正迁移产生的一种积极的心理因素。但是，这种定式同时又阻碍、限制了其他更简便的两种方法（A+C 或 A—C）的产生，使思维僵化，因循守旧，难以灵活应用其他更简便而有效的经验来解决问题。这种定式阻碍了将其他方法迁移于目前问题的解决，因此表现为一种负迁移。定式对迁移究竟是积极的影响还是消极的影响，这取决于许多因素，但关键要使学习者首先能意识到定式的这种双重性，具体分析学习情境，既要考虑如何充分利用积极的定式解决问题，同时又要打破已形成的僵化定式，灵活地、创造性地解决问题。

除前面所涉及的影响迁移的一些基本因素外，诸如年龄、智力、学习者的态度、教学指导、外界的提示与帮助等都在不同程度上影响着迁移的产生。

二、促进迁移的教学

学生迁移能力的形成有赖于教学，促进迁移的有效教学应从以下几方面考虑：

（一）精选教材

要想使学生在有限的时间内掌握大量的有用的经验，教学内容就必须精选。教师应选择那些具有广泛迁移价值的科学成果作为教材的基本内容，而每一门学科中的基本知识（如基本概念、基本原理）、技能和行为规范具有广泛的适应性，其迁移价值较大。布鲁纳认为所掌握的内容越基本、越概括，则对新情况、新问题的适应性就越广，也就越能产生广泛的迁移。在教学中，他强调要掌握每门学科的基本结构(即基本原理、基本概念等),因为领会基本的原理和概念是通向适当的训练迁移的大道。当然,在选择这些基本的经验作为教材内容的同时,还必须包括基本的、典型的事实材料,脱离事实材料空谈概念、原理,则概念、原理也是空洞的,无生命力的,也无法迁移。大量的实验都证明,在教授概念、原理等基本知识的同时,配合具有典型代表性的事例,并阐明概念、原理的适用条件,则有助于迁移的产生。

(二)合理编排教学内容

精选的教材只有通过合理的编排才能充分发挥其迁移的效能,否则迁移效果小,甚至阻碍迁移的产生。从迁移的角度来看,合理编排的标准就是使教材达到结构化、一体化、网络化。结构化是指教材内容的各构成要素具有科学的、合理的逻辑联系,能体现事物的各种内在关系,如上下、并列、交叉等关系。一体化指教材的各组成要素能整合为具有内在联系的有机整体。为此,既要防止教材中各要素之间的相互割裂、支离破碎,又要防止相互干扰或机械重复。网络化是一体化的引申,指教材各要素之间上下左右、纵横交叉联系要沟通,要突出各种基本经验的联结点、联结线,这既有助于了解原有学习中存在的断裂带及断裂点,也有助于预测以后学习的发展带、发展点,为迁移的产生提供直接的支撑。

(三)合理安排教学程序

合理编排的教学内容是通过合理的教学程序得以体现、实施的,教学程序是使有效的教材发挥功效的最直接的环节。无论是宏观的整体的教学规划还是微观的每一节课的教学活动,都应体现迁移规律。先教什么、学什么,后教什么、学什么,处理好这种教学与学习的先后次序是非常必要的。在宏观上,教学中应将基本的知识、技能和态度作为教学的主干结构,并依此进行教学。在微观上,应注重学习目标与学习过程的相似性,或有意识地沟通具有相似性的学习。简言之,在教学过程中的每一个环节都应努力体现迁移规律。

(四)教授学习策略,提高迁移意识性

授之以鱼,不如授之以渔。这意味着仅教给学生组织良好的信息还是不够的,还必须使学生了解在什么条件下迁移所学的内容、迁移的有效性如何等。掌握必要的学习策略及其元认知策略是达到这一目标的有效手段,许多研究证明,学习策略及元认知策略具有广泛的迁移性,同时它们又能够提高学习者的迁移的意识性。结合实际学科的教学来教授有关的学习策略和元认知策略,这不仅可以促进对所学内容的掌握,而且可以改善学生的学习能力,使学生学会学习,提高了迁移的意识性,从根本上促进迁移的产生。

本章知识结构：

- 学习迁移
  - 学习迁移的概述
    - 学习迁移的含义
    - 学习迁移的分类
    - 学习迁移的作用
  - 学习迁移理论
    - 早期迁移理论
      - 形式训练说
      - 共同要素说
      - 经验类化说
      - 关系转换说
    - 现代迁移理论
      - 认知结构迁移理论
      - 产生式迁移理论
      - 建构主义迁移理论
  - 迁移与教学
    - 影响迁移的因素
    - 促进迁移的教学

实践活动：

分组讨论，列举生活和学习中的迁移现象，并说明迁移的类别和原因。

思考与练习：

1.什么是迁移？
2.说明概括化迁移理论，并谈谈该理论对你有何启发。
3.说明认知结构迁移理论的主要观点。
4.举例说明影响迁移的因素。
5.教学中如何有效促进迁移？

第四部分　分类学习心理

第六章　知识的学习

引子：学生的主要任务是学习知识，那么，究竟什么是知识？学习哪一类的知识？如何学习这些知识？遵循哪些认识规律？如何防止知识的遗忘？等等。本章的学习就是帮助我们学会如何学习知识。

学习目标：

1.识记知识、知识直观和知识概括的类型、记忆的三个系统。

2.理解知识及知识学习的分类、提高知识直观效果的方法、提高知识概括效果的方法、遗忘规律及遗忘的原因。

3.比较三种直观方式的优缺点，运用记忆规律促进知识的保持。

4.根据知识形成的过程，形成正确的世界观和方法论。

第一节　知识学习概述

一、知识的类型

据现代认知心理学的观点，知识就是个体通过与环境相互作用后获得的信息及其组织。其实质是人脑对客观事物的特征与联系的反映，是客观事物的主观表征。

(一)感性知识与理性知识

根据知识反映的深度，可以将知识分为感性知识和理性知识。所谓感性知识，是对事物的外表特征和外部联系的反映，可分为感知和表象两种水平。所谓理性知识，反映的是事物的本质特征与内在联系，包括概念和命题两种形式。概念反映的是事物的本质属性及其各属性之间的本质联系，如“笔是书写工具”就是一个概念。命题也就是我们通常所说的规则、原理、原则。它表示的是概念之间的关系，反映的是不同事物之间的本质联系和内在规律，如“教育心理学是心理科学与教育科学相结合的产物”就是一个命题。

(二)陈述性知识与程序性知识

以安德森为代表的一些西方心理学家根据知识的不同表述形式，将知识分为陈述性知识和程序性知识(图 6—1)。陈述性知识主要反映事物的状态、内容及事物变化发展的原因，说明事物是什么、为什么和怎么样，一般可以用口头或书面语言进行清楚明白的陈述。它主要用来描述一个事实(如“北京是中国的首都”)或陈述一种观点(如“生命在于运动”)，因此也被称为描述性知识。

程序性知识主要反映活动的具体过程和操作步骤，说明做什么和怎么做。它是一种实践性知识，主要用于实际操作，因此也被称为操作性知识。由于它主要涉及做事的策略和方法，因此也被称为策略性知识或方法性知识，如怎样操作某一机器、怎样解答数学题或物理题等。

学习常常从陈述性知识的获得开始，而后进一步加工消化，成为可以灵活、熟练应用的知识。在实际的学习和解决问题的活动中，陈述性知识和程序性知识是相互联系的。

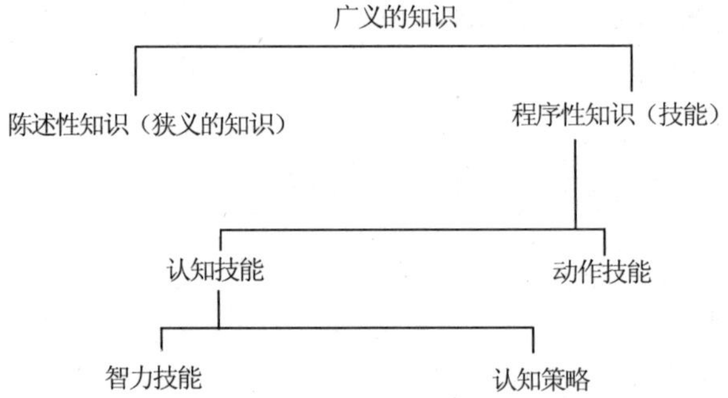

知识的类型(图 6—1)

二、知识学习的类型

(一)符号学习、概念学习和命题学习

根据知识本身的存在形式和复杂程度，知识学习可以分为符号学习、概念学习

和命题学习。

1.符号学习

符号学习指学习单个符号或一组符号的意义，或者说学习符号本身代表什么。符号学习的主要内容是词汇学习。例如，汉字、英语单词的学习，就属于词汇学习。但是符号不限于语言符号，也包括非语言符号(如实物、图像、图表、图形等)。符号学习还包括事实性知识的学习。如历史课中历史事件和历史人物的学习，地理课中地形地貌和地理位置的学习，均属于事实性知识的学习。

2.概念学习

概念学习指掌握概念的一般意义，实质上是掌握同类事物的共同的关键特征和本质属性。如“鸟”有“前肢为翼”和“无齿有喙”这样两个共同的关键特征。如果掌握了这两个关键特征，就掌握了这个概念的一般意义，这就是概念学习。中小学生在掌握概念时，其学习往往是分步的，一般是先达到符号学习水平，再提高至概念学习水平。

3.命题学习

命题学习指学习由若干概念组成的句子的复合意义，即学习若干概念之间的关系。学习命题，必先获得组成命题的有关概念的意义。例如，学习“圆的直径是它的半径的两倍”这一命题时，如果没有获得“圆”“直径”和“半径”等概念，便不能获得这一命题的意义。可见，命题学习必须以符号学习和概念学习为基础，这是一种更加复杂的学习。

(二)下位学习、上位学习和并列结合学习

如果根据新知识与原有认知结构的关系，知识的学习可以分为下位学习、上位学习和并列结合学习，也就是奥苏伯尔的概念同化的三种形式(图 6—2)。

1.下位学习

下位学习又称类属学习，是一种把新的观念归属于认知结构中原有观念的某一部位，并使之相互联系的过程。下位学习包括两种形式：派生类属学习和相关类属学习。前者指新观念是认知结构中原有观念的特例或例证，新知识只是旧知识的派生物。通过派生类属，不仅可使新概念或命题获得意义，而且可使原有概念或命题得到充实或证实。例如，如果学生已有了“哺乳动物”的观念，现在来学习“鲸”这种动物，就可通过派生类属学习来进行。当新学习的知识从属于原有认知结构中的某一观念，但并非完全包含于原有观念之中，并且也不能完全由原有观念所代表，二者仅是一种相互关联的从属关系时，便产生相关类属学习。此时，新知识需对原有的认知结构作部分调整或重新组合，是原有观念的扩充、深化、限定或精确化的产物。例如,学生原来认为"教学心理"就是研究知识掌握和技能形成的,现在要让学生认识到"认知策略的学习"也是教学心理研究的内容之一,就是相关类属学习。

2.上位学习

上位学习也叫总括学习,即通过综合归纳获得意义的学习。当认知结构中已经形成某些概括程度较低的观念,在这些原有观念的基础上学习一个概括和包容程度更高的概念或命题时,便产生上位学习。例如,在学过正方体、长方体、拦河坝等形体的体积计算公式后,学习一般柱体的体积计算公式(V=SH),就属于上位学习。

3.并列结合学习

并列结合学习是在新知识与认知结构中的原有观念既非类属关系又非总括关系时产生的。例如,学习质量与能量、热与体积、遗传结构与变异、需求与价格等概念之间的关系就属于并列结合学习。假定质量与能量、热与体积、遗传结构与变异为已知的关系,现在要学习需求与价格的关系,这个新学习的关系虽不能归属于原有的关系之中,也不能概括原有的关系,但它们之间仍然具有某些共同的关键特征,如后一变量随着前一变量的变化而变化等。根据这种共同特征,新关系与已知关系并列结合,新关系就具有了意义。一般而言,并列结合学习比较困难,必须认真比较新旧知识的联系与区别才能掌握。

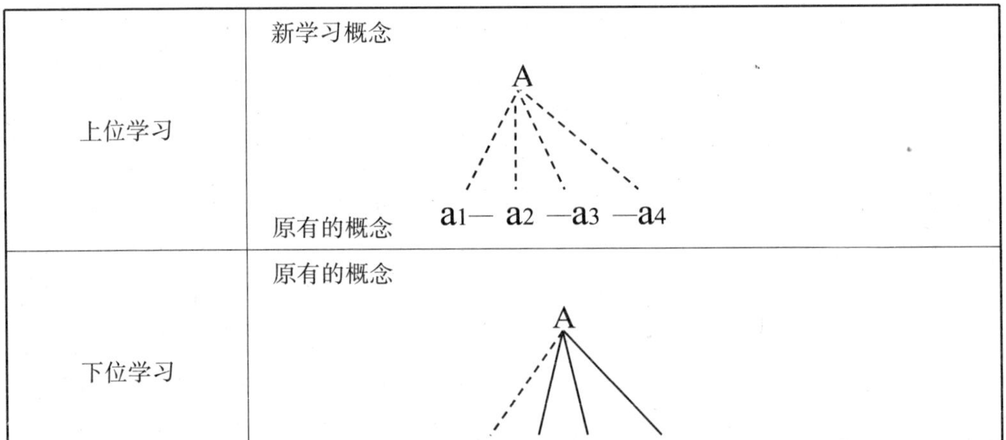

同化的三种形式(图 6—2)

三、知识学习的过程

知识学习主要是学生对知识的内在加工过程。这一过程包括知识获得、知识保持和知识的提取三个阶段。在获得阶段,新知识进入短时记忆系统,与长时记忆系统中被激活的相关知识建立联系,从而出现新意义的建构;在巩固阶段,新建构的意义储存于长时记忆系统中,如果不进行深层的认知加工,这些信息就会出现遗忘;在提取阶段,个体运用所获得的知识回答"是什么"和"为什么"的问题,并应用这些知识来解决实际问题,使所学知识产生广泛迁移。

在上述知识学习的三阶段中,应解决的主要心理问题分别是知识的同化、保持和应用。通过同化,学生运用自己已有的知识理解新知识,并使其在自己认知结构的适当地方找到位置;在保持阶段,通过记忆使新知识得到巩固;最后,通过应用使知识产生广泛的迁移。关于知识的应用与迁移问题已在第五章进行了阐述,本章我们着重介绍知识的获得与保持的问题。

四、知识学习的作用

知识历来是学校教育的重要内容。知识学习是增长经验、形成技能、发展创造力的重要前提。

首先,知识的学习和掌握是学校教学的主要任务之一。学校教师通过有计划、有组织、有目的地向学生传授人类长期积累的宝贵知识经验,有助于学生的成长,有助于学生更好地适应现代社会的生活。

其次,知识的学习和掌握是学生各种技能形成和能力发展的重要基础。心智技能作为通过学习而形成的合法则的活动方式,其掌握是以知识的学习为前提的,即心智技能包含有程序性知识的成分,心智技能的掌握需结合知识的学习才能有效实现。许多研究表明,知识掌握水平越高,越有助于心智技能形成。

再次,知识学习是创造性产生的必要前提。创造态度和创造能力是个体创造性的两个主要标志,通过知识的学习,个体体验着前人的创造成果,这对于创造态度的获得起到了积极作用。同时,缺乏知识的头脑是不可能有创造性的,创造性不会从无知无识的头脑中产生。脱离知识的学习而空谈创造性的开发,是不可能有什么结果的。

第二节 知识的获得

知识的获得是知识学习的第一个阶段。在这个阶段，新信息进入短时记忆，与来自长时记忆系统的原有知识建立一定的联系，并纳入原有的认知结构，从而获得对新信息意义的理解。而要理解新信息的意义，首先必须获得充分的感性经验，其次必须对所获得的感性经验进行充分的思维加工，这是通过直观和概括两个环节来实现的。

一、知识直观

(一)知识直观的类型

直观是主体通过对直接感知到的教学材料的表层意义、表面特征进行加工，从而形成对有关事物的具体的、特殊的、感性的认识的加工过程。直观是理解科学知识的起点，是学生由不知到知的开端，是知识获得的首要环节。在实际的教学过程中，主要有三种直观方式，即实物直观、模像直观和言语直观。

1.实物直观

实物直观即通过直接感知要学习的实际事物而进行的一种直观方式。例如，观察各种实物、演示各种实验、到工厂或农村进行实地参观访问等都属于实物直观。

由于实物直观是在接触实际事物时进行的，它所得到的感性知识与实际事物间的联系比较密切，因此它在实际生活中能很快地发挥作用。同时，实物直观给人以真实感、亲切感，因此它有利于激发学生的学习兴趣，调动学习的积极性。

但是，在实际事物中，往往难以突出本质要素，必须“透过现象看本质”，具有一定的难度。例如，在观察实际的杠杆时，杠杆的外在特征很容易觉察，而支点、动力及动力作用线与动力臂、阻力及阻力作用线与阻力臂等有关杠杆的本质属性却难以突出。同时，由于时间、空间和感官特性的限制，许多事物难以通过实物直观获得清晰的感性知识。例如，过于缓慢的动植物生长和过于迅捷化学反应都难以直接觉察；宏观的宇宙天体和微观的基本粒子由于过大或过小也不便直接感知。由于实物直观有这些缺点，因此它不是唯一的直观方式，还必须有其他种类的直观。

2.模像直观

模像即事物的模拟性形象。所谓模像直观即通过对事物的模像的直接感知而进行的一种直观方式。例如，各种图片、图表、模型、幻灯片和教学电影电视等的观察和演示，均属于模像直观。

由于模像直观的对象可以人为制作，因而模像直观在很大程度上可以克服实物直观的局限，扩大直观的范围，提高直观的效果。首先，它可以人为地排除一些无关因素，突出本质要素。例如，在用图解讲述杠杆时，可以排除其他情节，清楚地把支点、动力及动力作用线与动力臂、阻力及阻力作用线与阻力臂表示出来。其次，它可以根据观察需要，通过大小变化、动静结合、虚实互换、色彩对比等方式扩大直观范围。例如，利用地图或模型，可以把某一地区的地形和地貌置于学生的视野之内（缩小）；利用原子结构示意图，可以清楚地看到原子核与电子结构（放大）；利用幻灯或电影胶片，可以观察到动植物的缓慢生长过程（加快）和化学反应的快速运动过程（变慢）。正因为模像直观具有这些独特的优点，因此它已成为现代化教学的重要手段，是现代教育技术学研究的重要内容。

但是，由于模像只是事物的模拟形象，而非实际事物本身，因此模像与实际事物之间有一定距离。为了使得通过模像直观而获得的知识在学生的生活实践中发挥更好的定向作用，一方面应注意将模像与学生熟悉的事物相比较，同时，在可能的情况下，应使模像直观与实物直观结合进行。

3.言语直观

言语直观是在形象化的语言作用下，通过学生对语言的物质形式（语音、字形）的感知及对语义的理解而进行的一种直观形式。例如，在语文教学中，文艺作品的阅读、有关情景与人物形象的领会；在史地教学中，有关历史生活、历史事件、历史人物和有关地形地貌、地理位置的领会，均少不了言语直观。

言语直观的优点是不受时间、地点和设备条件的限制，可以广泛使用。能运用语调和生动形象的事例去激发学生的感情，唤起学生的想象。但是，言语直观所引起的表象，往往不如实物直观和模像直观鲜明、完整、稳定。因此，在可能的情况下，应尽量配合实物直观和模像直观。

（二）如何提高知识直观的效果

1.灵活选用实物直观和模像直观

实物直观虽然真切，但是难以突出本质要素和关键特征；而模像直观虽然与实际事物之间有一定距离，却有利于突出本质要素和关键特征。因此，一般而言，模像直观的教学效果优于实物直观。

心理学家曾经研究过实物直观和模像直观对掌握花的构造的不同效果。该实验把学生分成能力相等的两组：一组为实物学习组，一组为挂图学习组。实物学习组的学生，实际到花园去观察各式各样花的构造；挂图学习组只在教室内根据放大了的挂图来学习花的构造。两组学习时间相等。事后以有关花的知识与实物辨认两种方式来测量两组的学习成绩。结果发现挂图学习组在两方面的成绩均较实物学习组为优。形成这一现象的主要原因就是实物学习组的学生受到过多无关刺激的干扰，不能从众多的刺激中发现事物的本质要素，不能很快地把握到要点。

以上实验说明模像直观一般比实物直观教学效果好。但是，这一结论只限于知识的初级学习阶段。当学习有了一定基础后，由简化的情境进入实际的复杂情境，即更多地运用实物直观，自然是必要的。我们强调的是先进行模像直观，在获得基本的概念和原理后再进行实物直观，比一开始就进行实物直观的学习效果好。

2.加强词与形象的配合

为了增强直观的效果，不仅要注意实物直观和模像直观的合理选用，而且必须加强词与形象的结合。在形象的直观过程中，教师首先应提供明确的观察目标，提出确切的观察指导，提示合理的观察程序。其次，形象的直观结果应以确切的词加以表述，以检验直观效果并使对象的各组成要素进行分化。再次，应依据教学任务，选择合理的词与形象的结合方式。如果教学任务在于使学生获得精确的感性知识，则词与形象的结合，应以形象的直观为主，词起辅助作用；如果教学任务在于使学生获得一般的、不要求十分精确的感性知识，则词与形象的结合方式可以采取词的描述为主，形象直观起证实、辅助作用。

3.运用感知规律，突出直观对象的特点

要想在直观过程中获得有关的知识，首先必须注意和观察直观对象。而要想有效地观察直观对象，必须运用感知规律，突出直观对象的特点。

(1)强度律。指作为知识的物质载体的直观对象(实物、模像或言语)必须达到一定强度，才能为学习者清晰地感知。因此，在直观过程中，教师应突出那些低强度但重要的要素，使它们充分地展示在学生面前。

(2)差异律。指对象和背景的差异越大，对象从背景中区分开来越容易。在物质载体层次，应通过合理的板书设计、教材编排等方面恰当地加大对象和背景的差异；在知识本身层次，应合理地安排新旧知识，使旧知识成为学习新知识的支撑点。

(3)活动律。指活动的对象较之静止的对象容易感知。为此，应注意在活动中进行直观，在变化中呈现对象，要善于利用现代科学技术作为知识的物质载体，使知识以活动的形象展现在学生面前。

(4)组合律。指空间上接近、时间上连续、形状上相同、颜色上一致的事物，易于构成一个整体为人们所清晰地感知。因此，教材编排应分段分节，教师讲课应有间隔和停顿。

4.培养学生的观察能力

在直观过程中，教师通过对一定直观教材的操纵，其效果如何，主要取决于学生的观察能力。因此，为了更好地完成教学任务，必须认真组织和培养学生的观察能力。

观察前，必须让学生明确观察的目的任务。只有这样，才能正确地组织学生的注意，使之指向和集中在所要观察的对象上。观察过程中，要认真培养学生观察的技能和方法，让学生把握合理的观察程序。一般说来，应先由整体到部分，再由部分到整体。观察后，要求学生做观察记录或报告。这一要求会大大促进学生观察的积极主动性，并使观察过程变得更认真。

5.让学生充分参与直观过程

由于知识归根到底要通过学生头脑的加工改造才能掌握，因此在直观过程中，应激发学生积极参与的热情，在可能的情况下，应让学生自己动手进行操作（如让学生参与制作标本，让学生自己制作图表），改变“教师演，学生看”的消极被动的直观方式。

二、知识的概括

（一）知识概括的类型

概括指主体通过对感性材料的分析、综合、比较、抽象、概括等深度加工改造，从而获得对一类事物的本质特征与内在联系的抽象的、一般的、理性的认识的活动过程。在实际的教学过程中，学生对于知识的概括存在着抽象程度不同的两种类型，即感性概括和理性概括。

1.感性概括

感性概括即直觉概括，它是在直观的基础上自发进行的一种低级的概括形式。例如，有的学生由于经常看到主语在句子的开端部位，因而就认为主语就是句子开端部位的那个词；有的学生看到锐角、直角、钝角等图形中都有两条交叉的线，就认为角是由两条交叉的线组成。

虽然从形式上看，感性概括也是通过一定的概括得来的，是抽象的；而且从外延上看，它也涉及一类事物而非个别事物。但是从内容上看，它并没有反映事物的本质特征和内在联系，所概括的一般只是事物的外表特征和外部联系，是一种知觉水平的概括。

感性的、直觉的概括在中小学生中很常见，但由于这种概括不能反映事物的本质特征与内在联系，所以在科学知识的获得过程中不能仅仅依靠这种概括来完成学习任务，必须使学生掌握高级的理性概括的方式。

2.理性概括

理性概括是在前人认识的指导下，通过对感性知识经验进行自觉的加工改造，来揭示事物的一般的、本质的特征与联系的过程。

理性概括是一种高级的概括形式，它所揭示的是事物的一般因素与本质因素，是思维水平的概括。所谓一般因素，指的是一类事物所共有的，不是个别或某些事物所特有的；所谓本质因素，即内在地而非表面地决定事物性质的因素。

总之，从感性概括中，只能获得概括不充分的日常概念和命题；只有通过理性概括，才能获得揭示事物本质的科学概念和命题。因此，在教学条件下，我们关注的是如何有效地进行理性概括的问题。

(二)如何有效地进行知识概括

1.配合运用正例和反例

我们知道，概括的目的在于区分事物的本质和非本质，抽取事物的本质要素，抛弃事物的非本质要素。因此，教师在指导学生概括时，不仅要注意抽取本质的一面，也要注意抛弃非本质的一面。为此，必须配合使用概念或规则的正例和反例。正例又称肯定例证，指包含着概念或规则的本质特征和内在联系的例证；反例又称否定例证，指不包含或只包含了一小部分概念或规则的主要属性和关键特征的例证。一般而言，概念或规则的正例传递了最有利概括的信息，反例则传递了最有利于辨别的信息。

在实际的教学过程中，为了便于学生概括出共同的规律或特征，教学时最好同时呈现若干正例，以一个个的例子来说明。同时，如有可能教师最好能利用机会把正反两种例证同时加以说明。这样，概念和规则的学习将更加容易。因为反例的适当运用，可以排除无关特征的干扰，有利于加深对概念和规则的本质的认知。例如，在教"鸟"的概念时，可用麻雀、燕子作为正例，说明"前肢为翼、无齿有喙"是鸟概念的本质特征；用蝙蝠作为反例，说明"会飞"是鸟概念的无关特征。例如，教"液体"这一概念，可以由易到难举例，先举水、果汁，然后举黄油、香波。黄油、香波在无关特征上彼此各不相同，黄油较黏稠、不透明，香波则不能吃，这样以防外延缩小。再举反例，如沙子、稀泥，虽然它们也能倾泻，但不是液体，这样以防外延扩大。

2.正确运用变式

理性概括是通过对感性知识的加工改造而完成，感性知识的获得是把握事物本质的基础和前提。因此，在教学实际中，要提高概括的成效，必须给学生提供丰富而全面的感性知识，必须注意变式的正确运用。

所谓变式，就是用不同形式的直观材料或事例说明事物的本质属性，即变换同类事物的非本质特征，以便突出本质特征。如在讲果实的概念时，不要只选可食的果实(如苹果、西红柿、花生等)，还要选择一些不可食的果实(如橡树子、棉籽等)，这样才有利学生看到一切果实都具有“种子”这一关键属性，而舍弃其“可食性”等无关特征。又如，在讲惯性时，不仅要举固体的惯性现象，也要举液体和气体的惯性现象，这样学生才会形成“一切物体均有惯性”的正确观念，而不至于认为只有固体才有惯性。

在运用变式时，如果变式不充分，学生在对教材进行概括时，往往会发生下列两类错误，必须注意预防。一类常见的错误是把一类或一些事物所共有的特征看作本质特征。例如，在动物分类中，由于鲸和鱼类一样，都有生活在水里的共同特征，于是就把鲸列入鱼类。这种错误常常是由于把“生活在水里”当做鱼类的本质特征，不了解鱼类的本质特征是“用鳃呼吸”。

另一类常见错误是在概括中人为地增加或减少事物的本质特征，不合理地缩小或扩大概念。例如，有的学生把直线看成是处于垂直或水平位置的线，而认为处于倾斜位置的线不是直线，这就是在直线概念中，人为地增加了一个本质特征——空间位置，从而不合理地缩小了概念。又如，有的学生在掌握圆的概念时，只是抽取出“圆心”与“封闭曲线”这两个本质特征，而遗漏了“圆心到圆周各点距离相等”这一本质特征，把人为地标上所谓圆心的椭圆和不规则图形也看作是圆，从而不合理地扩大了概念。

变式是重要的，但在教学中也不可过多地运用。变式的成效并不取决于运用的数量，而在于是否具有广泛的典型性，能否使学生在领会科学概念时，摆脱感性经验和片面性的消极影响。同时，材料的变式也不必都在讲授过程中进行，有些也可在练习或巩固作业中让学生来做。此外，教师在运用变式时，要对学生提出明确的要求，引导学生观察、思考，才能使变式达到预期的教学效果。

3.科学地进行比较

概括过程即思维过程，也就是在分析综合的基础上进行比较，在比较的基础上进行抽象概括。因而，区分对象的一般与特殊以及本质与非本质的比较过程，对于知识的概括具有非常重要的意义。

比较主要有两种方式:同类比较和异类比较。同类比较即关于同类事物之间的比较。通过同类比较，便于区分对象的一般与特殊、本质与非本质，从而找出一类事物所共有的本质特征。例如，为使学生获得“平原”这一地理概念，先让学生观察各种平原地带的图片和地图，然后要求他们去比较这些图片与地图上所见到的各个地带的特征，确定哪些是个别地带所特有的、变异着的无关特征，哪些是各个地带所共有的关键特征。经过这样的比较，学生就能概括出“地势平坦”是这些地带所共有的关键特征，而地面上的植物、沙漠、湖泊等是个别地方才有的，对平原地带来说是无关特征。异类比较即不同类但相似、相近、相关的事物之间的比较。如对“重量”与“质量”“压力”与“压强”“岛”与“半岛”“主语”和“谓语”等概念的比较。通过异类比较，不仅能使相比客体的本质更清楚，而且有利于确切了解彼此间的联系与区别，防止知识间的混淆与割裂，有助于知识的系统化。

4.启发学生进行自觉概括

为了促进知识的获得，在实际的教学情境中，教师应该启发学生去进行自觉的概括，鼓励学生自己去总结原理、原则，尽量避免一开始就要求学生记忆或背诵。

教师启发学生进行自觉概括的最常用方法是鼓励学生主动参与问题的讨论。在讨论的时候，不仅要鼓励学生主动提出问题，而且要鼓励他们主动解答问题。即使在讨论初期，学生提出的问题可能不着边际，回答的方式未必中肯，但经过这一阶段之后，至少他们对所讨论的原则中包含的概念可先获得澄清。教师如果在这个时候发现学生对原理中某一概念尚缺乏了解，那就说明学生对所学原理尚缺少一部分起点行为，教师必须在设法补足以后，再继续进行讨论。在讨论的过程中，教师应从旁辅导，但不宜代替学生匆匆作结论。

简言之，在概括过程中，教师应充分调动学生的思维，让他们自己去归纳和总结，从根本上改变“教师作结论，学生背结论”的被动方式。

第三节　知识的保持

在人们利用头脑中已有的知识同化了新知识，使其得到理解，并在认知结构的适当位置固定下来之后，接下来的就是如何使这些获得的知识在记忆系统中保持和贮存的问题。

一、记忆系统及其特点

现代认知心理学把人的记忆系统分为瞬时记忆、短时记忆和长时记忆三个子系统(图6—3)。

(一)瞬时记忆

客观刺激停止作用后，感觉信息在一个极短的时间内保存下来，这种记忆叫感觉记忆或瞬时记忆，它是记忆系统的开始阶段。瞬时记忆的贮存时间大约为

0.25～2 秒。信息贮存的方式具有鲜明的形象性，它完全保持输入刺激的原样，而且有一个相当大的容量。如果这些感觉信息受到特别注意，就会进入短时记忆；而那些没有受到注意的信息，则会很快变弱而消失。当然，如果刺激极为强烈深刻，也可能一次性印入长时记忆系统。

（二）短时记忆

短时记忆是感觉记忆和长时记忆的中间阶段，保持时间大约为 5 秒到 2 分钟。短时记忆的信息既有来自感觉记忆的，也有来自长时记忆的，它一般包括两个成分：一是直接记忆，即输入的信息没有经过进一步加工。它的容量相当有限，大约为 7±2 个组块。如果信息得到及时复述，则可能转入长时记忆系统而被长久保存，否则会很快消失；另一个成分是工作记忆，指长时记忆中存贮的、正在使用的信息，是将贮存在长时记忆中的信息提取出来解决当前问题的过程。在工作记忆中，来自环境的信息与来自长时记忆的信息发生了意义上的相互联系，从而使人们能够进行学习和做出决策。

（三）长时记忆

长时记忆是指信息经过充分的和有一定深度的加工后，在头脑中长时间保留下来。这是一种永久性贮存。它的保存时间长，从 1 分钟以上到许多年甚至终身，容量没有限度。其信息的来源大部分是对短时记忆的内容进行深度加工的结果，但也有由于印象深刻而一次获得的。信息贮存的方式是有组织的知识系统。这种有组织的知识系统对人的学习和行为决策有重要意义，它使人能够有效地对新信息进行编码，以便更好地识记，也能使人迅速有效地从头脑中提取有用的信息，以解决当前的问题。

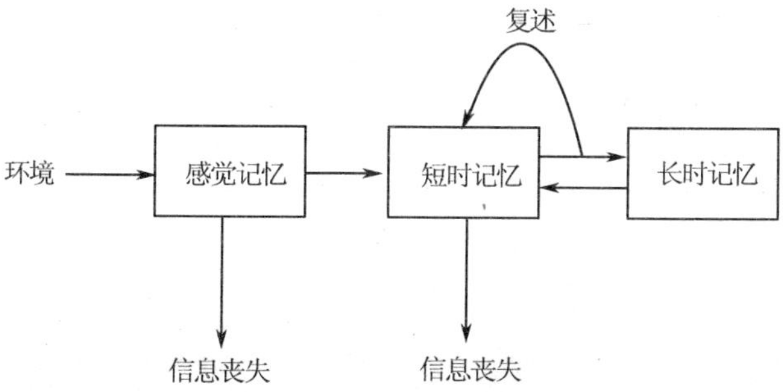

图 6—3　记忆的三存储模型

从系统论的观点看，瞬时记忆、短时记忆和长时记忆是统一的记忆系统的三个不同的信息加工阶段，而不是非此即彼的记忆种类。它们之间相互联系、相互影响。任何信息都必须经过瞬时记忆、短时记忆才可能转入长时记忆，没有瞬时记忆的登记、短时记忆的加工，信息就不可能长时间贮存在头脑中。

二、知识的遗忘及其原因

(一)遗忘及其进程

虽然理论上信息可以在长时记忆系统中永久贮存，但在现实生活中，我们常常体验到知识的遗忘。对于遗忘发展的进程，德国心理学家艾宾浩斯最早进行了系统的研究。为了对结果进行数量分析并排除过去经验的干扰，他采用了无意义音节作为记忆材料。这种材料是由中间一个元音、两边各一个辅音构成的音节，如XIQ、SUW等。艾宾浩斯采取重学法（又称节省法）来检验记忆的效果。他每次学习8组、每组13个无意义音节的字表，诵读到能连续两次无误背诵为止，并记录所需时间和诵读次数。然后，间隔不同的时间后进行重新学习，记录达到同样的背诵程度所需要的时间和诵读次数。然后比较两次学习所用的时间和诵读次数的差异，以重学比初学节省的时间或次数的百分数作为保持量的指标。其研究结果被绘制成曲线(图6—5)，这就是百余年来一直被广泛引用的经典的艾宾浩斯遗忘曲线。

时间间隔	记忆量
刚刚记忆完毕	100%
20分钟之后	58.2%
1小时之后	44.2%
8～9个小时后	35.3%
1天后	33.7%
2天后	27.8%
6天后	25.4%
1个月后	21.1%

图6—4　时间间隔/日

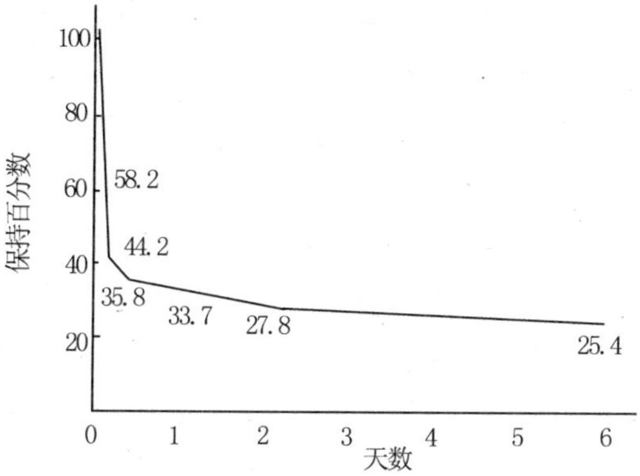

图 6—5　艾宾浩斯遗忘曲线

从图 6—5 中，我们可以看到，遗忘在学习之后立即开始，而且遗忘的过程最初进展得很快，以后逐渐缓慢；过了相当的时间后，几乎不再遗忘。也可以说，遗忘的发展是不均衡的，其规律是先快后慢，呈负加速型。

(二)遗忘的理论解释

1.痕迹衰退说

这是一种对遗忘原因的最古老的解释。按照这种理论，遗忘是由记忆痕迹衰退引起的，消退随时间的推移自动发生。它起源于亚里士多德，由桑代克进一步发展。桑代克在其"练习律"中指出，习得的刺激—反应联结，如果得到使用，其力量会加强；如果失去使用，则联结的力量会减弱，以致逐渐消失。这实际上是用痕迹衰退说对遗忘所做的解释。尽管许多心理学家对痕迹衰退说提出了种种怀疑，并设计了大量实验来否认痕迹消退说。但至今没有可靠的证据表明神经系统中留下的记忆痕迹可以永久保持而不会衰退，并且记忆痕迹随时间的推移而逐渐消退的观点也符合事物的发生、发展和衰亡的一般规律，所以痕迹衰退仍然被认为是导致遗忘的原因之一。

2.干扰说

现在，大多数心理学家认为，长时记忆中信息的相互干扰是导致遗忘的最重要原因。干扰说认为，遗忘是由于在学习和回忆之间受到其他刺激干扰的结果。一旦排除了干扰，记忆就可以恢复。在保持期间，如果没有其他信息进入记忆系统，则原有的信息不会遗忘。这种遗忘理论得到了大量实验的支持，近一个世纪以来它一直占据着统治地位。研究表明，干扰主要有两种情况，即前摄抑制和倒摄抑制。所谓前摄抑制，是指前面学习的材料对识记和回忆后面学习材料的干扰；倒摄抑制，指后面学习的材料对保持或回忆前面学习材料的干扰。前摄抑制和倒摄抑制在许多记忆实验中，都获得了强有力的证据。在其他条件相等的情况下，一个学习材料的两端的项目学习快、记忆得牢一些，而中间部分的项目总是学得慢、记得差一些。中间部分的记忆效果之所以较差，可能是由于同时受到前摄抑制和倒摄抑制双重干扰的结果；而最前部与最后部的记忆效果之所以较好，可能是由于仅受到倒摄抑制或前摄抑制造成的。

3.同化说

奥苏伯尔根据他的有意义接受学习理论，对遗忘的原因提出了一种独特的解释。他认为，干扰说是根据机械学习实验提出来的，只能解释机械学习的保持与遗忘，不能解释有意义学习的保持与遗忘。

奥苏伯尔认为，在真正的有意义学习中，前后相继的学习不是相互干扰而是相互促进的，因为有意义学习总是以原有的学习为基础，后面的学习则是前面的学习的加深和扩充。遗忘就其实质来说，是知识的组织与认知结构简化的过程。当我们学到了更高级的概念与规律以后，高级的观念可以代替低级的观念，使低级观念遗忘，从简化了认识并减轻了记忆。这是一种积极的遗忘。但在有意义学习中，或者由于原有知识结构不巩固，或者由于新旧知识辨析不清楚，也有可能以原有的观念来代替表面相同而实质不同的新观念，从而出现记忆错误。这是一种消极的遗忘，教学中必须努力避免。

4.动机说

动机性遗忘理论认为，遗忘是因为我们不想记，而将一些记忆信息排除在意识之外，因为它们太可怕、太痛苦或有损自我的形象。这一理论最早由弗洛伊德提出。他在给精神病人施行催眠术时发现，许多人能回忆起早年生活的许多琐事，而这些事情平时是回忆不起来的。它们大多与罪恶感、羞耻感相联系，因而不能为自我所接纳，故不能回忆。也就是说，遗忘不是保持的消失而是记忆被压抑，故这种理论也叫压抑理论。总之，遗忘的原因是多方面的。上述每一种理论都能解释遗忘的部分现象，但不能解释所有的遗忘现象。因此对于遗忘的原因，应当把上述几种理论综合起来加以解释。

三、运用记忆规律，促进知识保持

（一）深度加工材料

认知心理学研究表明，如果人们在获得信息时对它进行深度加工，那么这些信息的保持效果就可得到提高，并有利于信息的提取和回忆。所谓深度加工，是指通过对要学习的新材料增加相关的信息来达到对新材料的理解和记忆的方法，如对材料补充细节、举出例子、做出推论，或使之与其他观念形成联想。例如，有人曾用英语材料做过这样一个实验：要求A组回答呈现的词是大写或小写的问题；要求B组回答呈现的词是否与给定的词押韵的问题；要求C组回答呈现的词是否在给定的句子中适合的问题。每个词呈现1/5秒，然后进行回忆与再认测验。结果C组回忆成绩比其他两组约高出2倍，而A、B两组再认的成绩与C组相差更大，原因就在于A、B两组只要对词的音和形进行了表面加工，而C组对词的意义进行了深层加工。

（二）有效运用记忆术

记忆术是运用联想的方法对无意义的材料赋予某些人为意义，以促进知识保持的策略。有人在利用记忆术帮助记忆外语单词的研究中创设了"关键词方法"，即在记忆外语单词时先在本族语言中找一个读音与外语类似，且能产生有趣联想的词。如英文的"gas"（煤气）一词，可以用汉语"该死"作关键词。两者读音相似，又可以产生"人因煤气中毒而死"的联想。这样"gas"一词很容易记住了。

（三）进行组块化编码

所谓组块，指在信息编码过程中，利用贮存在长时记忆系统中的知识经验对进入到短时记忆系统中的信息加以组织，使之成为人所熟悉的有意义的较大单位的过程。组块可以是一个字母、一个数字、一个单词、一个词组，甚至是一个句子。组块的方式主要依赖于人过去的知识经验。例如，"认知心理学"5个字对于根本不懂心理学的人来说，是5个组块；对稍懂心理学的人来说，是2个组块（认知、心理学）；而对心理学家来说，则只是1个组块。再如，有这样一列数字：185119211839193719491935，如果把它看成孤立的数字来记忆，是28个组块，远远超过了短时记忆的容量。但熟悉中国历史的人可以把它组块化为1851，1921，1839，1937，1949，1935，把它看作是中国近代史上的重要年代，则只有7个组块，就很容易记住了。

（四）适当过度学习

所谓过度学习，指在学习达到刚好成诵以后的附加学习。如读一首短诗，某人学习10分钟就刚好能背诵，在能够背诵之后增加的学习（如再读5分钟或再读5遍）便是过度学习。在日常教学中，一般教师都知道，对于本门学科的一些基本概念、基本原理的学习，仅仅达到刚能回忆的程度是不够的，必须在全面理解的基础上达到牢固熟记的程度。例如，加减九九表中的162个数量关系是加减运算的基础，对于这些数量关系的记忆必须达到"滚瓜烂熟"，可以不假思索"脱口而出"的程度；对于乘法大九九表中的 81 个数量关系也应作如此要求。这些都是实际教学中过度学习的例证。当然，过度学习并不意味着复习次数越多越好。研究表明，学习的熟练程度达到 150%时，记忆效果最好；超过 150%时，效果并不递增，很可能引起厌倦、疲劳等而成为无效劳动。

(五)合理进行复习

1.及时复习

艾宾浩斯遗忘曲线表明，在学习 20 分钟以后，知识就被遗忘了 42%；一天以后，遗忘就达到了 66%。如果过了很长时间，直到考试前才复习，就几乎等于重新学习了。所以，新学习的材料一定要注意及时复习，至少要在当天加以复习，以减缓遗忘的进程。正如一位教育家所说的，要及时“巩固建筑物”，而不要“在建筑物崩溃之后才去修补”。

2.分散复习

分散复习是相对于集中复习而言的。集中复习就是集中一段时间一次性重复学习许多次，分散复习就是每隔一段时间重复学习一次或几次。对于大多数学习而言，分散复习的效果优于集中复习，因为分散复习可以降低疲劳感，可以减少前摄抑制和倒摄抑制的影响。因此，教师在教学中应鼓励学生进行分散复习，不要等到考前集中算“总账”。

3.反复阅读结合尝试背诵

研究表明，反复阅读结合尝试背诵的效果优于单纯的重复阅读。单纯重复阅读的记忆效果之所以不如反复阅读结合尝试背诵，主要在于前者不利于及时发现学习中的薄弱点，因而在重复学习时有一定的盲目性；而后者则可以及时发现学习中的薄弱点，从而在重复学习时，便于集中注意，有针对性地加强薄弱点的学习。因此，教师在教学(如英语、语文)中应注意教育学生在阅读过程中，边阅读边背诵，将阅读与背诵交替进行。

本章知识结构：

- 知识的学习
  - 知识的分类
  - 知识的获得
    - 知识直观
    - 知识概括
  - 知识的保持
    - 记忆系统及其关系
    - 知识遗忘
    - 保持方法

实践活动：

每位学生就自己学过的某个概念或原理谈谈自己知识获得的过程。

思考与练习：

1.在运用变式时，常常发生什么错误？
2.简述教学中的感知规律。
3.简述提高知识直观效果的方法。
4.简述有效进行知识概括的基本方法。
5.如何运用记忆规律，促进知识保持？

第七章　技能的形成

引子:学生的主要任务是既要学习知识又要在此基础上形成技能,究竟什么是技能?学习哪些技能?如何学习这些技能?遵循哪些内在规律?教学中如何培养学生的技能?等等。本章的学习就是帮助我们学会如何形成技能。

学习目标:

1.识记技能、操作技能和心智技能等概念。
2.理解操作技能和心智技能的基本特征及其形成阶段、操作技能的培训要求。
3.运用有效教学方法培养学生的心智技能和操作技能。

第一节　技能的概述

一、技能及其特点

在日常生活中,人们经常使用技能这一术语,如阅读技能、运算技能、运动技能等。心理学对技能的早期的研究主要是在相对简单的动作技能方面,如打字、发电报等,而现在则对更复杂的技能如阅读技能、解题技能等进行研究。所谓技能,一般认为是通过练习而形成的合乎法则的活动方式。它具有如下几个基本特点。

第一,技能是通过学习或练习而形成的,不同于本能行为。技能是在后天的不断学习的过程中逐步完善的,而不是通过遗传而来的。在学习的最初阶段,练习对技能学习有非常明显的促进作用,随着不断地练习,进步速度逐渐减慢,但仍有进步。

第二,技能是一种活动方式,是由一系列动作及其执行方式构成的,属于动作经验,不同属于认知经验的知识。知识的学习要解决的是事物是什么、做什么、怎么样等问题，即知与不知的问题。知识虽对活动起定向作用，但它本身并不是活动。而技能是控制动作执行的工具，要解决的问题是动作能否做出来，会不会做，熟练不熟练。当然，技能的学习要以程序性知识的掌握为前提。

第三，技能中的各动作要素及其执行顺序要体现活动本身的客观法则的要求，不是一般的习惯动作。习惯是自然习得的，它既可能符合规律，也可能不符合法则；而技能是通过系统的学习与教学而形成的，是在主客体相互作用的基础上，通过动作经验的不断内化而形成的。

二、技能的种类

对技能进行分类有助于深入探讨技能的结构与规律，也可为有效形成技能提供依据。较有典型代表性的观点是将技能分为操作技能与心智技能两种。

（一）操作技能

操作技能也叫动作技能、运动技能，是通过学习而形成的合法则的操作活动方式。日常生活中的许多技能都是操作技能，如音乐方面的吹拉弹唱，体育方面的球类、体操、田径等。

操作技能除了具有上面所列举的技能的一般特点外，还具有与心智技能不同的其他一些特点，首先，就动作的对象而言，操作技能的活动的对象是物质性客体或肌肉，具有客观性。其次，就动作的进行而言，操作动作的执行是通过肌体运动实现的，具有外显性。第三，就动作的结构而言，操作活动的每个动作必须切实执行，不能合并、省略，在结构上具有展开性。

为了深入探讨操作技能的结构与规律，需要对其进行分类，常见的分类方式有以下几种：

1.按肌肉运动强度的不同分类

（1）细微型操作技能

这类技能主要靠小肌肉群的运动来完成，通过手眼、脚等的协调配合，在较狭窄的空间领域来完成操作活动，如打字、弹钢琴等活动中所包含的技能主要是细微型操作技能。

（2）粗放型操作技能

这类技能主要靠大肌肉群的运动来完成，动作执行时伴有强有力的大肌肉收缩，并通过全身的运动神经来协调肌肉运动，如举重、游泳等体育运动项目中所包含的操作技能主要是粗放型的。虽然参与这类技能的主要是大肌肉群，但其协调性并未因此而降低。

2.按操作的连续性的不同分类

(1)连续型操作技能

这类技能主要由一系列的连续的动作构成,操作技能表现为连续的、不可分割的、协调的动作序列,如骑车、跑步、游泳等活动主要是由连续的动作组成的活动序列。

(2)断续型操作技能

这类技能主要由一系列不连续的动作构成,构成技能的各个动作在操作过程中,彼此间可以相互独立,如打字、射击等活动的完成是分步的且独立完成的。

3.按操作的控制机制的不同分类

(1)闭合型操作技能

这类技能主要依赖机体自身的内部反馈信息进行运动,对外界环境中的反馈信息的依赖程度较低。跳水、自由体操、舞蹈等活动中所涉及的大部分技能都属于闭合型操作技能。

(2)开放型操作技能

这类技能在大多数情况下主要依赖外界反馈信息进行活动,即根据外界环境变化来调整、控制并做出适当的动作,以适应外界的变化,如足球、排球等球类中涉及的大部分技能、骑车技能等对外部反馈信息有较大的依赖性。还有一些技能处于开放与闭合这个连续体的某一位置上,既有一定的开放,又有一定的闭合。

4.按操作对象的不同分类

(1)徒手型操作技能

这类技能操纵的对象主要是机体自身,即通过身体的协调运动来完成的,无须操纵各种器械或仪器。自由体操、太极拳等运动即属于徒手型操作技能。

(2)器械型操作技能

这类技能的完成主要是通过操纵一定的器械来进行的,如打扑克、驾驶、球类运动项目等都包含着大量的器械型操作技能。

(二)心智技能

心智技能也称智力技能、认知技能,是通过学习而形成的合法则的心智活动方式。阅读技能、运算技能、记忆技能等都是常见的心智技能。

心智技能与操作技能相比,具有以下三个特点:①对象具有观念性。心智活动的对象是客体在人脑中的主观映像,是客观事物的主观表征,是知识、信息。②执行具有内潜性。心智活动的执行既不像操作活动那样以外显的形式通过肢体运动来实现,也不像言语活动那样可以借助于言语器官或口腔肌肉的运动信号觉察活动的存在，它是借助于内部言语在头脑内部默默地进行的，只能通过其作用对象的变化而判断其存在。③结构具有简缩性。心智活动不像操作活动那样必须将每一个动作实际做出，也不像外部言语那样必须把每个字词一一说出，而是不完全的、片断的，是高度省略和简化的。

有关心智技能的分类存在着较大的争议，其关键在于心智技能与学习策略（认知策略）的关系问题。我们在第六章已经谈到，根据R.M.加涅的观点，心智技能与学习策略都属于程序性知识的范畴，其区别在于前者的作用是对外办事，后者用于对内调控。最近，E.D.加涅根据自动化程度（自动与受控）对程序性知识进行了进一步地研究。她认为，有些程序性知识经过不断的练习，可以达到高度自动化程度，如作为人的基本素质的读、写、算等。当这样一些程序性知识支配人的行为时，知识就转化成了自动化的技能。有些程序性知识即使经过了长期的练习，也很难以自动化，需要受意识控制，如阅读与解题的方法和步骤。若这样一些方法和步骤支配人的阅读、解题的认知活动，提高了人的认知活动效率，则这些知识就转化成了学习策略。据此，我们把受意识明显控制的程序性知识，界定为认知策略；而把以程序性知识为基础，经过学习和训练能达到高度自动化的认知活动，界定为心智技能。

三、技能的作用

技能是合法则的活动方式，不是一般的随意动作或无规则的动作，正是由于这种特性，它能够对活动进行调节与控制。它可以控制动作的执行顺序和执行方式，从而可以使个体的活动表现出稳定性、灵活性，能够适应各种变化的情境。

技能还是获得经验、解决问题、变革现实的前提条件。经验获得的过程是通过一系列的心智动作实现的。通过心智活动，对感性经验进行加工，形成更高级的理性经验。技能调节着经验获得的过程，决定着经验获得的速度、水平，是经验获得的手段。解决问题的过程也包含着一系列的心智活动和外部操作活动，从形成问题表征、确定问题的性质与类型、探索解决问题的可能的方法、到实施解决问题的方案，都是通过各种心智与操作动作实现的，而合法则的心智与操作技能保证了问题的顺利解决，也达到了变革现实的目的。

第二节　操作技能的形成

一、操作技能形成的阶段

通过分析操作技能形成过程中的动作特点，一般认为操作技能的形成可以分为操作定向、操作模仿、操作整合与操作熟练四个阶段。

(一)操作的定向

1.操作定向的含义

操作定向即了解操作活动的结构与要求，在头脑中建立起操作活动的定向映像的过程。虽然操作技能表现为一系列的操作活动，但在形成之初，学习者必须了解做什么、怎么做的有关信息与要求，形成对动作的初步认识，即首先要掌握与动作有关的陈述性知识与程序性知识。有了这种定向映像，学习者在以后实际操作时就可以受到该映像的调节，知道做什么、怎么做。

2.操作活动的定向映像

在操作定向阶段形成的映像应包括两方面：一是有关操作动作本身的各种信息，即对操作活动的结构要素及其关系的认识和对操作活动方式的认识等；二是与操作技能学习有关或无关的各种内外刺激的认识与区分，如有哪些反馈信息可以利用，哪些刺激容易引起分心等。

(二)操作的模仿

1.操作模仿的含义

操作的模仿即实际再现出特定的动作方式或行为模式。个体在定向阶段了解了一些基本的动作机制，而在模仿阶段则试图尝试做出某种动作。模仿的实质是将头脑中形成的定向映像以外显的实际动作表现出来，因此，模仿是在定向的基础上进行的，缺乏定向映像的模仿是机械的模仿。就有效的操作技能的形成而言，模仿需要以认知为基础。

2.操作模仿阶段的动作特点

(1)动作品质。动作的稳定性、准确性、灵活性较差。

(2)动作结构。各个动作要素之间的协调性较差，互相干扰，常有多余动作产生。

(3)动作控制。主要靠视觉控制，动觉控制水平较低，不能主动发现错误与纠正错误。

(4)动作效能。完成一个动作往往比标准速度要慢，个体经常感到疲劳、紧张。

(三)操作的整合

1.操作整合的含义

操作的整合即把模仿阶段习得的动作固定下来，并使各动作成分相互结合，成为定型的、一体化的动作。学习者在模仿阶段只是初步再现出定向阶段所提供的动作方式，只有通过整合，各动作成分之间才能协调联系，动作结构才逐步趋于合理，动作的初步概括化才得以实现。

2.操作整合阶段的动作特点

(1)动作品质。动作可以表现出一定的稳定性、精确性和灵活性，但当外界条件发生变化时，动作的这些特点都有所降低。

(2)动作结构。动作的各个成分趋于分化、精确，整体动作趋于协调、连贯，各动作成分间的相互干扰减少，多余动作也有所减少。

(3)动作控制。视觉控制不起主导作用，逐渐让位于动觉控制。肌肉运动感觉变得较清晰、准确，并成为动作执行的主要调节器。

(4)动作效能。疲劳感、紧张感降低，心理能量的不必要的消耗减少，但没有完全消除。

(四)操作的熟练

1.操作熟练的含义

操作的熟练指所形成的动作方式对各种变化的条件具有高度的适应性，动作的执行达到高度的完善化和自动化。自动化并非无意识，而是指它的执行过程不需要意识的高度控制，可以将注意分配于其他活动。操作的熟练的内在机制是在大脑皮层中建立了动力定型，即大脑皮层的概括的、巩固的暂时神经联系。

2.操作熟练阶段的动作特点

(1)动作品质。动作具有高度的灵活性、稳定性和准确性，在各种变化的条件下都能顺利完成动作。

(2)动作结构。各个动作之间的干扰消失，衔接连贯、流畅，高度协调，多余动作消失。

(3)动作控制。动觉控制增强，不需要视觉的专门控制和有意识的活动，视觉注意范围扩大，能准确地觉察到外界环境的变化并调整动作方式。

(4)动作效能。心理消耗和体力消耗降至最低，表现在紧张感、疲劳感减少，动作具有轻快感。

二、操作技能的培训要求

(一)准确地示范与讲解

示范、讲解在操作技能形成过程中是不可缺少的,准确地示范与讲解有利于学习者不断地调整头脑中的动作表象,形成准确的定向映像,进而在实际操作活动中可以调节动作的执行。

示范可以促进操作技能的形成,但示范的有效性取决于许多因素,如示范者的身份、示范的准确性、示范的时机等。

言语讲解在技能形成过程中也起到重要的作用。进行讲解与指导时,要注意言语的简洁、概括与形象化(表7—1);不仅要讲解动作的结构与具体要求,也要讲解动作所包含的基本原理;不仅要讲解动作的物理特性,也要指导学生注意、体验执行动作时的肌肉运动知觉。

表7—1 不同指导方法的不同效果

组别	儿童在观察时的活动	示范者的语言的解释	拼容易的七巧板所需要的时间(分钟)	拼困难的七巧板所需要的时间(分钟)
1	连续2至100	无	5.7	25
2	说出示范者所演示的	无	3.1	22
3	静默观看	不完整的描述	3.5	16
4	静默观看	完整的描述	3.5	16
5	说出示范者所演示的	纠正儿童叙述中的错误	2.2	12

由表7—1可见,教师示范—学习者描述示范动作—教师纠正学生的错误(即第5组)是最有效的指导方法。

(二)必要而适当的练习

练习是形成各种操作技能所不可缺少的关键环节,学生在运动技术的学练过程中,其进步情况可以用练习曲线表示。练习曲线是一种表示练习期间动作学习成绩一般趋势的曲线。

在练习曲线上可以看出运动技能形成过程中,随着练习次数的增加,完成动作所花费的时间逐渐缩短,所出现的错误动作数量日益减少(如图7—2)。在各个运动项目运动技能形成过程中既有共同之处,也有个别差异,而这些都可以在练习曲线上反映出来。

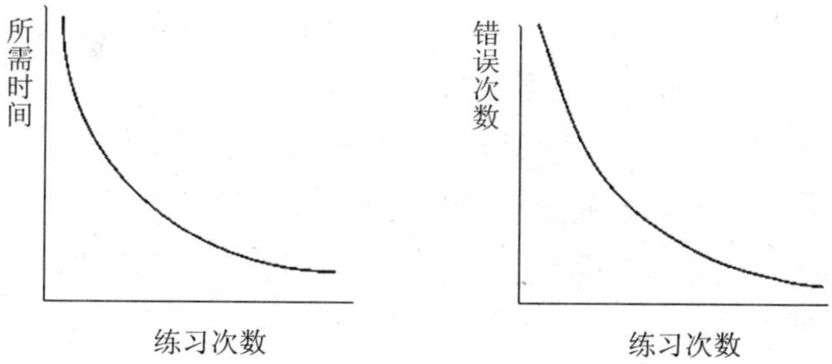

图 7—2　典型的练习曲线

(1)练习曲线的几种共同趋势

①练习进步先快后慢

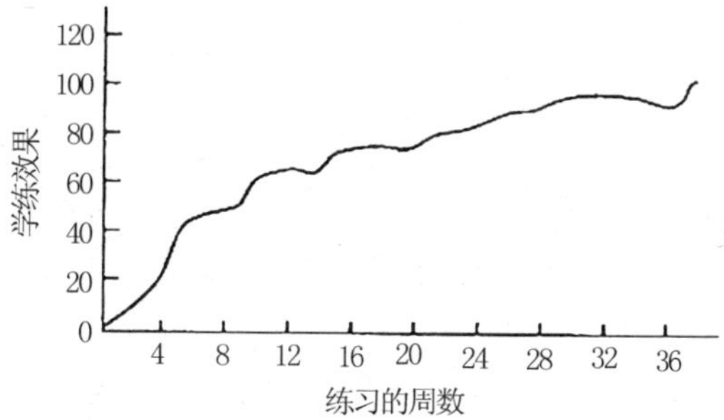

图 7—3　练习的进程先快后慢

在大多数运动技能(如跳高、跳远、短跑等)的形成中,技能在练习初期进步较快,以后就逐渐缓慢(图 7—3)。

其主要原因有二:一是在学练开始时,学生对已熟悉的一部分任务,可以利用过去的经验中的一些方法,所以在学练初期进步较快。后来,这种可以利用的成分相对地逐步减少,需要建立的新联系逐步增加,因此学练中的困难越来越多,这时任何一点改进都需要改造旧的动作习惯,并且要用较大的努力才能达到,所以成绩提高慢。短跑、跳高、跳远等运动技能就有这种情况。二是有些技能可以分解为几个简单动作进行练习,比较容易掌握,所以在学练初期成绩进步较快。但是在学练后期，是建立动作协调阶段，这种协调动作并不是若干个别动作的简单总和，它比简单动作要复杂得多，困难得多，所以成绩提高慢。此外，学生在学练初期也许兴趣比较浓厚，情绪比较饱满，练习比较认真努力，也可能是成绩进步先快后慢的原因之一。教师在指导学生学习和掌握这类技能时，应特别加强后期的指导。

②练习进步先慢后快。在少数技能（如游泳、投掷等）的学习中，在练习的开始阶段，成绩的提高缓慢，进步不明显，而之后成绩的提高和进步趋势逐渐加强（图7—4）。造成这种现象的原因可能是，在练习的初期需要花费很大工夫来掌握基础知识和基本要领，所以进步较缓慢。经过一段时间的练习，掌握了有关的基础知识和基本要领后，进步速度就明显加快。教师在指导学生学习和掌握这类运动技能时，应特别加强学练初期的基础知识学习和基本动作技术的学练。

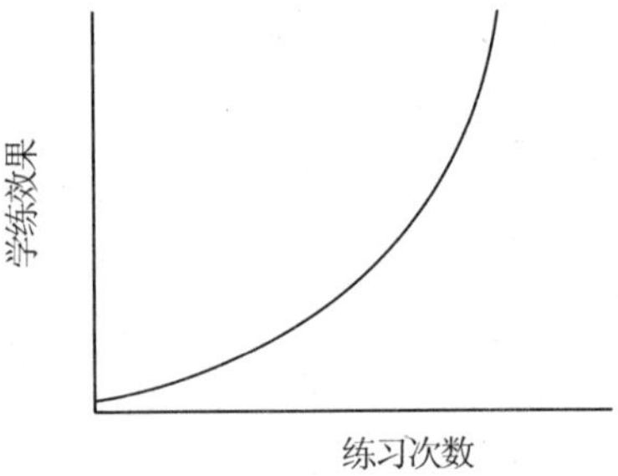

图 7—4　练习进步先慢后快

③高原现象

在运动技能形成过程中，练习中期往往出现进步的暂时停顿现象，这就是练习曲线上所谓的“高原期”。其表现为曲线保持一定的水平而不上升，或者甚至有些下降，但是在高原期之后，又可以看到曲线的继续上升（图 7—5）。

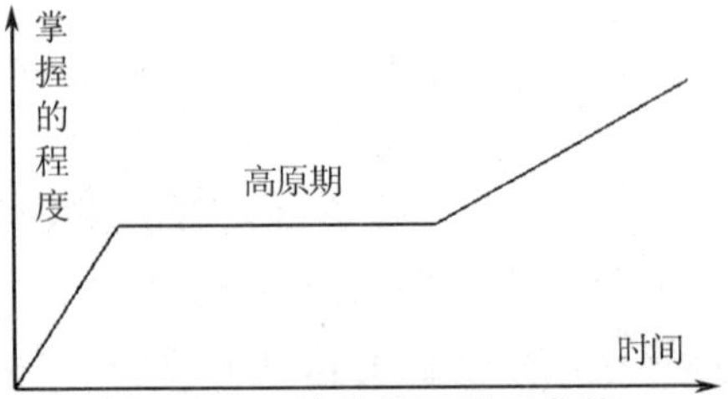

图 7—5　技能学习练习曲线

高原期产生的主要原因有二：一是由于成绩提高需要改变旧的活动结构和完成活动的方式方法，而代之以建立新的活动结构和完成活动的新方法。在学生没有完成这个改造以前，成绩就会处于停顿状态。这是由于活动结构的改造，往往是不容易的，采用新方法也会遇到新困难，所以在改造初期，成绩不但没有提高反而可能会有所退步，因而练习曲线停留在固定的水平上或暂时下降。当学生经过练习，完成了改造过程，成绩又会提高，在高原期之后，曲线又继续上升。如学生在掌握跨越式跳高技能后，再学练背越式跳高，导致成绩停顿或下降可能就是由这一原因所产生。二是由于学生练习的兴趣降低，对学习产生了厌倦等消极情绪，或者身体状况欠佳（如疲劳、疾病等），成绩也会出现暂时停顿现象。

高原现象并不具有普遍性。如果运动技能结构比较简单，又没有上述主观原因，在练习曲线上是不会产生这种现象的。当学生出现高原期，教师要帮助学生分析原因，指导他们改变旧活动结构，采用新方式方法。在加强指导的同时应提高他们的信心，增强自我学练能力，并结合教科书中给学生讲述的产生高原现象的主、客观原因，引导学生正确认识，帮助他们提高自我克服能力，鼓励他们突破高原现象，争取更大的进步。

在授课时，教师应结合教科书提出的高原现象的原因，使学生明确出现这些不同类型练习曲线的原因，使学生能够结合自己掌握运动技能的实际，用所学理论知识来进行问题的分析，并在教师指导下进行解决，以激发学练的兴趣。

（2）练习曲线的个别差异

学习同一项运动技能的进度，常常因人而异，在练习曲线上明显地表现出个别差异。实验研究证明，学生掌握运动技能练习曲线的个别差异可以从掌握的速度和质量上概括为四种类型：①速度较快，质量较好；②速度较快，错误较多；③速度较慢，错误较少；④速度较慢，错误较多。

运动技能形成中出现个别差异的原因有：学生的个性特点不同，学习态度不同，知识经验不同，准备状况和努力程度不同，练习方式不同等。这就表明，运动技能的形成，不仅决定于练习的数量和质量，而且也决定于学习者本身的特点和条件。

针对学生学习和掌握运动技能过程中存在的个别差异，教师就必须具体分析产生差异的原因，并针对不同学生不同原因，分别采取不同的指导策略，帮助学生能够顺利地形成并进一步巩固和提高运动技能。

采取何种练习方式也直接影响着操作技能的学习。练习不同于机械地重复，它是有目的、有步骤、有指导的活动。在练习过程中，活动的结构和内容要发生变化，完成活动的方法和手段也要作必要的调整。因此，教师在体育教学中，必须对学生的练习活动加以指导，给其提供有效的练习方法和条件。

教科书中给学生简要介绍了几种常用的练习方法，这将有助于中小学生自主学练运动技能，发展自己的专长。本书对此又做了较为详细的阐述，供教师们在教学中参考。

①完整练习与分解练习

采用完整练习还是采用分解练习更有效，取决于任务的复杂程度，即取决于运动技能学习的难度。一般地说，体制化程度高，复杂性小的动作技能，适合于采用完整练习法；体制化程度低，复杂性大的动作技能，适合于采用分解练习法。

所谓体制化程度，意指动作技能的各部分动作之间相互联系的密切程度。联系得越紧密，体制化程度越高；反之，体制化程度越低。所谓运动技能的复杂性程度，是指学习该运动技能所需要具备的心理协调性和方向判断等能力的高低程度。

这里所指的完整练习法，是指完整地学习某种动作技能的方法。例如，学习某套连贯的体操和游泳动作，各动作程序不能截然分开地进行学习，以采用完整练习法较为有效。这里所指的分解练习法，是指对某种动作的一个个环节进行练习，或者分别地练习各种亚技能（如篮球中的运球、传球、上篮等，排球中的发球、接球、垫球、吊球和扣球等具有独立形态的技能）的方法。

研究表明，采用完整练习法和分解练习法可能都有效。一般地说，学习简单的动作技能最好采用完整练习法，学习复杂的动作技能最好采用完整→分解→完整练习法，即在整体学习的基础上进行部分练习，再回到整体练习。

另外，从学习者的特点来看，一般地说，学习者的学习能力低，其学习的熟练水平还达不到一定水平时，采用分解练习法较为合适；反之，采用完整练习法较为有效。

②持续练习与间歇练习

研究表明练习时间的合理安排对于练习效果有着重大影响，如果在一段很长的时间内持续地进行相同的练习，则容易引发疲劳现象而降低学习效果；如果每次练习的时间间隔太短，对大脑皮层刺激不够，成绩也难以迅速提高。许多研究已经发现，一般地说，连贯的运动技能采用间歇练习比持续练习的效果好，而对于不连贯的动作技能而言，则持续练习优于间歇练习。

所谓间歇练习，是指将练习的时间分为若干部分，每次练习的时间较短，每次练习之间有一定时间间隔的练习。所谓持续练习，是指将一种动作技能所包含的动作，在一次时间练习完毕，中间没有休息；每次练习的时间较长，或者连续不间断地练习。

持续练习的效果之所以不如间歇练习好，主要是由于疲劳，甚至会使人出现反应抑制现象。为减少反应抑制现象，应采用更多的间歇练习(休息时可使电传导深化为生物化学痕迹)。近年来有的研究已发现，不连贯的动作技能(如掷铅球、篮球的投篮等)采用持续练习比间歇练习效果好。所以，上体育课时如有条件的话，可让学生持续 10～20 分钟练习投篮等动作，尽量不要采用每人依次投一个球，间隔几分钟再投一个球的方法。

在间歇练习时，一次练习的量、间歇的时间都必须根据运动技能的复杂程度和学生的体能、技能水平而定。不同的项目，每次练习的量和休息间隔时间的长短可以不同；不同技能水平的人，也可作不同的安排。例如，持续练习对于高水平的运动员同样是有效的。但是，对于初学者来说，通常采用间歇练习更为有效，而且合理地分配练习时间，应当注意在开始阶段每次练习的间隔时间要短一些，随着技能的进一步掌握，间隔的时距可渐次增长。例如，10 次练习可按下表两种间歇法进行。

10 次练习间歇法

甲	①	②	③	④	⑤⑥	⑦	⑧⑨⑩
乙	①②③		④⑤	⑥	⑦⑧	⑨	⑩

上述两种间歇法，以第二种间歇的效果为好。

归纳起来说，对于复杂的或连贯的动作技能来说，间歇练习一般比持续练习效果好；如果是简单的或不连贯的动作技能，或者是早已学会了的动作技能，则采用持续训练法可能比间歇训练法效果好。

③想象练习

想象练习又称为表象训练，是借助语言等暗示唤起已有运动表象的一种心理训练方法。这种方法不仅广泛应用于运动训练和比赛中，而且也在体育教学和训练中有所使用，并取得了较好的效果。研究发现在篮球罚球练习中，采用“先想后练”组的成绩最好，而“先练后想”组的成绩次之，而只想不练，或者只练不想组的成绩都不理想。这是为什么？

目前关于想象练习作用和机理的理论很多，其中较有影响的是心理神经肌肉理论。该理论认为人在想象动作的时候会伴随着微弱的、但可以测量到的与实际动作相似的神经肌肉活动，而这种神经肌肉反应的多次激发可以完善和巩固动作的动力定型。

想象练习有很多形式，可以运用语言暗示、放录音引导和看录像等方法来进行想象练习。在体育教学中进行想象练习，主要是帮助学生进行运动技能的学练。实验研究表明，在体操教学中运用想象练习，可以显著提高学生体操动作技能形成的速度和动作质量。想象练习应用于球类、武术和田径等项目运动技能学习也有较好的效果。

(三)充分而有效的反馈

一般来讲，反馈来自两个方面，一是内部反馈，即操作者自身的感觉系统提供的感觉反馈；二是外部反馈，即操作者自身以外的人和事给予的反馈，有时也称结果知识。前者是个体通过自身的视觉、听觉、触觉、动觉等获取的反馈信息，尤其是动觉反馈信息最有代表性。后者是教师、教练、示范者、录像、计算机等外部信息源对学习者的操作结果及其操作过程的反馈。毫无疑问，反馈在操作技能学习过程中的作用是非常关键的，其中结果反馈的作用尤为明显。准确的结果反馈可以引导学生矫正错误动作，强化正确动作，并鼓励学生努力改善其操作。

(四)建立稳定清晰的动觉

动觉是复杂的内部运动知觉，它反映的主要是身体运动时的各种肌肉活动的特性，如紧张、放松等，而不是外界事物的特性。这些有关肌肉活动的各种感知觉等与视觉、听觉有所不同，如果不经过训练，它们很难为个体明确地意识到，并经常受到外部因素的影响，处于被掩盖的地位。由于运动知觉的模糊性，经常会发生学习者对自己的错误动作不能意识到的现象，当然也就很难对动作进行有意识地调节或控制。这样就容易导致技术水平不稳定，难以找出动作失误的确切原因，操作技能的学习陷入盲目状态。因此，有必要进行专门的动觉训练，以提高其稳定性和清晰性，充分发挥动觉在技能学习中的作用。

第三节　心智技能的形成

一、有关心智技能形成的理论探讨

近几年来在学生的基本技能的训练中越来越重视了智力技能的形成。智力技能是认知心理学派十分重视研究的课题，但目前尚缺少较多的实验材料依据。智力技能是借助于内部语言在头脑中进行的认知活动方式，没有明显的外部动作。

它形成的阶段、条件，表现的特征和训练的方法，都与动作技能有所不同。

（一）加里培林的心智动作按阶段形成理论

苏联心理学家加里培林等在20世纪50年代，提出了智力活动按阶段形成的假说，企图解决在科学上长期以来没有得到解决的智力技能形成问题。在加里培林看来，人的认识活动是由外部物质活动内化为知觉、表象、概念的过程。这个内化过程经历着下列五个基本阶段。

1.活动的定向阶段

在活动的定向阶段中，要通过讲解使学生了解认知活动的任务和意义，熟悉活动的程序和方法，形成活动的表象，为具体智力活动做好准备。因此，这一阶段又被称之为智力活动的准备阶段。

加里培林关于活动的定向这个名称，曾有不同的提法，开始称为"构成关于课题的表象阶段"（1953年），后来改称为"活动的定向基础阶段"（1959年）或"构成动作的定向基础的图式阶段"（1975年）。在活动的定向阶段，要使学生拟定所从事智力活动的实践模式，建立活动的"原样"，并把它划分为各个组成部分，以建立起学生能独立完成的操作程序；在对学生进行活动的示范或讲解时，要把智力活动的操作程序，以物质或物质化的形式完全地展开，并注意变换智力活动的对象，使智力活动得以概括。因为学生只有从智力活动的展开及其概括的结果（表象）中，才能清楚智力活动的真正内容。

学生在头脑中形成认知活动定向的表象越符合实际，就越有助于智力技能的形成。教师的正确指导语和提供的范例，对于学生掌握正确认知的关键有着重要的意义。

2.物质或物质化活动阶段

物质活动是指对具体的实物的运用，而物质化活动则是指运用实物的模像、图片、言语、模型、示意图等形式进行活动。通过具体实物或物质化活动以促进学生加深理解学习的内容，掌握智力活动的方式。让学生用石子、火柴棍、手指头等作加法运算，就是通过物质活动进行的一种智力活动。以图表形式列出题目的条件和问题，引导学生解题则是通过物质化活动进行的一种智力活动。无论是物质活动或物质化活动，都是为了形成学生鲜明的记忆表象，发展学生的分析、综合、比较、抽象、概括的能力。

物质或物质化活动阶段，又称之为"活动以物质或物质化形式形成的阶段"。不论是物质的还是物质化的活动，都是外现的活动，然而它们的动作的客体不同。物质活动中，动作的客体是实际事物，即活动的对象本身；而物质化活动中，动作的客体是实物的代替物。前者是实物直观，后者是模拟直观。在很多情况下，物质化的形式较为方便。在该阶段，应对学生的每个动作进行客观的检验，通过变式使学生的智力活动方式提高概括水平和简化动作的能力。

3.有声的外部言语阶段

由物质化活动阶段过渡到有声的外部言语的阶段是智力技能形成中转入认知活动形式的开端。学生能摆脱实物的演示而借助于出声的外部言词进行智力活动，对动作的程序作正确的陈述，在表象的基础上实现分析和综合，进行比较，是智力活动形式的一次质的飞跃。

出声的外部言语活动，是没有实物作直接依据的智力活动形式，需要经过专门的教学训练才能形成。在教学中应要求学生学会用正确的口语形式，确切地反映出活动的实在内容。言语中所采用的词与词的联系，要与物质活动的程序相一致，用语要有顺序的逐步简化。

4.无声的外部言语阶段

由外部的出声言语转化为无声的言语，学生能默不作声地进行智力活动，以默读代替朗读，向内部言语过渡，是以消除嘴唇的不断动作为特征的。在这个阶段，如果要学生突然停止嘴唇动觉，就会引起其不知所措，明显增多回视，降低阅读或计算的速度。

5.内部言语阶段

内部言语阶段是智力技能形成的最后阶段。这个阶段的显著特点是具有了高度的压缩、简化和自动化。学生在阅读中表现为视野的扩大，能根据上下文的意义，不待端详整个句子的结构，就可以迅速而有效地对课文进行正确的理解、识记和评价。在计算中表现为似乎不意识到所需要应用的法则，就能在头脑中自如地运用法则，省略许多环节而得出正确的结论。

智力技能形成的机制是极端复杂的，加里培林从活动的心理学观点出发提出的智力活动的五阶段论，只是一家之言，是否具有普遍性还有待于进行实验证明。

(二)安德森的心智技能形成三阶段论

安德森(Anderson，1995)将菲茨与波斯纳(Fitts & Posner，1967)的动作技能形成的三阶段用于解释心智技能形成的过程。

在认知阶段，要了解问题的结构，即问题的起始状态、要达到的目标状态、从起始状态到目标状态所需要的步骤，从而形成最初的问题表征。对于复杂的问题而言，还要了解问题的各个子目标及达到子目标所需要的算子(operator)。

在联结阶段，学习者应用具体的方法来解决问题，主要表现在把某一领域的描述性知识"编辑"为程序性知识。知识的编辑是建立使一系列的条件与行动能快速、流畅执行的一种程序性表征过程,其间将出现两个子过程:合成与程序化。所谓合成,是将一系列个别的产生式依次组合成一个前后连贯的程序。所谓程序化,是指在执行这一程序的过程中,将逐渐摆脱对陈述性知识的提示依赖。随着不断的练习,学习者对解决问题的法则的言语复述逐渐减少,而能够直接再认出某一法则的可适用性。在该阶段,个体可逐渐产生一些新的产生式法则,以解决具体的问题。

在自动化阶段,个体对特定的程序化的知识进一步深入加工和协调。此时,个体操作某一技能所需的有意识的认知投入较小,且不易受到干扰。不过,高度自动化的程序也可能使人的反应变得刻板,因此安德森认为对某些程序保持一定程度的有意识的控制十分重要。

我们(冯忠良,1992,1998)在长期从事教学改革实践的过程中,根据上述的有关研究,提出了心智技能形成的三阶段说,即原型定向、原型操作和原型内化。关于这一理论,我们将在后面详细介绍。

二、心智技能原型的模拟

由于心智活动是实践活动的反映,因此心智技能的培养,首先必须确定心智技能的原型即实践模式。不过,确定心智技能的操作原型是一项相当困难的工作,因为形成了的心智技能不仅是内潜的,而且是借助于内部言语以高度简练的形式自动进行的。不仅旁观者难以观察到,就连活动的主体也难以自我意识,这就给操作原型的确定造成了很大困难。但自 20 世纪 60 年代以来,随着控制论功能模拟思想向心理学的渗透,我们终于找到了可用来确立心智技能操作原型的"心理模拟法"。目前,我国心理学界一般认为,用心理模拟法来建立心智活动的实践模式需经过两个步骤,这就是创拟确立模型和检验修正模型,其中第一步是关键。

为了创拟确立心智技能的操作原型,首先必须对活动进行系统分析。在对活动做系统分析时,先对系统进行功能分析,分析系统对环境的作用,其中包括作用的对象、条件及结果;然后再对系统做结构分析,分析系统的组成要素及组成要素之间的相互关系;并将功能分析与结构分析有机地结合起来,作为创拟模式的基本方法。同时,实践模式中的基本操作要依据操作系统的性质及学生的能力水平而确定,以能为学生理解并执行为原则。

在拟定假设性的操作原型后,还应通过实验来检验这种原型的有效性。在实验中如能取得预期的成效,则证明此假设原型是真实可靠的,这种经实验证实了的原型就可以在教学上应用。反之,如果在实验中假设原型不能取得预期成效,则对此原型必须予以修正或重新拟定。当然,模式的检验除了可以通过教学心理实验的方法进行以外,也可以通过计算机进行。不过,用计算机进行检验时,过程分解要细,必须分解到机器可以执行这些基本操作为止。

但是,所模拟的心智技能的原型不应是原始的心智活动的实践模型,而应是对理想的科学思维过程的模拟。由于形成了的心智技能一般存在于有着丰富经验的专家头脑之中,因此创拟确立模型的过程实际上是把专家头脑中观念的、内潜的、简缩的经验“外化”为物质的、外显的、展开的“心理模型”的过程(也称“物质化”过程)。不过,这一心理模型必须能确实揭示并反映专家头脑内部的思维操作过程;同时,该原型不应该是某一个专家的心智活动原型,而应是对一批该领域专家心智活动模型的总结与经验的概括化与系统化。例如,我们根据对优秀学生解题成功经验的分析,提出了一个如(图 7—6)所示的解题活动模型。长期的教学实践已证明它确实是行之有效的。

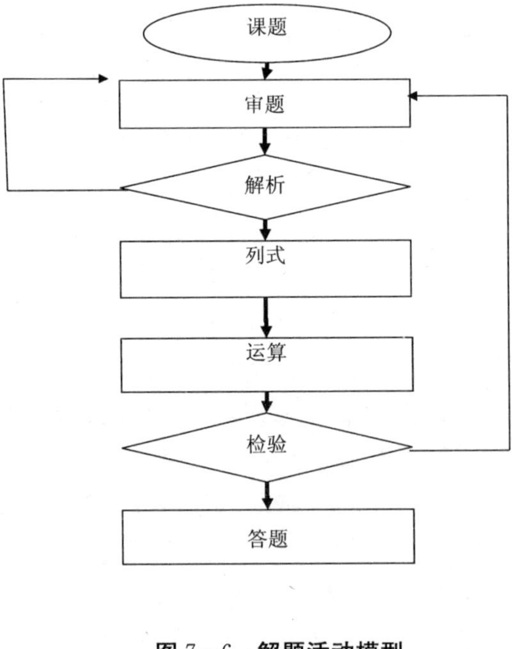

图 7—6 解题活动模型

当然,模拟专家头脑经验的目的是想使得专家头脑的经验能够“内化”为学生(新手)头脑中的心智技能,变成他们自己经验世界的组成部分(图 7—7)。这一把专家头脑中的经验“内化”为学生自己经验的过程，就是心智技能的培养过程。心智技能的分阶段形成。

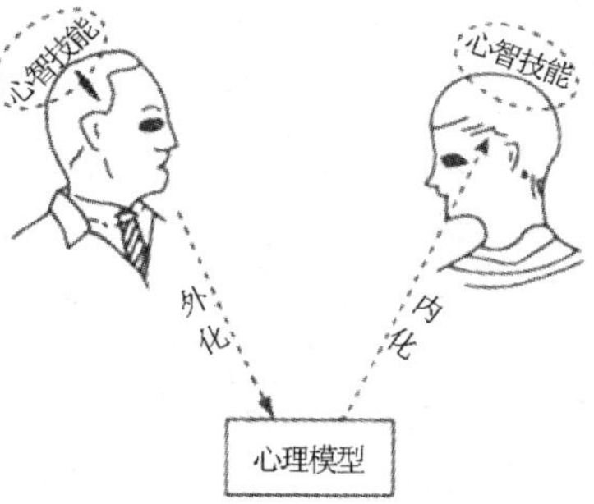

图 7—7　心理模拟教学的整体结构

(一)原型定向

原型定向就是了解心智活动的实践模式，了解“外化”或“物质化”了的心智活动方式或操作活动程序，了解原型的活动结构(动作构成要素、动作执行次序和动作的执行要求)，从而使主体知道该做哪些动作和怎样去完成这些动作，明确活动的方向。原型定向阶段也就是使主体掌握操作性知识(即程序性知识)的阶段。这一阶段相当于加里培林的“活动的定向阶段”。

在原型定向阶段，主体的主要学习任务可以归结为两点：首先要确定所学心智技能的实践模式(操作活动程序)，其次要使这种实践模式的动作结构在头脑中得到清晰的反映。为完成这些任务，教师必须做到以下几点。

(1)要使学生了解活动的结构，即了解构成活动的各个动作要素及动作之间的执行顺序，并了解动作的执行方式。这样，学生对于活动才能有一个完整的映像，才能为以后的学习奠定基础。

(2)要使学生了解各个动作要素、动作执行顺序和动作执行方式的各种规定的必要性，提高学生学习的自觉性。

(3)采取有效措施发挥学生的主动性与独立性。构成活动的动作不能以现成的形式教授，而应该激发学生的学习需要，发挥学生的主动性与独立性，师生共同总结各步动作及其执行顺序。这样，才能使学生体会到各动作划分的原因及动作顺序的合乎法则性，从而为学生所理解和接受。

(4)教师的示范要正确，讲解要确切，动作指令要明确。

总之，通过原型定向阶段的教学，学生建立起了关于活动的初步的自我调节机制，从而为进行实际操作提供了内部控制条件。

(二)原型操作

所谓原型操作，就是依据心智技能的实践模式，把主体在头脑中建立起来的活动程序计划，以外显的操作方式付诸实施。

在这一阶段，活动的执行是在物质与物质化水平上进行的，因而在加里培林及其学派的著作中称之为“物质或物质化活动阶段”。其实，活动的最初形式可以是物质的，也可以是物质化的。在物质的活动形式中，动作的客体是实际事物，是对象本身。在物质化的活动形式中，动作的客体不再是对象本身，而是它的代替物。但不论哪种情况，都是对原型的操作，因而我们称此阶段为“原型操作”阶段。

研究表明，为了使心智技能能在操作水平上顺利形成，教师必须做到以下几点。

(1)要使心智活动的所有动作以展开的方式呈现。也就是说，主体要依据心智活动的原型，把构成这一活动的所有动作系列，依次按照一定的顺序做出，不能遗漏或缺失，而且每个动作完成之后，要及时检查，考查动作的方式是否能正确完成，对象是否发生了应有的变化。因为只有在展开的活动中，主体才能确切了解活动的结构，才能在头脑中建立起完备的动作映像，同时也才能获得正确动觉经验及确保活动方式的稳定性。

(2)要注意变更活动的对象，使心智活动在直觉水平上得以概括，从而形成关于活动的表象。心智技能作为合乎法则的活动方式，其适用范围应具有广泛性。采用变式加以概括，有利于学生心智技能的掌握和内化。

(3)要注意活动的掌握程度，并适时向下一阶段转化。强调原型操作阶段应以展开的方式出现，并不是说最终不要简缩。当学生连续多次能正确而顺利地完成有关动作程序时，应及时转向内化阶段，以免活动方式总停留在展开水平，阻碍心智活动的速度。

(4)为了使活动方式顺利内化，动作的执行应注意与言语相结合，一边进行实际操作，一边用言语来标志和组织动作的执行。因为心智技能作为一种心智活动方式，是借助于内部言语默默进行的，而内部言语必须以外部言语为基础。在原型操作阶段，外部言语作为心智动作的标志及执行工具，在“内化”过程中具有十分重要的作用。因而，在边做边说的场合下，活动易于向言语执行水平转化。

总之，通过原型操作，学生不仅有了程序性知识，而且通过实际操作获得了完备的动觉映像，这就为原型内化奠定了基础。

(三)原型内化

所谓原型内化，即心智活动的实践模式向头脑内部转化，由物质的、外显的、展开的形式变成观念的、内潜的、简缩的形式的过程。这一过程又可划分成三个小的阶段，即出声的外部言语阶段、不出声的外部言语阶段和内部言语阶段。要想使操作原型成功地内化成心智技能，教学中必须注意：

(1)动作的执行应遵循由出声的外部言语到不出声的外部言语再到内部言语的顺序，不能颠倒。

(2)在开始阶段，操作活动应在言语水平上完全展开，即用出声或不出声的外部言语完整地描述原型的操作过程(此时已没有实际操作)。然后，再逐渐缩减。

(3)在这一阶段也要注意变换动作对象，使活动方式得以进一步概括，以便广泛适用于同类课题。

(4)在进行由出声到不出声、由展开到压缩的转化过程中，也要注意活动的掌握程度，不能过早转化，也不宜过迟，而应适时。

总之，依据心智活动是实践活动的反映这一观点，任何新的心智技能的形成，在原则上必须经过上述三个基本阶段才能实现。不过，分阶段练习的要求只是针对心智技能中新的、主体未经掌握的动作成分来说的。如果某种心智技能，其动作成分是由主体已掌握了的一些动作构成的，则此心智技能的形成就可利用已有动作经验的迁移得以实现，不必按前面提到的心智技能形成的三个基本阶段分别进行严格训练。

三、心智技能的培养要求

由于心智技能是按一定的阶段逐步形成的，因此在培养方面必须分阶段进行，才能获得良好的教学成效。为提高分阶段训练的成效，必须充分依据心智技能的形成规律，采取有效措施。为此，必须注意以下几点：

(一)激发学习的积极性与主动性

我们在第四章已经明确，任何学习任务的完成均依赖于主体的学习积极性与主动性。学习的积极主动性取决于主体对学习任务的自觉需要。对学习任务缺乏自觉的学习需要就不可能有高度的学习积极性，而自觉的学习需要的产生往往同对学习任务的必要性的认识及体验分不开。由于心智技能本身难以认识的特点，主体难以体验其必要性。因而，在主体完成这一学习任务时，往往缺乏相应的学习动机及积极性。为此，在培养工作中，教师应采取适当措施，以激发主体的学习动机，调动其学习的积极性。

(二)注意原型的完备性、独立性与概括性

心智技能的培养,开始于主体所建立起来的原型定向映像。在原型建立阶段,一切教学措施都要考虑到有利于建立完备、独立而具有概括性的定向映像。所谓完备性,指对活动结构(动作的构成要素、执行顺序和字形要求)要有清楚的了解,不能模糊或缺漏。所谓独立性,指应从学生的已有经验出发,让学生独立地来确定或理解活动的结构及其操作方式,而不能是教师给予学生现成的模式。所谓概括性,是指要不断变更操作对象,提高活动原型的概括程度,使之具有广泛的适用性,扩大其迁移价值。有关研究表明,定向映像的完备性、独立性与概括性不同,则活动的定向基础就有差异,就会影响到心智技能最终形成的水平。

(三)适应培养的阶段特征,正确使用言语

心智技能是借助于内部言语而实现的,因此言语在心智技能形成中具有十分重要的作用。言语在不同的阶段上,其作用是不同的。言语在原型定向与原型操作阶段,其作用在于标志动作,并对活动的进行起组织作用。所以,这时的培养重点在于使学生了解动作本身,利用言语来标志动作,并巩固对动作的认知,切不可忽视对动作的认识而片面强调言语标志练习。学生过于注意言语而忽视动作,对心智技能的形成非但无益,而且能起阻碍作用。为此,一定要在学生熟悉动作的基础上再提出言语要求,以言语来标志所学动作,并组织动作的进行。此外,在用言语来标志动作时,用词要恰当,要注意选择表现力强而学生又能接受的词来描述动作。言语在原型内化阶段,其作用在于巩固形成中的动作表象,并使动作表象得以进一步概括,从而向概念性动作映像转化。这时言语已转变成为动作的体现者,成为加工动作对象的工具。所以,这时培养的重点应放在考查言语的动作效应上。在这一阶段上,不仅要注意主体的言语动作是否正确,而且要检查动作的结果是否使观念性对象发生了应有的变化。此外,要随着心智技能形成的进展程度,不断改变言语形式,如由出声到不出声,由展开到简缩,由外部言语转向内部言语。

当然,除上述三点基本要求外,教师在集体教学中还应注意学生的个别差异,充分考虑学生所面临的主客观条件,并针对学生存在的具体问题采取有针对性的辅助措施,以求最大限度地发展学生的心智技能。

本章知识结构：

- 技能的形成
  - 技能的概念
    - 技能的含义
    - 技能的种类
  - 操作的技能的形成
    - 操作技能形成阶段
    - 操作技能的培训要求
  - 心智技能的形成
    - 加里培林五阶段论
    - 安德森三阶段论
    - 我国三阶段论
    - 心智技能的培养要求

实践活动：

小组讨论“在阅读时你是如何从朗读过渡到默读的?”体会心智技能形成的过程。

思考与练习：

1.联系教学实际，谈谈如何对中小学生进行操作技能训练。

2.论述心智技能和操作技能的关系。

3.试述操作技能与心智技能的形成阶段。

4.简述操作技能形成中练习曲线的共同趋势。

5.论述有关心智技能形成的理论。

6.根据我国教育心理学家提出的心智技能形成三阶段论，谈谈教学中教师应注意哪些事项。

7.联系教学实际，谈谈如何对中、小学生进行心智技能的培养。

第八章　学习策略

引子：授人以“鱼”不如授人以“渔”。学生的主要任务是既要学习知识又要在此基础上形成技能，同时还要学会学习，即掌握学习的策略。究竟什么是学习策略？学习哪些策略？如何学习这些策略？掌握哪些学习方法？教学中如何训练学生的学习策略？等等。本章的学习就是帮助我们了解和掌握学习策略。

学习目标：

1.识记学习策略的定义；认知策略、元认知策略和资源管理策略的种类。

2.理解复述策略、精细加工策略和组织策略的含义；元认知的概念与结构；学习策略训练的原则与方法。

3.运用指导教学模式训练学生复述策略、精细加工策略和组织策略。

4.通过本章的学习掌握学习的策略，了解学习方法的重要性。

第一节　学习策略概述

学习策略是指学习者为了提高学习的效果和效率、有目的有意识地制定的有关学习过程的复杂的方案。这一界定明确了学习策略的四个方面的特征。①学习策略是学习者为了完成学习目标而积极主动地使用的。②学习策略是有效学习所需的。③学习策略是有关学习过程的。④学习策略是学习者制定的学习计划，由规则和技能构成。

一般来说，学习策略可分为认知策略、元认知策略和资源管理策略等三个方面(图 8—1)。认知策略是加工信息的一些方法和技术，有助于有效地从记忆中提取信息。一般而言，认知策略因所学知识的类型而有所不同，复述、精细加工和组织策略主要是针对陈述性知识的，针对程序性知识则有模式再认策略和动作系列学习策略等。元认知策略是学生对自己认知过程的认知策略，包括对自己认知过程的了解和控制策略，有助于学生有效地安排和调节学习过程。资源管理策略是辅助学生管理可用环境和资源的策略，有助于学生适应环境并调节环境以适应自己的需要，对学生的动机具有重要的作用。

- 学习策略
  - 认知策略
    - 复述策略　如重复、抄写、做记录、画线等
    - 精细加工策略　如想象、口述、总结、做笔记、类比、答疑等
    - 组织策略　如选择要点、列提纲、画地图等
  - 元认知策略
    - 计划策略　如设置目标、浏览、设疑等
    - 监视策略　如自我测查、集中注意、监视领会等
    - 调节策略　如调整阅读速度、重新阅读、复查、使用应试策略等
  - 资源管理策略
    - 时间管理　如建立时间表、设置目标等
    - 学习环境管理　如寻找固定地方、安静地方、有组织的地方等
    - 努力管理　如归因于努力、调整心境、自我谈话、坚持不懈、自我强化等
    - 其他人的支持　如寻求教师帮助、伙伴帮助、使用伙伴/小组学习、获得个别指导等

图 8—1　学习策略分类

第二节　典型的学习策略

一、认知策略

(一)复述策略

复述策略是在工作记忆中为了保持信息，运用内部语言在大脑中重现学习材料或刺激，以便将注意力维持在学习材料上的方法。在学习中，复述是一种主要的记忆手段，许多新信息，如人名、地名或外语单词等，只有经过多次复述后，才能在短时间内记住。除我们在第六章介绍的复述策略外，常用的复述策略还有以下一些方法。

1.利用随意识记和有意识记

随意识记是指没有预定目的、不需经过努力的识记。这种识记也是有条件的，

凡是对有重大意义的、与人的需要和兴趣密切相关的、给人以强烈情绪反应的或形象生动鲜明的人或事，就容易随意识记。在学习中，要尽量地能够运用这些条件，如培养学生对某门学科的兴趣，来加强随意识记。有意识记是指有目的、有意识的识记。要想记住某一信息，就需要有意识地、用心地去记它，尝试着自己复述一遍，看看自己能否重复出来。

2.排除相互干扰

人之所以没记住某一信息，有一个重要原因，那就是这一信息受到了干扰，或者是被其他信息搞混了，或是被其他信息挤到一边去了。在进行其他活动之前，一定要花时间在头脑中复述刚刚获得的新信息。一般来说，前后所学的信息之间存在相互干扰。先前所学的信息对后面所学信息的干扰叫作前摄抑制，后面所学的信息对前面所学信息的干扰叫作倒摄抑制。在安排复习时，要尽量考虑预防两种抑制的影响，要尽量错开学习两种容易混淆的内容，如英语和拼音，避免相互干扰。心理学家还发现，当人学完一系列词汇后，马上进行测验，开始和结尾的几个词一般要比中间的词记得牢。这就是所谓的首位效应和近位效应。因此，要把最重要的新概念放在复习的开头，在最后对它们进行总结。不要把首尾时间花在处理课堂纪律问题、整理材料、削铅笔之类的事上。

3.整体识记和分段识记

对于篇幅短小或者内在联系密切的材料，适于采用整体识记，即整篇阅读，直到记牢为止。对于篇幅较长，或者较难，或者内在联系不强的材料，适于采用分段识记，即将整篇材料分成若干段，先一段一段地记牢，然后合成整篇识记。至于段的长短，要根据自己对材料的熟悉程度而定。

4.多种感官参与

在进行识记时，要学会同时运用多种感官，如用眼睛看、用耳朵听、用嘴巴练以及用手写等。有心理学家证明，人的学习 83%通过视觉，11%通过听觉，3.5%通过嗅觉，1.5%通过触觉，1%通过味觉。而且，人一般可记住自己阅读的 10%，自己听到的 20%，自己看到的 30%，自己看到和听到的 50%，交谈时自己所说的 70%。这一结果说明，多种感官的参与能有效地增强记忆。

5.复习形式多样化

在实践中应用所学知识是对知识的最好复习。采用多种形式进行复习，如将所学的知识再用实验证明、写成报告、做出总结、与人讨论以及向别人讲解等，这比单调重复更有利于理解和记忆。某一领域的专家之所以能记得住许多专业知识，是因为他们在反复地应用这些知识。因此，要善于在不同的情境下反复应用所学的知识，以便加深对知识的理解和保持。

6.画线

画线是阅读时常用的一种复述策略。在教学生画线时，首先解释在一个段落中什么是重要的，如主题句等；其次，教学生谨慎地画线，也许只画一到二个句子；最后，教学生复习和用自己的话解释这些画线部分。此外，还可教学生一些圈点批注的方法，与画线策略一起使用。①圈出不知道的词。②标明定义和例子。③列出观点原因或事件序号。④在重要的段落前面加上星号。⑤在混乱的章节前画上问号。⑥给自己作注释，如检查上文中的定义。⑦标出可能的测验项目。⑧画箭头表明关系。⑨注上评论，记下不同点和相似点。⑩标出总结性的陈述。

（二）精细加工策略

精细加工策略是一种将新学材料与头脑中已有知识联系起来从而增加新信息的意义的深层加工策略。如果一个新信息与其他信息联系的越多，能回忆出该信息的原貌的途径就越多，回忆就越容易。因此，它是一种理解性的记忆策略，和复述策略结合使用，可以显著提高记忆效果。下面就是一些常用的精细加工策略。

1.记忆术

（1）位置记忆法。位置记忆法是一种传统的记忆术。这种技术在古代不用讲稿的讲演中曾被广泛使用，而且沿用至今。使用位置记忆法，就是学习者在头脑中创建一幅熟悉的场景，在这个场景中确定一条明确的路线，在这条路线上确定一些特定的点。然后将所要记的项目全都视觉化，并按顺序和这条路线上的各个点联系起来。回忆时，按这条路线上的各个点提取所记的项目。

（2）缩简和编歌诀。缩简就是将识记材料的每条内容简化成一个关键性的字，然后变成自己所熟悉的事物，从而将材料与过去经验联系起来。例如，《辛丑条约》内容为：①要清政府赔款。②政府保证禁止人民反抗。③允许外国在中国驻兵。④划分租界，建领事馆。可用“钱禁兵馆”（谐音“前进宾馆”来帮助记忆）。有时，可以将材料缩简成歌诀。歌诀韵律和谐，抑扬顿挫，非常有助于记忆。例如，《二十四节气歌》：春雨惊春清谷天，夏满芒夏暑相连，秋处露秋寒霜降，冬雪雪冬小大寒。在缩简材料编成歌诀时，最好靠自己动脑筋，自己创造的东西印象深刻。歌诀力求精练准确，富有韵律。当然，也可以利用现成的歌诀，但也要仔细分析，弄清歌诀的真实含义，把它变成自己的东西。

（3）谐音联想法。学习一种新材料时运用联想，假借意义，对记忆亦很有帮助，这种方法被称为谐音联想法。在记忆历史年代和常数时，这种方法行之有效。例如，有人记忆马克思的生日“1818 年 5 月 5 日”时，联想为“马克思一巴掌一巴掌打得资产阶级呜呜地哭”。

(4)关键词法。关键词法就是将新词或概念与相似的声音线索词,通过视觉表象联系起来。例如,英文单词“Tiger”可以联想成“泰山上一只虎”。这种方法在教外语词汇时非常有用。有研究表明,这种记忆术也同样适用于其他信息的学习,如省首府名、地理信息等。

(5)视觉联想。视觉联想就是要通过心理想象来帮助人们对联系的记忆。如前述位置记忆法实际上就是一种视觉联想法,利用了心理表象。联想时,想象越奇特而又合理,记忆就越牢。比如,可以使用夸张、动态、奇异的手段进行联想。例如,可以将“飞机—箱子”想象为“飞机穿过箱子”等。想象越奇特,加工就越深入越细致。有一种用想象来增强记忆的古老方法,就是创造一个故事,将所有要记的信息编在一起。

(6)语义联想。通过联想,将新材料与头脑中的旧知识联系在一起,赋予新材料以更多的意义。实际上,就是要在理解的基础上,把过去旧知识当作“衣钩”来“挂住”所要记住的新材料。因此,要设法找出新旧材料之间的内在逻辑联系。例如,在记一个公式或原理时,要想一想,新公式或原理是如何从以前的公式或原理推导出来的。

2.做笔记

做笔记是阅读和听讲时常用的一种精细加工策略。教师能促进学生做笔记和复习笔记。①讲演慢一点。②重复复杂的主题材料。③呈现做笔记的线索。④在黑板上写出重要的信息。⑤给学生提供一套完整的笔记,让他们观看。⑤给学生提供结构式的辅助手段,如提纲或二维方格表等。记笔记时,笔记本上不要写得密密麻麻的,不妨在笔记本的右边留出3～6厘米的空地,除了笔记正文外随时记下老师讲的关键词、例子、证据以及自己的疑问和感想。不仅要做好笔记,而且,还应包括复习,积极地思考笔记中的观点,并与其他所学的信息进行联系。

3.提问

无论阅读还是听讲,学生要经常评估自己的理解状况,思考这样一些问题:这一新信息意味着什么?与课文中的其他信息以及以前所学的信息有什么联系;或者他还可能用例子来说明这种新知识。如果学生在阅读时教学生提一些“谁”“什么”“哪儿”和“如何”的问题,他们能领会得很好。有人给学生一张清单帮助他们构思创作,这张清单教学生向自己问以下一些问题:“我写给谁看的?”“要解释什么?”“有什么步骤”等。基本上,训练学生在活动中自己和自己谈话,自己问自己或彼此之间相互问老师要问的问题,结果表明,学生能在解数学题、拼写、创作和许多其他课题中成功地教会自我谈话。

4.生成性学习

生成性学习就是要训练学生对他们所阅读的东西产生一个类比或表象,如图形、图像、表格和图解等,以加强其深层理解。这种方法最重要的一点就是需要积极的加工,不是简简单单地记录和记忆信息,不是从书中寻章摘句或稍加改动,而是要改动对这些信息的知觉,要产生:①课文中没有的句子。②与课文中某几句重要信息相关的句子。③用自己的话组成的句子,从而把所学的信息和自身的知识和经验联系起来从而产生一个理解。

5.利用背景知识,联系实际

精细加工强调在新学信息和已有知识之间建立联系,背景知识的多少在学习中是非常重要的。对于某一事物,我们到底能学会多少,最重要的一个决定因素就是我们对这方面的事物已经知道多少。教师一定要把新的学习和学生已有的背景知识联系起来,并要能联系实际生活,不仅帮助他们理解这些信息的意义,而且要帮助他们感觉到这些信息有用。

(三)组织策略

组织策略是整合所学新知识之间、新旧知识之间的内在联系,形成新的知识结构。当然,组织策略和精细加工策略是密不可分的,如做笔记和写提要等实际上是两者的结合。下面是一些常用的组织策略。

1.列提纲

列提纲时,先对材料进行系统的分析、归纳和总结,然后,用简要的语词,按材料中的逻辑关系,写下主要和次要观点。所列出的提纲要具有概括性和条理性,但其效果取决于学习者是如何使用它的。一个有效的方法是让学生每读完一段后用一句话做概括;另外一种方法是让学生准备一个提要来帮助别人学习材料,其部分原因是这种活动使得学习者不得不认真考虑什么重要、什么不重要。

2.利用图形

(1)系统结构图。学完一科知识,对学习材料进行归类整理,将主要信息归成不同水平或不同部分,然后形成一个系统结构图。复杂的信息一旦被整理成一个金字塔式的层次结构,就容易理解和记忆多了。在金字塔结构里,较具体的概念要放在较抽象概念之下。

(2)流程图。流程图可用来表现步骤、事件和阶段的顺序。流程图一般是从左向右展开,用箭头连接各步。

(3)模式或模型图。模式图就是利用图解的方式来说明在某个过程中各要素之间是如何相互联系的。模型示意图是用简图表示事物的位置(静态关系),以及各部分的操作过程(动态关系)。

(4)网络关系图。网络关系图越来越受重视,目前,人们将它称为概念图(concept map),在学习、教学和测评中加以广泛利用。利用关系图可以图解各种观点是如何相互联系的。做关系图时,首先找出课中的主要观点;然后找出次要的观点或支持主要观点的部分;接着标出这些部分,并将次要的观点和主要的观点联系起来。在关系图中,主要观点图位于正中,支持性的观点位于主要观点的周围。

3.利用表格

(1)一览表。首先对材料进行全面的综合分析,然后抽取主要信息,并从某一角度出发,将这些信息全部陈列出来,力求反映材料的整体面貌。例如,学习中国历史时,可以时间为轴,将朝代、主要历史人物、历史事件全部展现出来,制成一幅中国历史发展一览图。

(2)双向表。双向图是从纵横两个维度罗列材料中的主要信息。层次结构图和流程图都可以衍变成双向表。

二、元认知策略

(一)元认知的概念

元认知是弗拉维尔(J. H. Flavell) 最早在 1976 年提出来的。他所谓的元认知就是对认知的认知,即个体对自己的认知过程和结果的意识与控制。元认知在学习和学会学习中的作用,近年来越来越受到人们的关注。元认知的发展和培养也已成为学习策略研究和应用的重要内容。

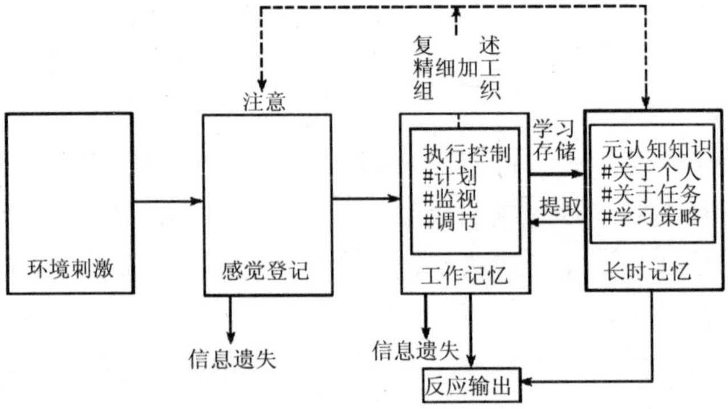

图 8—2　学习信息加工模式

在学习的信息加工系统中，存在着一个对信息流动的执行控制过程，这种执行控制功能的基础是元认知(图 8—2)。所谓元认知是对认知的认知，具体地说，是关于个人自己认知过程的知识和调节这些过程的能力，它具有两个独立但又相互联系的成分：对认知过程的知识和观念与对认知行为的调节和控制。

(二)元认知结构

根据弗拉维尔和布朗的观点，元认知由三个成分所组成，即元认知知识、元认知体验和元认知监控。

1.元认知知识

元认知知识是主体通过经验而积累起来的、关于认知活动的一般性知识，即对影响认知活动的因素、各因素之间的相互作用以及作用的结果等方面的认识。元认知知识一般储存在个体的长时记忆中，具有比较稳定的特点，它以意识化或非意识化的方式对认知活动施以影响。元认知知识又包括以下三个具体的部分：

(1)关于认知主体的知识

关于认知主体的知识，是指主体关于自己和他人作为认知加工者的所有知识。其中，既包括对存在于个体内和个体间的认知差异的认知，也包括对不同个体间认知相似性的认识。具体来讲，关于认知差异的认识是指，一个具有较好的元认知知识的人应该了解自己和别人的认知能力和特点。比如，应该了解自己擅长哪些方面，不擅长哪些方面，同时也应该了解自己与别人相比所具有的某些认知优势和劣势。关于认知相似性的认识是指，主体通过观察和内省自己和他人在不同时间、不同情景、不同认知活动中的表现，而产生的关于人类认知所共有的某些规律性的认识。

(2)关于认知任务的知识

关于认知任务的知识，是指主体关于认知活动的任务要求等方面的知识。其中包括对认知材料的性质、长度、结构特点、呈现方式、逻辑性、熟悉度以及难度等方面的认识，还包括对认知任务的目的、要求的认识。

(3)关于认知策略的知识

关于认知策略的知识，是指主体对于完成某项认知任务所需要的认知方法的各方面的知识，如认知策略的种类、不同认知策略的特点、各种认知策略应用的条件、认知策略的有效性等。

2.元认知体验

元认知体验是主体在从事认知活动时所产生的认知和情感体验。它可能被主体清晰地意识到，也可能是处于下意识的状态；在内容上可简单，也可复杂，可以是对知的体验，也可以是对不知的体验；可发生在认知活动开始之前，也可发生在认知活动的过程中或认知活动结束之后。不同的元认知体验往往与主体在某项认知活动中所处的具体位置以及认知活动的进展状况有关。元认知体验直接影响着认知任务的完成情况，积极的元认知体验会激发主体的认知热情，调动主体的认知潜能，从而提高认知的速度和有效性。

3.元认知监控

元认知监控是指主体在进行认知活动的过程中，将自己正在进行的认知活动作为意识对象，不断地对其进行积极而自觉的监视、控制和调节的过程。包括：制定计划、实际控制、检查结果、采取补救措施等具体环节。

在学习过程中，元认知对整个学习活动起着控制和协调的作用，监视和指导着策略的选用和使用。不同的材料，不同的情景需选择不同的策略性知识，这一过程的实现正是元认知策略的体现。对一个学习者来说，如果是只拥有众多的策略性知识，而缺乏元认知策略来帮助自己决定在哪种情况下使用某种策略，或改变策略，那么他就不可能成为一个成功的学习者。

（三）元认知策略

学习时，学习者要学会使用一些策略去评估自己的理解、预计学习时间、选择有效的计划来学习解决问题。例如，假如你读一本书，遇到一段读不懂，你该怎么办呢？你或许会慢慢再读一遍；你或许会寻找其他线索，如图、表、索引等来帮助理解；或许你还会知道这一章更前面的部分，这意味着你要学会如何知道你什么地方不懂，以及如何去改正你自己。此外，你还要能预测可能会发生什么，或者能说出什么是明智的，什么不是明智的。所有这些都属元认知策略。概括起来，元认知策略大致可分以下三种：

1.计划策略

计划策略包括设置学习目标、浏览阅读材料、产生待回答的问题以及分析如何完成学习任务。

给学习作计划就好比是足球教练在比赛前针对对方球队的特点与出场情况提出对策。不论是完成作业，还是为了应付测验，学生在每一节课都应当有一个一般的“对策”。成功的学生并不只是听课、做笔记和等待教师布置测查的材料。他们会预测完成作业需要多长时间，在写作前获取相关信息，在考试前复习笔记，在必要时组织学习小组，以及使用其他各种方法。换句话说，成功的学生是一个积极的而不是被动的学习者。

2.监控策略

监控策略包括阅读时对注意加以跟踪、对材料进行自我提问、考试时监视自己的速度和时间。

这些策略使学习者警觉自己在注意和理解方面可能出现的问题,以便找出来,并加以修改。比如,当你为了应考而学习时,你会向自己提出问题,并且会意识到某些章节你并不懂、你的阅读和记笔记方法对这些章节行不通,你需要尝试其他的学习策略。

3.调节策略

根据对认知活动的结果的检查,如发现问题,则采取相应的补救措施,根据对认知策略的效果的检查,及时更正、调整认知策略。

调节策略与监控策略有关。例如,当学习者意识到他不理解课的某一部分时,他们就会退回去读困难的段落;在阅读困难或不熟的材料时放慢速度;复习他们不懂的课程材料;测验时跳过某个难题,先做简单的题目等。调节策略能帮助学生矫正他们的学习行为,使他们补救理解上的不足。

- 元认知
  - 元认知知识(在长时记忆中)
    - 关于个人的知识(陈述性知识)
    - 关于任务的知识(陈述性知识)
    - 关于(学习)策略的知识(过程性知识)
      - 认知策略
        - 复述策略
        - 精细加工策略
        - 组织策略
      - 元认知策略
        - 计划策略
        - 监视(注意)策略
        - 调节策略
      - 资源管理策略
        - 时间管理策略
        - 学习环境管理策略
        - 努力管理策略
        - 寻求支持策略
  - 元认知体验
  - 元认知控制(在工作记忆中)
    - 计划
    - 监视
    - 调节

图 8—3　元认知结构

根据学习的信息加工过程、学习策略与元认知的关系，可以知道，学习策略是存储在长时记忆中的元认知知识，它包括有认知策略、元认知策略以及资源管理策略。元认知过程则是指在工作记忆中进行的、运用存储在长时记忆中的元认知知识(包括学习策略知识)来管理和控制认知活动的过程，它包含情感调节的过程(图8—3)。元认知过程是使用学习策略的过程。元认知能力则是指执行这一控制过程的能力。这就是说，学习策略是有关学习的动态过程的静态知识，而元认知过程则是使用静态知识的动态过程。

(四)元学习能力

传统的学习理论研究人学到什么和如何去学习，而元学习则研究人是如何意识和控制自己的学习。元认知的观点认为，学生完全能够积极主动地激励自己使用各种不同的学习策略和动机策略来促进自己的学习。

1.元学习能力结构

元学习能力的核心是自我监控。自我监控学习是指学习者为了保证学习的成功，提高学习的效果，达到学习的目标，主动地计划，有效地控制自己的学习过程。我国学者董奇等将元认知的学习能力划分为三个方面八个维度：

第一方面：学习活动前的自我监控

(1)计划性。指学生在学习前对学习活动的计划和安排。如学习之前先做好计划，对学习哪些内容、如何去学习以及学习时间安排等进行计划。

(2)准备性。指学生在学习前为学习活动作好各种具体的准备。如学习之前准备好学习用具，创设好学习环境，调节好情绪与精力。

第二方面：学习活动中的自我监控

(3)意识性。指学生在学习活动中清楚学习目标、对象和任务。

(4)方法性。指学生在预习、上课、作业、复习等学习活动中讲究策略，选择并采取合适的学习方法。如预习时在不懂的地方做个记号，听讲时弄清老师讲课的思路，采取理解记忆的方法。

(5)执行性。指学生在学习活动中控制自己去执行学习计划，排除有关干扰，保证学习的顺利进行。如坚持完成学习任务后才做其他事情。

第三方面：学习活动后的自我监控

(6)反馈性。指学生在学习活动后对自己的学习情况及效果进行检查、反馈与评价。

(7)补救性。指学生在学习活动后根据反馈结果对自己学习采取补救性措施。如一旦发现某一部分内容学得不好时，就多些时间或想一些办法去学好它。

(8)总结性。指学生在学习活动后思考和总结学习经验和教训。如总结自己或借鉴别人和书本上好的学习方法和经验,不断提炼和完善自己学习的方式、方法。

该量表尚未建立科学常模,但它从理论与实践上,提供了一条如何评估学生学习自我监控能力的思路及借鉴的方法。

2.元学习能力的培养

在教学中培养学生的元学习能力可采取以下措施:

(1)让学生每天记学习日记

学习日记的内容可包括:今日学习的主要及重要内容(以某学科为例);列出有关知识点及各知识点之间的联系;列出经自己反复思考仍不清楚的问题;将一些容易混淆的概念列表对照、鉴别,并自己举例说明之。要求学生记学习日记的目的在于:首先,促使学生反思自己的学习过程,理清思路,澄清混乱,思考并提出有价值的问题。其次,促使学生学会学习,自己教自己,并在此过程产生重要的顿悟。另外,将学习的注意力从学习结果转移到自己的认知过程。

(2)利用教学活动相互学习

教师可通过语言将自己对某问题的思维过程展现给学生。例如,叙述自己在解决某个新问题时,想到哪些策略,什么是首选策略,哪些是补救策略,自己是怎样调整、转换这些策略。教师也可促使学生注意某些同学对其思维过程的认知过程,如,要求某学生描述自己的思维过程,并引导其他同学对其思维过程进行评价。教师还可向全体学生呈现一个新的学习任务,让同学评价这一任务的难度,阐述自己准备解决这一问题的一系列步骤与方法,并进行相互评价。

(3)指导学生进行自我质疑

有些学生,特别是低年级学生往往不假思索地迅速完成作业,而这些作业通常是错误百出,究其原因,这些学生往往缺乏学习的责任感,而且也没有对自己的思维过程进行反思的习惯。要求学生自我质疑,能使学生逐步形成自我控制、自我检查的能力。如要求学生经常自我提问:“我知道做些什么吗?”“我对作业的要求清楚吗?”“这样做是否正确? 我有把握吗?”“能否稳操胜券?”

(4)指导学生监控、评估自己的理解能力

要求学生在开始作业前,认清作业的要求,并要求学生在阅读或解决问题的过程中,经常给自己提一些问题,如:“这一点我理解得对吗?”“这里的叙述与前面的叙述有矛盾吗?”“这句话除了字面上的意思外,还有什么深层次的含义呢?”教师可用列表的形式提供对某一问题理解程度的判别标准,从而使学生能对照检查自己的理解能力。

(5)向学生提供练习与反馈的机会

教师必须向学生提供运用知识的机会。如,让学生在实践中运用他们已学过的知识;代替教师向其他同学提供信息;让学生相互复述有关知识内容;向他人表述自己的理解等。

(6)要求学生意识到与学习效果有关的四个因素

这四个因素是:①所学材料的性质特点;②学习者当前的知识与技能水平;③学习者当前的心理状态;④检验学习效果的标准与形式。让学生认识到这些因素会影响自己的学习过程及结果,可使他们做出有效的决策。及时回顾这些因素,还可获得必要的信息,为修正、改变已用的策略提供依据。

(7)指导学生按以下步骤进行反思

第一步,等一等:我对现学的内容是否理解并记住了?我能向他人清楚地描述这一问题吗?

第二步,想一想:产生这一问题大致是由什么原因引起的?是不是自己对有关知识没有掌握?或许缺乏想象力?缺乏解决这一问题的技能技巧?

第三步,找一找:解决这一问题可采用哪些方法?寻找、阅读哪些有关材料?向别人请教?做相关难度略低的练习?

第四步,看一看:检查一下,采取相应的解决措施后,原先的问题是否得到部分解决或完全解决。

第五步,做一做:记录解决问题的经过,并决定以后怎样做。

三、资源管理策略

(一)学习时间管理

1.统筹安排学习时间

每个人都应当根据自己的总体目标,对时间做出总体安排,并通过阶段性的时间表来落实。对每一天的活动,都要列出一张活动优先表来。在制定学习计划时,要注意将学习计划落实在学习成果上。在执行学习计划时,要有效防止拖拉作风。

2.高效利用最佳时间

在不同的时间里,人的体力、情绪和智力状态是不一样的,也就是说,学习时间的质可能是不一样的。首先,要根据自己的生物钟安排学习活动。其次,要根据一周内学习效率的变化安排学习活动。再次,要根据一天内学习效率的变化来安排学习活动。此外,要根据自己的工作曲线安排学习活动。学习时,随着学习的进行，人的精神状态和注意力会发生变化。一般来说，存在三种变化模式：先高后低；中间高两头低；先低后高。每个人要根据自己的模式，安排学习内容，确保状态最佳时学习最重要的内容。

3.灵活利用零碎时间

首先，可以利用零碎时间处理学习上的杂事。其次，读短篇或看报纸杂志，拓宽自己的知识面，或者背诵诗词和外文单词。此外，可以进行讨论和通讯，与他人进行交流，在轻松的气氛里与人交流，有助于创造性思维的启发。

(二)学习环境的设置

首先，要注意调节自然条件，如流通的空气、适宜的温度、明亮的光线以及和谐的色彩等。其次，要设计好学习的空间，如空间范围、室内布置、用具摆放等因素。

(三)学习努力和心境管理

为了使学生维持自己的意志努力，需要不断的鼓励学生进行自我激励。这包括激发内在动机；树立为了掌握而学习的信念；选择有挑战性的任务；调节成败的标准；正确认识成败的原因；自我奖励。这些在学习动机一章中都有详细介绍。

(四)学习工具的利用

善于利用参考资料、工具书、图书馆、广播电视以及电脑与网络等。

(五)社会性人力资源的利用

善于利用老师的帮助以及通过同学间的合作与讨论来加深对内容的理解。

第三节　学习策略的训练

一、学习策略训练的原则

人们在学习、阅读时常常使用各种不同的策略，但很少有什么学习策略总是有效，也很少有什么策略总是无效。显然，学习策略的价值依赖于其具体情况和使用。在进行学习的训练时，不管教什么策略、怎么教这些策略，可以遵循一定的基本的原则。

(一)主体性原则

主体性原则指任何学习策略的使用都依赖于学生主动性和能动性的充分发挥。

(二)内化性原则

内化性原则指训练学生不断实践各种学习策略，逐步将其内化成自己的学习能力，并能在新的情境中加以灵活应用。

（三）特定性原则

特定性原则指学习策略一定要适于学习目标和学生的类型。

（四）生成性原则

生成性原则指学生要利用学习策略对学习材料进行重新加工，生成某种新的东西。

（五）有效的监控

有效的监控指学生应当知道何时、如何应用他们的学习策略并能反思并描述自己对学习策略的运用过程。

（六）个人自我效能感

个人自我效能感指教师给学生一些机会使他们感觉到策略的效力以及自己使用策略的能力。

二、学习策略训练的方法

（一）指导教学模式

指导教学模式与传统的讲授法十分类似，由激发、讲演、练习、反馈和迁移等环节构成。在教学中，教师先向学生解释所选定学习策略的具体步骤和条件，在具体应用中不断给以提示，让其口头叙述和明确解释所操作的每一个步骤以及报告自己应用学习策略时的思维，通过不断重复这种内部定向思维，可加强学生对学习策略的感知与理解保持。同时，教师在教学中依据每种策略来选择许多恰当的事例来说明其应用的多种可能性，使学生形成对策略的概括化认识；提供的事例应从学生的认知水平出发、由简到繁，使学生从单一策略的应用发展到多种策略的综合应用，从而形成一种综合应用能力。

（二）程序化训练模式

所谓程序化训练就是将活动的基本技能，如解题技能、阅读技能、记忆技能等等，分解成若干有条理的小步骤，在其适宜的范围内，作为固定程序，要求活动主体按此进行活动，并经过反复练习使之达到自动化程度。规程化训练的基本步骤是：①将某一活动技能，按有关原理，分解成可执行、易操作的小步骤，而且使用简练的词语来标志每个步骤的含义。例如，PQ4R 阅读策略，包括预览（preview）、提问（question）、阅读（read）、反思（reflect）、背诵（recite）、复习（review）等六个步骤。②通过活动实例示范各个步骤，并要求学生按步骤活动。③要求学生记忆各步骤，并坚持练习，直至使其达到自动化程度。

(三)完形训练模式

完形训练就是在直接讲解策略之后,提供不同程度的完整性材料促使学生练习策略的某一个成分或步骤,然后,逐步降低完整性程度,直至完全由学生自己完成所有成分或步骤。例如,在教学生列提纲时,教师可先提供一个列得比较好的提纲,然后解释这些提纲是如何统领材料的,下一步就给学生提供一个不完整的提纲,分步对学生进行训练:①提供一个几乎完整的提纲,需要学生听课或阅读时填写一些支持性的细节。②提供一个只有主题的提纲,要求填写所有的支持性细节。③提供一个只有支持性细节,而要求填写主要的观点。如果学生给以适当的练习,就能学会写出很好的提纲来。完形训练的好处就在于能够使学生有意注意每一个成分或步骤,而且每一步训练所需的心理努力都是学生能够胜任的,更为重要的是,每一步训练都给学生以策略应用的整体印象。

(四)交互式教学模式

交互式教学这种方法,主要是用来帮助成绩差的学生阅读领会,它是由教师和一小组学生(大约 6 人)一起进行的。旨在教学生这样四种策略:①总结——总结段落内容。②提问——提与要点有关的问题。③析疑——明确材料中的难点。④预测——预测下文会出现什么。一开始,教师作一个示范,朗读一段课文,并就其核心内容进行提问,直到最后概括出本段课文的中心大意。提问是为了引起讨论,概述大意则有助于小组成员为阅读下一段课做准备。然后,教师指定一个学生扮演“教师”,彼此提问。在这里,教师先树立一些榜样性行为,示范四种主要策略,然后改变自己的角色,在学生不会使用策略时给以必要的帮助,起一个促进者和组织者的作用。

(五)合作学习模式

许多学生可能已经发现,当自己和同学讨论所读到的和所听到的材料时,获益匪浅。在这种学习活动中,两个学生一组,一节一节地彼此轮流向对方总结材料,当一个学生主讲时,另一个学生听着,纠正错误和遗漏。然后,两个学生彼此变换角色,直到学完所学材料为止。关于这种学习方法的一系列研究证明,以这种方式学习的学生比独自总结的学生或简单阅读材料的学生,其学习和保持都有效得多。有意思的是,合作性讲解的两个参与者都能从这种学习活动中受益,而主讲者比听者获益更大。

在实际教学中,教师不管采用什么方法进行学习策略的教学,都要结合学科知识。研究认为,学习策略知识不是孤立的,不能脱离专门知识。专门领域的基础知识是有效利用策略的前提条件,脱离知识内容的单纯训练容易导致形式化倾向,难以保证学生提高学习策略水平。教师要善于不断探索优化自己的教学步骤，为学生提供可以仿效的活动程序；同时要根据学生原有的学习方式基础来启发学生的思路，让其有意识地内化有效的学习策略。

本章知识结构：

- 学习策略
  - 学习策略概述
    - 学习策略的含义
    - 学习策略的特征
    - 学习策略的分类
  - 典型的学习策略
    - 认知策略
      - 复述策略
      - 精细加工策略
      - 组织策略
    - 元认知策略：计划、监控、调节策略
    - 资源管理策略
      - 学习时间、环境、工具
      - 社会资源、学习努力和心境管理
  - 学习策略的训练
    - 学习策略训练的原则
    - 学习策略训练方法

实践活动：

每位学生以写日记的形式反思自己的学习的心理过程，将认知策略和元认知策略及资源管理策略做深刻的内省与外化。

思考与练习：

1.简述学习策略的特征。
2.简述元认知知识的主要内容。
3.简述常用的组织策略。
4.简述学习策略训练的原则。
5.简述常用的精细加工策略。
6.谈谈程序化训练模式的基本步骤。
7.学习策略训练的方法有哪些？

第九章　问题解决与创造性

引子：学生学习知识、形成技能、学会学习的最终目的是学会创造性地解决问题。究竟什么是问题、问题解决、创造性？学习哪些策略？影响解决问题的因素有哪些？如何解决这些问题？掌握哪些解决问题的方法？何为创造性？创造性的基本特征是什么？教学中如何培养学生的创造性等。本章的学习就是帮助我们学会如何学会创造性地解决问题。

学习目标：

1.识记问题、问题解决、功能固着、创造性、发散思维等基本概念。
2.理解并能以实例解释创造性的基本特征。
3.理解并能以实例说明问题解决的过程。
4.结合实例分析影响问题解决的主要因素。
5.结合实例分析培养解决问题的能力的有效措施。
6.结合实例分析培养创造性的有效措施。
7.通过本章的学习学会创造性解决问题和思考问题的态度和方法。

第一节　问题解决概述

一、问题解决的含义

(一)问题

在探讨问题解决之前，首先应了解什么是问题。尽管对问题的表述不尽相同，但大多数心理学家都认为，任何问题都含有三个基本的成分：一是给定的条件，这是一组已知的关于问题的条件的描述，即问题的起始状态。二是要达到的目标，即问题要求的答案或目标状态。三是存在的限制或障碍,起始状态到目标状态之间不是直接的,必须通过一定的认知活动或思维活动才能找到答案。为此,可以把问题定义为:给定信息和要达到的目标之间有某些障碍需要被克服的刺激情境。

某一情境或事件是否成为问题,这与个体主观的认知与感受有关,对缺乏某种知识经验的人可能是问题,而对知识经验丰富的人则未必是问题;对有所追求、有所发现者是问题,对一无所求、熟视无睹者则未必是问题。

现实生活中的问题是各种各样的,研究者倾向于将问题分为两类:有结构的问题或界定清晰的问题与无结构的问题或界定含糊的问题。

1.有结构问题

已知条件和要达到的目标都非常明确,个体按一定的思维方式即可获得答案的问题。比如,"对代数式 $a^2+2ab+b^2$ 进行因式分解"即属于有结构的问题。教科书上的练习题多属于有结构的问题。

2.无结构的问题

已知条件与要达到的目标都比较含糊,问题情境不明确、各种影响因素不确定,不易找出解答线索的问题。此类问题在实际中经常遇到,也容易使人感到困惑,如怎样培养学生的创新意识?如何依据学生心理发展的规律实施有效的教学?这些都是重要但又无确切的、唯一正确的答案的问题。

(二)问题解决

问题解决是指个人应用一系列的认知操作,从问题的起始状态到到达目标状态的过程(图 9—1)。

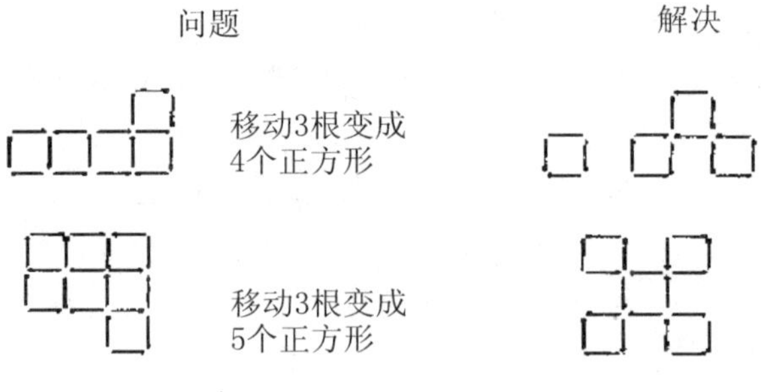

图 9—1 两个火柴棒问题及其解决

问题解决有下面几个基本特点。

1.目的性

问题解决具有明确的目的性，它总是要达到某个特定的目标状态。没有明确目的指向的心理活动，如漫无目的的幻想，则不能称为问题解决。

2.认知性

问题解决是通过内在的心理加工实现的，自动化的操作如走路、穿衣等虽然也有一定的目的性，但不能称之为问题解决。

3.序列性

问题解决包含一系列的心理活动，即认知操作，如分析、联想、比较、推论等。仅仅是简单的记忆提取等单一的认知活动，都不能称之为问题解决。

与问题类型相对应，问题解决也有两种类型：一是常规性问题解决，使用常规方法来解决有结构的、有固定答案的问题；二是创造性问题解决，综合应用各种方法或通过发展新方法、新程序等来解决无结构的、无固定答案的问题。各种发明创造都可以看作是创造性问题解决的典型例证。当然，常规和创造是相对的，同样的一种解决问题的方式，对老师而言可能属于常规性的，对于学生而言则可能是创造性的。

二、问题解决的过程

问题解决是一个复杂的过程，早期心理学对问题解决的研究多以动物为对象，提出了各种理论，如桑代克的尝试错误说与苛勒的顿悟说。以杜威等人为代表，对人类问题解决的过程也进行了分析，认为问题解决是一个循序渐进的、分阶段的过程。这些理论都曾产生过广泛的影响。20 世纪 50 年代出现的认知心理学以信息加工的观点来研究人的问题解决，将问题解决看作是对问题空间的搜索，并进行计算机模拟，取得了显著的进展。综合有关研究，可以将问题解决的过程分为发现问题、理解问题、提出假设和检验假设四个阶段。

(一)发现问题

从完整的问题解决过程来看，发现问题是其首要环节。只有存在问题时，人们才有可能产生解决问题的认知活动。同一个事件或情境能否成为问题，这是因人而异的。有人善于发现、提出问题，有人则对问题熟视无睹。

能否发现问题，这与个体的活动积极性、已有的知识经验等有关。个体的好奇心、求知欲望越强，活动的积极性越高，则越能发现常人所发现不了的问题。个体的知识经验越丰富，视野也越开阔，这就更容易发现问题。比如，有经验的教师比无经验的教师更容易发现学生存在的问题。

(二)理解问题

理解问题就是把握问题的性质和关键信息,摒弃无关因素,并在头脑中形成有关问题的初步印象,即形成问题的表征。表征既是个体在头脑中对所面临的事件或情境的表现和记载,也是个体解决问题时所加工的对象。对问题的表征既包括问题的表面特征,也包括其深层特征,后者是解决问题的关键。在表征问题时,人们经常借助于外在的具体的形式,如画图表、路线图等,使表征更明确、直观。

认知心理学将理解问题看作是在头脑中形成问题空间的过程,问题空间是个体对一个问题所达到的全部认识状态,包括问题的起始状态、目标状态以及由前者过渡到后者的各中间状态和有关的操作。不同的人,构造的问题空间也可能不同;同一个人,在问题解决之前也可能改变或重构问题空间。个体的知识经验以及注意、记忆、思维等认知过程影响着问题空间的构造。

(三)提出假设

提出假设就是提出解决问题的可能途径与方案,选择恰当的解决问题的操作步骤。常用的方式主要有两种:算法式和启发式。算法式即把解决问题的所有可能的方案都列举出来,逐一尝试。此种方式虽然可以保证解决问题,但效率不高。启发式即依据经验或直觉选择解法。它可以迅速地解决问题,但不排除失败的可能。

能否有效地提出假设,受到个体思维的灵活性与已有的知识经验的影响。思维越灵活,越能多角度地分析问题。就能提出越多的合理假设;与问题解决相关的知识经验越丰富,就越有利于扩大假设的数量并提高其质量。

(四)检验假设

检验假设就是通过一定的方法来确定假设是否合乎实际、是否符合科学原理。检验假设的方法有两种:一是直接检验,即通过实践来检验,通过问题解决的结果来检验。如果假设在付诸实施之后获得了预期的结果,则假设就是正确的;否则,它就是不正确的。二是间接检验,即通过推论来淘汰错误的假设,保留并选择合理的、最佳的假设。当然,间接检验的结果是否正确,最终还要由直接检验来证明。

在解决较简单的问题时,上述几个阶段可能并不明显,往往是比较简缩的,可能在理解问题的同时就提出了解决问题的假设。但在解决比较复杂的问题时,它们是明显存在的,并可能出现多次的反复循环。

三、影响问题解决的主要因素

1.问题的特征

个体解决有关问题时，常常受到问题的类型、呈现的方式等因素的影响。教师课堂中各种形式的提问、各种类型的课堂和课后练习、习题或作业等，都是学校情境中常见的问题形式。不同的呈现问题的方式将影响个体对问题的理解。问题情境就是指问题呈现的知觉方式。当问题呈现的知觉方式与人们已有的知识经验越接近，问题解决起来也就越容易；相反，如果问题呈现的知觉方式与人们已有的知识经验相差很远，问题解决起来就越困难。具体看这样一个问题："已知一个圆的半径是 3 厘米，问与圆形外切的正方形的面积是多少？"这个问题的知觉呈现方式有两种，具体如图 9－2 所示。

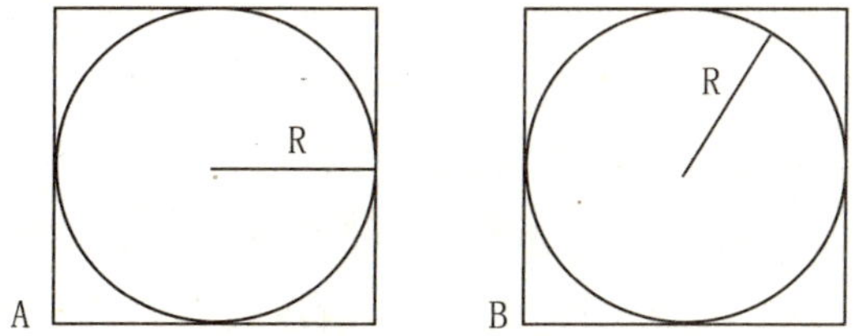

图 9－2　问题情境对解决问题的影响(图 9－2A 和图 9－2B)

实际教学与研究发现，学生解决抽象而不带具体情节的问题时比较容易，解决具体而接近实际的问题时比较困难。解决不需通过实际操作的"文字题"时比较容易，解决需要实际操作的"实际题"时比较困难。此外，由于问题的陈述方式或所给图示的不同，也会直接影响问题解决的过程。比如，有些陈述或图示直接提供了问题解决的线索，便于寻找解决问题的方法、方向，而有些则包含某些多余的信息，或者问题解决所需的部分条件被隐含起来，这就增加了问题解决的难度，需要个体能够发现、分离出解决问题所需的必要条件，撇开表面现象，抓住问题的本质特征。

2.已有的知识经验

已有经验的质与量都影响着问题解决。与问题解决有关的经验越多，解决该问题的可能性也就越大。研究发现，优生头脑中贮存的知识经验显著地多于差生。可以说，拥有某一领域的丰富的知识经验是有效地解决问题的基础。但若大量的知识经验是以杂乱无章的方式贮存于头脑中的，则对于有效的问题解决毫无帮助。

显然，知识经验在头脑中的贮存方式决定了问题能否有效地解决。

对专家与新手的对比研究发现，专家不仅拥有某一领域的大量的知识经验，而且这些知识经验在头脑中的组织是非常合理的，并且在需要的时候可以快速地提取，并加以应用。专家不仅拥有丰富、组织合理的陈述性知识，而且也拥有解决问题所必需的、有效的心智技能和认知的策略。

在问题解决时所需要的知识经验，有两层含义。

其一，指一个人所拥有的知识经验的数量。在通常情况下，一个人所拥有的知识经验的数量越多，越有利于问题的解决。在大多数情况下，知识经验在数量上的多少，主要取决于一个人的年龄。年龄越小的人，其所拥有的知识经验就越少。所以年龄小的人比年龄大的人问题解决的能力差。

其二，指一个人所拥有的知识经验的质量，即在实践活动中积累起来的知识经验，也就是活的知识经验，即专家知识。瑞夫(E. Reif, 1979)通过对专家所具有的知识经验进行分析，发现专家的知识是按层次分门别类地组织起来的。当专家遇到新问题时，他能组织知识经验，很快找到问题的关键所在，从而快速地解决问题。这一点可以从齐(M. T. Chi)等人的一项研究结果得到支持。齐要求专家(物理学博士)和非专家对24个著名物理教科书上的问题进行分类。结果发现非专家常按问题的表面特点进行分类，而专家则按问题的内在结构进行分类。此外，瑞夫设想如果按专家的知识经验编写教材，不仅有利于学习，而且有利于问题解决。艾伦(B. Eylon)根据这一思想，做了这样一个研究。他给学生两种关于浮力的学习材料。第一种材料是来自于传统的物理教科书；第二种材料是来自于根据专家对浮力知识的分析，按层次分门别类地组织的。结果发现，在回忆成绩上，学习第二种材料的学生比学习第一种材料的学生提高40%；在问题解决方面的成绩上，学习第二种材料的学生比学习第一种材料的学生提高25%。

3.定式与功能固着

如前所述，定式是影响学习迁移的一个重要因素，而学校情境中的问题解决主要是通过迁移实现的，因此，定式也必然影响问题解决。功能固着也可以看作是一种定式，即从物体的正常功能的角度来考虑问题的定式。也就是说，当一个人熟悉了某种物体的常用或典型的功能时，就很难看出该物体所具有的其他潜在的功能。而且最初看到的功能越重要，就越难看出其他的功能。当在某种情形下需要利用某一物体的潜在功能来解决问题时，功能固着可能起到阻碍的作用。每个物体都具有人们常见的某种功能，例如，椅子是用来坐人的，粉笔是老师用来写字的，等等。时间久了，人们就倾向于将某种功能赋予某个物体。而在人们解决问题的过程中，常需要改变事物固有的功能以适应新的问题情境的需要，这是解决问题的关键。德国心理学家邓克尔（K. Dunker, 1945）所做的实验能充分说明，若不克服功能固着，问题解决起来就比较困难。

邓克尔呈现给被试的问题是："有三个小纸盒子，一个装火柴，一个装图钉，一个装小蜡烛。请把蜡烛点燃置于木屏风上。"参加实验的被试均为大学生。一般说来，这个问题并不难，只要先用图钉把小纸盒子钉在木屏风上作小台子，然后将蜡烛点燃，把它粘在小台子上就行了。但是，在实际的实验中，当把火柴、图钉和蜡烛分别装在各自的盒子里时，一些大学生感到束手无策。在此条件下解决此问题的成功率为61%。只有把火柴、蜡烛和图钉都从纸盒子里拿出来，把空盒子放在桌子上时，多数大学生才会想出上述办法来。在此条件下解决此问题的成功率上升到98%。为什么会这样呢？因为纸盒子里装了东西后，会给人暗示：这是容器，从而使大学生的思维固着在"纸盒子是容器"上，影响了其对问题的解决。

除了上述因素外，个体的智力水平、性格特征、情绪状态、认知风格和世界观等个性心理特性也制约着问题解决的方向和效果。

四、提高问题解决能力的教学

在学校情境中，大部分问题解决是通过解决各个学科中的具体问题来体现的，这也意味着结合具体的学科教学来培养解决问题的能力是必要的，也是可行的。具体可从以下几个方面着手。

（一）提高学生知识储备的数量与质量

1.帮助学生牢固地记忆知识

知识记忆得越牢固、越准确，提取得也就越快、越准确，成功地解决问题的可能性也就越大。教师应教给学生一些记忆和提取的方法，鼓励学生应用这些方法。

2.提供多种变式，促进知识的概括

只有深刻领会和理解的知识才能牢固地记忆和有效地应用，因此，教师要重视概括、抽象、归纳和总结。应用同质不同形的各种问题的变式来突出本质特征，加强对不同类型的问题的区分与辨别，提高学生对所学内容的理解水平。

3.重视知识间的联系，建立网络化结构

问题解决经常是综合应用各种知识的过程，知识之间的有机联系是保证正确地解决问题的基础。为此，教师要有意识地沟通课内外、不同学科、不同知识点之间的纵横交叉联系，使学生所获得的知识不只是一个孤立的点，而是能够融会贯通、有机配合的网络化、一体化的知识结构。

(二)教授与训练解决问题的方法与策略

1.结合具体学科,教授思维方法

有效的思维方法或心智技能可以引导学生进行正确的解决问题,教师既可以结合具体的学科内容,教授相应的心智技能,如审题技能,构思技能等,也可以根据已有的研究成果,开设专门的思维训练课。教授心智技能或策略的主要目的就是使学生学会学习、学会解决问题,成为一个自主的、自我调控的有效的学习者。

2.外化思路,进行显性教学

教师在教授思维方法时,应遵循由内而外的方式,即把教师头脑中的思维方法或思路提炼出来,明确地、有意识地外化出来,给学生示范,并要求学生模仿、概括和总结,这在一定程度上可以避免学生不必要的盲目摸索。学生通过这种学习,可以逐步掌握各种思维方法,将教师的经验转化为自己的经验,充实或完善自己的内部认知结构,这是一个由外而内的内化过程。

(三)提供多种练习的机会

应避免低水平的、简单的提问或重复的机械练习,防止学生埋没于题海之中,应考虑练习的质量,根据不同的教学目的、教学内容、教学时段等来精选、设计例题与习题,充分考虑练什么、什么时候练、练到什么程度、以什么方式练、如何检验练的效果等。比如既要训练学生解决有结构的问题,又要训练他们面对无结构问题存在的事实,既要有直接利用领会的知识进行解答的基本问题,又要有灵活、综合利用有关知识进行解答的较复杂的问题;既要有一般的语言文字问题,又要有一定数量的动手操作的问题;既要有促进学生理解所学知识的基本问题,又要有适当的结合现实的实际问题,既可以要求学生去解决、回答有关的问题,又可以要求学生自己去提问题、编问题。多种形式的练习,可以调动学生主动参与学习的积极性,提高学生知识应用的变通性、灵活性与广泛性。

(四)培养思考问题的习惯

1.鼓励学生主动发现问题

鼓励学生对平常事物多观察,不要被动地等待教师指定作业后,才去套用公式或定理去解决问题。

2.鼓励学生多角度提出假设

在明确问题的基础上,教师可以鼓励学生从不同的角度,尽可能多地提出各种假设,而不要对这些想法进行过多的评判,以免过早地局限于某一解决问题的方案中。这时,重要的是数量,而不是质量。

3.鼓励自我评价与反思

要求学生自己反复推敲、分析各种假设、各种方法的优劣，对解决问题的整个过程进行监控与评价。也就是说，应注重培养学生的元认知能力，以有效地调控问题解决的过程。

第二节　创造性及其培养

一、创造性及其特征

(一)创造性的含义

尽管对创造性有不同的定义，但一般认为，创造性是指个体产生新奇独特的、有社会价值的产品的能力或特性。新奇独特意味着能别出心裁地做出前人未曾做过的事。凡是科学发明，文艺创作中足以为世人称颂者，都符合新奇的条件。但只是超越前人所做而无价值，也不足以称为真正创造，有社会价值意味着创造的结果或产品具有实用价值或学术价值，或道德价值，或审美价值等。

创造有真正的创造和类似的创造之分，前者是一种产生了具有人类历史首创性成品的活动，如鲁班发明锯子。后者产生的成品并非首创，只对个体而言具有独创性。如高斯少年时做数字 1～100 的连加，自己发现了一种简便的方法，即首尾相加，将连加变为乘法。虽然这种方法不是高斯首创，但对他个人而言，也是具有创造意义的。无论是真正的创造还是类似的创造，它们所表现出来的思维或认知能力在本质上是相同的。可以说，创造性不是少数人的天赋，而是人类普遍存在的一种潜能。在中学生身上，也同样存在着创造的潜能。

(二)创造性的基本特征

尽管各种不同的研究及其相关测验分别强调创造性的不同特征，但目前较公认的是以发散思维的基本特征来代表创造性。发散思维也叫求异思维，是沿不同的方向去探求多种答案的思维形式。与发散思维相对，聚合思维是将各种信息聚合起来，得出一个正确答案或最好的解决方案的思维形式。研究者认为，发散思维是创造性思维的核心，其主要特征有三个。

1.流畅性

个人面对问题情境时，在规定的时间内产生不同观念的数量的多少。该特征代表心智灵活，思路通达。对同一问题所想到的可能答案越多，即表示他的流畅性越高。

2.变通性

即灵活性，指个人面对问题情境时，不墨守成规，不钻牛角尖，能随机应变，触类旁通。对同一问题所想出不同类型答案越多者，变通性越高。

3.独创性

个人面对问题情境时，能独具慧心，想出不同寻常的、超越自己也超越同辈的意见，具有新奇性。对同一问题所提意见愈新奇独特者，其独创性越高。

二、影响创造性的因素

(一)环境

家庭与学校的教育环境是影响个体创造性的重要因素。父母的受教育程度、管教方式以及家庭气氛等都在不同程度上影响孩子的创造性。研究发现，父母受教育程度较高者、对子女的要求不过分严格者、对子女的教育采取适当辅导策略者、家庭气氛比较民主，则有利于孩子的创造性的培养。

在学校教育方面，如果学校气氛较为民主，教师不以权威方式管理学生；教师鼓励学生的自主性，容许学生表达不同意见；学习活动有较多自由，教师容许学生在自行探索中去发现知识，那么，这种教育有利于创造性的培养。

(二)智力

研究表明，创造性与智力的关系并非简单的线性关系，二者既有独立性，又在某种条件下具有相关性，其基本关系表现在以下几个方面。

1.低智商不可能具有创造性。

2.高智商可能有高创造性，也可能有低创造性。

3.低创造性的智商水平可能高，也可能低。

4.高创造性者必须有高于一般水平的智商。

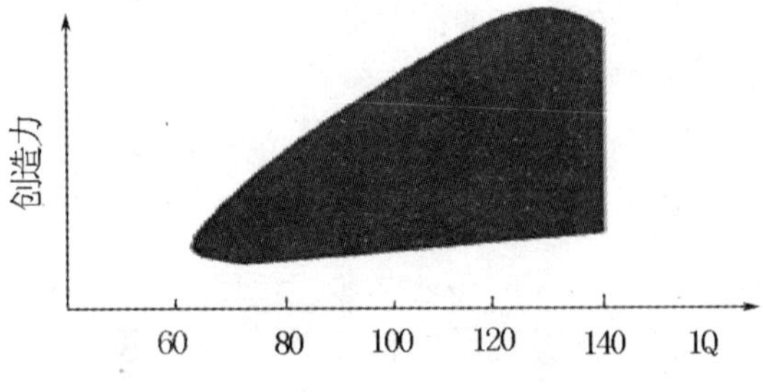

上述关系表明，高智商虽非高创造性的充分条件，但可以说是高创造性的必要条件。

（三）个性

一般而言，创造性与个性二者之间具有互为因果的关系。综合有关研究，高创造性者一般具有以下一些个性特征。

1.具有幽默感

即使面对较困难或严肃的问题情境时，也能表现出较多的幽默。

2.有抱负和强烈的动机

对工作有热忱，有决心，即使遇到困难或面对单调乏味的工作情境，他们也能坚持，并自得其乐。

3.能够容忍模糊与错误

承认矛盾，对无结构的问题或错综复杂的问题、对那些违反"常识"的假设和观念都能够坦然接受，反对以武断、虚假、简化等草率的方式处理复杂或矛盾的问题。具有较高的挫折忍受力，愿意付出无报酬的代价，去从事无法预期的工作。

4.喜欢幻想

在日常生活中比一般人有更多的梦想，但能够自由地往返于现实与幻想之间。

5.具有强烈的好奇心

不断地提出问题，有浓厚的认识兴趣，喜欢猎奇，喜欢尝试新奇的方法来探究问题，不怕失败。

6.具有独立性

他们常常不迷信权威，不随大流，不落俗套，好表现，很少考虑自己在他人心目中的印象。

三、创造性的培养

（一）创设有利于创造性产生的适宜环境

1.创设宽松的心理环境

教师应给学生创造一个能支持或容忍标新立异者或偏离常规思维者的环境，让学生感受到"心理安全"和"心理自由"，即给学生创造较为宽松的学习的心理环境。只有这样，才能够真正激发学生学习的积极性和主动性，促进学生的认知功能和情感功能的充分发挥，以提高学生的创造性。

2.给学生留有充分选择的余地

在可能的条件下，应给学生一定的权力和机会，让有创造性的学生有时间、有机会干自己想干的事，为创造性行为的产生提供机会，比如，可以提供条件使学生有机会选择不同的课程来学习，给学生呈现应用创造性思维才能解决的问题等。

3.改革考试制度与考试内容

应使考试真正成为选拔有能力、有创造性人才的有效工具，在考试的形式、内容等方面都应考虑如何测评创造性的问题。比如，在学业测试中，可以增列少部分无固定答案的问题，让学生有机会发挥其创造性。评估学生的考试成绩时，也应考虑其创造性的高低。

(二)注重创造性个性的塑造

由于创造性与个性之间具有互为因果的关系，因此，从个性入手来培养创造性，这也是促进创造性产生的一条有效途径。根据研究者提出的各种建议，可概括如下。

1.保护好奇心

应接纳学生任何奇特的问题，并赞许其好奇求知。好奇是创造活动的源动力，可以引发个体进行各种探索活动，应给予鼓励和赞赏，不应忽视或讥讽。

2.解除个体对答错问题的恐惧心理

对学生所提问题，无论是否合理，均以肯定态度接纳他所提出的问题。对出现的错误不应全盘否定，更不应指责，应鼓励学生正视并反思错误，引导学生尝试新的探索，而不循规蹈矩。

3.鼓励独立性和创新精神

应重视学生与众不同的见解、观点，并尽量采取多种形式支持学生以不同的方式来理解事物。对平常的问题的处理能提出超常见解者，教师应给予鼓励。

4.重视非逻辑思维能力

非逻辑思维是创造性思维的重要成分，在各种创造活动中都起着重要作用，贯穿整个创造活动的始终。教师应鼓励学生大胆猜测，进行丰富的想象，不必拘泥于常规的答案。给学生机会进行猜测，并尽量让他们有猜测的成功体验。在丰富学生的想象力方面，可以应用实物、图片、多媒体辅助教学手段，或者组织参观访问、开辟丰富多彩的课外活动等，使学生头脑中的表象更为鲜明、完整。

5.给学生提供具有创造性的榜样

通过给学生介绍或引导阅读文学家、艺术家或科学家传记，或带领其参观各类创造性展览、与有创造性的人直接交流等，使学生领略到创造者对人类的贡献，受到创造者优良品质的潜移默化的影响，从而启发他们见贤思齐的心理需求。

（三）开设培养创造性的课程，教授创造性思维策略

通过各种专门的课程来教授一些创造性思维的策略与方法，训练学生的创造力。常用的方法有以下几种。

1.发散思维训练

训练发散思维的方法有多种，如用途扩散、结构扩散、方法扩散与形态扩散等。用途扩散即让学生以某件物品的用途为扩散点，尽可能多地设想它的用途。比如，尽可能多地说出别针的用途。结构扩散即以某种事物的结构为扩散点，设想出利用该结构的各种可能性。比如，尽可能多地画出包含△结构的东西，并写出或说出它们的名字。方法扩散即以解决某一问题或制造某种物品的方法为扩散点，设想出利用该种方法的各种可能性。比如，尽可能多地列举出用“吹”的方法可以完成的事情。形态扩散即以事物的形态（如颜色、味道、形状等）为扩散点，设想出利用某种形态的各种可能性。比如，利用红色可以做什么，办什么事。

2.推测与假设训练

这类训练的主要目的是发展学生的想象力和对事物的敏感性，并促使学生深入思考，灵活应对。比如，让学生听一段无结局的故事，鼓励他们去猜测可能的结局，或读文章的标题，去猜测文中的具体内容。还可以让学生进行各种假设、想象，比如，假设你当校长，你如何管理这个学校等。

3.自我设计训练

教师考虑到学生的兴趣及其知识经验，给他们提供某些必要的材料与工具，让学生利用这些材料，实际动手去制作某种物品，如贺卡、图画、各种小模型等。学生通过实际的操作活动，完成自己的设计。此项训练通常需要教师协助学生确定所设计的课题，并提供各种形式的帮助。

4.头脑风暴训练

通过集体讨论，使思维相互撞击，迸发火花，达到集思广益的效果。具体应用此方法时，应遵循四条基本原则：一是让参与者畅所欲言，对所提出的方案暂不作评价或判断；二是鼓励标新立异、与众不同的观点；三是以获得方案的数量而非质量为目的，即鼓励多种想法，多多益善；四是鼓励提出改进意见或补充意见。

可以先由教师提出问题，然后鼓励每个学生从自己的角度提出解决问题的方法，通过集体讨论，可以拓宽思路，产生互动，激发灵感，进而提高创造性。

上述所列方法彼此之间有一定的交叉或重叠，教师可根据实际情况选择恰当的训练方式。培养创造性的方法是多种多样的，但并不存在捷径或“点金术”。创造性的产生是知识、技能、策略、动机等多方面综合发展的结果。虽然各种直接的、

专门的创造性训练是有效、可行的，但不应取代或脱离课堂教学。许多研究证明，结合各个学科特点进行创造性思维训练，既可以发挥教师的创造性，也可以有效地提高学生的创造力。排斥或脱离学科而孤立地训练创造力，这实际上是舍本逐末的做法，也不可能真正提高学生的创造性。

本章知识结构：

- 问题解决与创造性
  - 问题解决概述
    - 问题解决的含义
    - 问题解决的过程
    - 影响问题解决的因素
    - 提高问题解决能力的教学
  - 创造性及其培养
    - 创造性及其特征
    - 影响创造性的因素
    - 创造性的培养

实践活动：

利用头脑风暴法就某个专题进行一次教学实践活动，体会创造性思维的过程。

思考与练习：

1.影响问题解决的主观因素有哪些？
2.简述问题解决的基本特征。
3.运用头脑风暴法训练学生的思维所应遵循的原则有哪些？
4.简述影响创造性思维的因素。
5.简述培养学生思考问题习惯的策略。
6.简述智力与创造性的关系。
7.如何培养学生的创造性人格？
8.促进学生问题解决的教学策略有哪些？

第十章　态度与品德的形成

引子：现代教育不仅注意促进学生认知的发展，即教给学生知识与技能、发展学生的智力，而且注重培养学生的情感、意志、态度、品德等。究竟什么是态度、品德？态度和品德发展的内在规律是什么？影响态度与品德形成的基本条件？选用什么有效方法来促进态度与品德的形成等？本章的学习就是帮助我们学会如何形成积极的态度和良好的道德品质。

学习目标：

1.识记态度与品德的实质及结构。

2.理解皮亚杰与柯尔伯格的道德发展阶段理论，中学生品德发展的基本特征，态度与品德形成的基本过程。

3.结合实例说明影响态度与品德形成的基本条件；能根据实际情况选择和应用有效方法来促进态度与品德的形成。

第一节　态度与品德的实质及其关系

一、态度的实质与结构

(一)态度的实质

一般认为态度是通过学习而形成的、影响个人的行为选择的内部准备状态或反应的倾向性。对于该定义，可以从下面几个方面来理解。

第一，态度是一种内部准备状态，而不是实际反应本身。态度经常表现为趋避、喜恶等，这些倾向性可以影响某些行为的出现，但又不是一一对应的。例如，某教师虽然对调皮的学生有排斥、回避的倾向，但并不一定转化为外在的行为。

第二,态度不同于能力,虽然二者都是内部倾向。能力决定个体能否顺利完成某些任务,而态度则决定个体是否愿意完成某些任务,即决定行为的选择。例如,爱护公物的行为不是由能力决定的,而是由态度决定的。

第三,态度是通过学习而形成的,不是天生的。无论是对人还是对事,各种态度都是通过个体与环境相互作用而形成、改变的。

(二)态度的结构

态度结构比能力结构更为复杂,因为前者除包含认知成分之外,还包含情感成分和行为成分。

1.态度的认知成分

指个体对态度对象所具有的带有评价意义的观念和信念。对于某一对象而言,不同个体的态度中所含的认知成分是不同的,某些人的态度主要基于理智方面的慎重考虑,而某些人的态度可能主要由于情感冲动;有些态度可能基于正确的观念和信念,而有些态度可能基于错误的观念和信念。

2.态度的情感成分

指伴随态度的认知成分而产生的情绪或情感体验,是态度的核心成分。研究表明,态度发生变化时,情感也会发生相应的改变。但不同态度的情感成分不尽相同,有的态度理智成分较多,有的态度却是非理智的、情绪化的。

3.态度的行为成分

指准备对某对象做出某种反应的意向或意图。

一般情况下,态度的上述三种成分是一致的,但有时也可能不一致,比如,行为成分与认知成分相分离,外在的行为不一定是内在真实态度的体现,或者口头表达的态度常常不能付诸行动,即知行脱节。

二、品德的实质与结构

(一)品德的实质

品德是道德品质的简称,是社会道德在个人身上的体现,是个体依据一定的社会道德行为规范行动时表现出来的比较稳定的心理特征和倾向。在理解这一定义时,应把握下面几点。

首先,品德反映了人的社会特性,是将外在于个体的社会规范的要求转化为个体内在需要的复杂过程。它不是个体的先天禀赋,是通过后天学习形成的。

其次,品德具有相对的稳定性,若只是此一时、彼一时地偶然表现,则不能称之为品德,只有经常地表现出一贯的规范行为,才标志着品德的形成。

再次，品德是在道德观念的控制下，进行某种活动、参与某件事情或完成某个任务的自觉行为，也就是说，是认识与行为的统一。如果没有形成道德观念或道德认识，即使个体的行为符合社会规范，也不能说是有品德的。反之亦然。比如，精神病患者的行为尽管可能不符合社会规范，但也不能说是不道德的。

（二）品德的心理结构

研究品德的心理结构，有助于人们了解品德的心理实质，为有效地进行品德教育与培养提供科学依据。品德的心理结构非常复杂，它是由多种心理因素交互作用的综合结果，是多层次、多水平的有机统一体。

1.品德的心理成分

迄今为止，人们在对品德心理成分的划分上意见并不一致。影响较大的是"四因素论"，它将品德分为道德认识、道德情感、道德意志和道德行为四个成分。我国近年来出版的教育心理学著作大部分都持这种观点。

（1）道德认识。道德认识是人们对社会道德现象、道德规范及其履行意义的认识，也就是对客观存在的道德关系及处理这些关系的原则、规范的认识。如学生对爱祖国、爱人民、爱劳动、爱公物和爱社会主义的重要意义，都有了较好的了解和理解，就表明他们的道德认识达到了一定的水平。道德认识包括道德观念（即道德表象）、道德概念、道德信念、道德评价等方面。其中，道德概念的掌握、道德信念的形成和道德评价能力的发展是衡量青少年学生道德认识形成和发展的主要标志。

（2）道德情感。道德情感是伴随着道德认识而产生的。这种情感既反映了人们的道德需要，又表现出人们对客观现实是否符合自己的道德需要而产生的一种态度体验。一般来说，在现实生活中的各种事件或是他人、本人的行为，凡是符合自己的道德认识或自己所维护的道德观念时，就会产生积极的情绪体验，否则就会产生消极的情绪体验。例如，我们对英雄模范人物产生敬佩之情，对损人利己的人产生厌恶情感，对自己的舍己为人的行为感到欣慰，对自己的过失言行感到羞愧等等。可见，道德情感是一种自我意志监督的力量，它能使人悔过自新，保持良好的行为。

（3）道德意志。道德意志是人们自觉地确定道德行为目的，支配自己的道德行为，克服各种困难，以实现既定目的的心理过程。它体现在实现道德目标过程中的支持与控制行为的力量，像有的学生长年帮助走路困难的同学上学就是意志支持的结果。

道德意志还能使人抵御现实中的各种诱惑，不以外界环境为转移，始终坚持道德行为。道德意志的作用就在于发动与既定目的相符的行动，制止与既定目的相悖的行动。道德意志的过程一般经历下决心、树信心、立恒心三个阶段。

(4)道德行为。道德行为是指一个人遵照道德规范所采取的言论和行动。它是品德的外显成分,是实现道德动机达到道德目的的手段。道德行为包括道德行为技能和道德行为习惯,他们与一般的技能、习惯并无本质的区别,只是在完成一定的道德任务时,他们便具有了道德的性质。道德技能的掌握有助于实现道德目的,它将指导道德行为做出对他人和社会具有道德意义的事情。道德意志调节和控制着人的道德行为,使其贯彻始终,经过多次反复和实践,便形成道德行为习惯。道德行为习惯的形成则是品德形成的客观标志。例如,一个人做点好事并不难,难的是一辈子做好事。因此,只有学生具有良好的道德行为及其习惯,才能使学校的品德教育具有社会价值。

2.品德心理成分的交互作用

在品德结构中,品德的四种心理成分是处在一个互动的、开放的统一体中。它们的发展虽然是有阶段性的,但严格地说,它们是不能单独地割裂开来的,而是互为前提、相互制约和相互促进的。

道德认识是品德心理结构的思想基础,是道德情感产生的依据。道德情感是伴随着认识而产生的一种内心体验。在一定的情境下,道德情感的激发又会促进道德认识水平的提高。道德认识和道德情感的深化和交融的结果就产生了道德动机。道德动机是内部动力,推动个人产生道德行为,它驱动人以道德意志来实行道德行为。道德意志是通过一系列具体的行动表现出来的,道德意志只有支配道德行为的实现才具有其意义。

道德行为是道德认识、情感和意志的具体表现和外部标志。道德行为习惯是在道德知、情、意的基础上通过一定的练习、训练掌握行动技能与养成习惯的途径中形成起来的。道德行为的一个客观特征是其行为后果的直接现实性,亦即道德行为的结果是客观的。因此,道德行为是品德一个循环中的终末环节,也是更高循环中的依据和基础。道德行为既可使道德知、情、意得到检验,又可以加深和提高道德认识,增强道德情感,锻炼道德意志。

三、态度与品德的关系

通过对态度和品德的实质与结构的分析可以发现,二者实质是相同的。品德也是一种习得的影响个人行为选择的内部状态,而态度也是依据一定的道德行为规范行动时所表现出来的比较稳定的心理特征。二者的结构是一致的,都是由认知、情感和行为三个方面构成。但是,态度和品德这两个概念也有区别。

第一，二者所涉及的范围不同。态度涉及的范围较大，包括对社会、对集体的态度，对劳动、对生活、对学习的态度，对他人、对自己的态度等。其中有些涉及社会道德规范，有些则不涉及，只有涉及道德规范的那部分稳定的态度才能称为品德。比如，我们经常说某学生学习态度不端正，但这并不等于他的品德不良。

第二，价值的内化程度不同。克拉斯沃尔和布卢姆等在其教育目标分类学中提出，因价值内化水平不同，态度也发生多种程度的变化。从态度的最低水平开始，依次是"接受"，即注意，如学生愿意听各种先进人物的事迹报告；"反应"，即愿意并实际参加某项向先进人物学习的活动；"评价"，即按价值准则行动后获得满意感或愉快感，赋予自己的行为以某种价值；"组织"，即价值标准的组织，判断各种不同价值标准间的联系，克服其间的矛盾和冲突；"性格化"，即将各种价值观念组织在一个内在和谐的系统之内，使之成为个人的性格的一部分。上述价值内化的各级水平实际上也就是态度变化的水平，但只有价值观念经过组织且已成为个人性格的一部分时的稳定态度才能被称之为品德。

总之，态度和品德有一定的区别，但又有着密切的联系。二者属于同质的问题，所以不对二者作严格区分。

第二节　中学生品德发展的基本特征

了解中学生态度与品德发展的基本特征，这是进行道德教育和培养良好态度的依据与出发点。不同的研究者从不同的侧面来揭示个体态度与品德的形成、发展的基本规律，提出了各种理论。

一、品德发展的阶段理论

在品德发展研究中，皮亚杰、柯尔伯格等人有关品德发展的理论是最具代表性的两种理论。

（一）皮亚杰的品德发展阶段论

皮亚杰在研究儿童品德发展方面做出了突出贡献。他关于儿童道德判断问题的研究，为儿童道德发展研究提供了一个理论框架和一套研究方法，初步奠定了品德心理研究的科学基础。

皮亚杰认为，一个人道德上的成熟，主要表现在尊重准则和社会公正感这两个方面。一个有道德的人应该是能按社会规定的准则公平地、公道地对待别人的人。他认为，发展心理学应着重研究儿童道德发展的过程。他和他的合作者研究了儿童对规则的态度和对行为责任的道德判断，也研究了儿童公正观念以及对成人惩罚的公正性的判断。从这些方面的实证研究中，他揭示了儿童道德判断的发展进程，把儿童的道德判断区分为他律和自律两种水平，并得出了一些规律性的结论。在皮亚杰的研究中，贯穿着几个基本观点：①从单纯的规则到真正意义的准则；②从客观责任到主观责任；③从服从的公正到公平和公道的公正；④从抵罪性惩罚到报应性惩罚；⑤从他律到自律。皮亚杰在 1930 年出版的《儿童的道德判断》等著作中，把儿童的道德发展划分为四个阶段。

1.自我中心阶段(2～5 岁)

在自我中心阶段，规则对儿童来说还没有约束力，没有把规则看成是应该遵守的。儿童按照想象去执行规则，把外在环境看作是自我的延伸，还没有把主体与客体分离，不能将自己与周围环境区别。他们的游戏活动只是个人独立活动的任意行为，与成人、同伴之间还没有形成合作关系。

2.权威阶段(6～7、8 岁)，又称他律阶段

儿童的道德判断受外部的价值标准所支配和制约。他们对外在权威表现出绝对尊敬和顺从的愿望，表现之一是绝对遵从父母、权威者或年龄较大的人，认为服从权威就是好孩子；否则就是错误的，是坏孩子。另外一个表现是对规则本身的尊敬和顺从，即把成人规定的准则，看成是固定不变的。这个阶段的儿童对行为的判断是根据客观的效果，而不考虑主观动机。

3.可逆性阶段(8～10 岁)，又称自律阶段

儿童的思维发展进入具体运算阶段，突出的特点就是具有守恒性和可逆性。他们达到了基于遵从的新的道德关系，从而导致一定程度的自律。此时儿童已不把规则看成一成不变的东西，而是同伴间共同约定的，并且可以修改。这个阶段的儿童开始意识到同伴间的一种社会关系，即意识到应当相互尊重共同约定的规定，规则对儿童来说具有一种保证相互行动、相互取予的可逆特性，这标志着儿童道德认识的形成。

4.公正阶段(10～12 岁)

10 岁左右的儿童的公正观念或正义感是在可逆性的自律阶段上发展起来的。它是互敬互惠的产物。儿童的公正感往往是从抛弃父母的意见而获得的，因此儿童与成人的关系，从权威性过渡到了平等性。在这一阶段，儿童的道德观念倾向于主持公道、平等，儿童体验到公正和平等应当符合各个人的特殊情况，公正感成为情感领域的核心、规范。皮亚杰认为，从可逆性关系转变到公正关系的主要原因是利他主义因素。

(二)柯尔伯格的道德发展阶段论

美国发展心理学家柯尔伯格(L.Kohlberg,1927～1987)是皮亚杰道德认识发展理论的追随者,并在此基础上,进一步对它作了修改、提炼和扩充,依据不同年龄儿童进行道德判断的思维结构提出了自己的一套儿童道德认识发展的阶段模式。柯尔伯格与皮亚杰一样,承认道德发展有一个固定的、不变的发展顺序,都是从特殊到一般,从自我中心和关心直接的事物到基于一般原则去关心他人的利益;都肯定道德判断要以一般的认识发展为基础;都强调社会相互作用在道德发展中的作用。他们所不同的首先是在研究方法上。皮亚杰用编成对偶的故事与儿童谈话来研究儿童道德认识的发展,柯尔伯格则采用 9 个道德价值上互有冲突的两难故事,让儿童和青少年在两难推论中做出是非、善恶的判断并说明理由。比如,“海因兹偷药”的故事:

“欧洲有个妇女患了癌症,生命垂危。医生认为只有一种药才能救她,它是本城一个药剂师最近发明的镭化剂。制造这种药要花很多钱,药剂师索价还要高过成本 10 倍。他花了 200 元制造镭化剂,而这点药他竟索价 2000 元。病妇的丈夫海因兹到处向熟人借钱,总共才借到 1000 元,只够药费的一半。海因兹不得已,只好告诉药剂师,他的妻子快要死了,请求药剂师便宜一点卖给他,或者允许他赊欠。但药剂师说:‘不成!我发明此药就是为了赚钱。’海因兹走投无路在夜晚竟撬开药店的门,为妻子偷来了药。”讲完这个故事,主试就向被试提出了一系列的问题:这个丈夫应该这样做吗?为什么说应该?为什么说不应该?法官该不该判他的刑?为什么?等等。

柯尔伯格对被试的陈述进行了仔细的研究,分出 30 个不同的道德观念维度,比如是非观念、权利义务观念、责任观念、赏罚观念、道德动机与行为后果等。根据不同年龄的儿童和青少年所做出的反应,柯尔伯格把儿童道德发展划分为三个水平六个阶段(表 10—1):

1.前习俗水平

这一水平的道德观念纯然是外在的或称前道德水平。儿童为了免受处罚或获得个人奖赏而顺从权威人物规定的准则。它包括两阶段:

第一阶段:惩罚和服从取向

这阶段的儿童根据行为的后果来判断行为是好是坏及严重程度。他们服从权威或规则只是为了避免处罚。认为受赞扬的行为就是好的,受惩罚的行为就是坏的。他们没有真正的准则概念。属于这一阶段的儿童认为海因兹偷药是坏的,因为“偷药会坐牢”。即使有一些儿童支持海因兹偷药,推理性质也是同样的。如有的说:“他可以偷药,因为他不去偷药会受到小舅子的打骂。”

第二阶段:朴素的享乐主义或工具性取向

这阶段的儿童为了获得奖赏或满足个人需要而遵从准则,偶尔也包括满足他人需要的行动,他们认为如果行为者最终得益,那么为别人效劳就是对的。人际关系被看作是交易场中的低级相互对等的关系。儿童不再把规则看成是绝对的、固定不变的东西。他们能部分地根据行为者的意向来判断过错行为的严重程度。有的孩子认为:“海因兹妻子常为他做饭、洗衣服,因此海因兹去偷药是对的。”也有的认为:“偷药是不对的。因为做生意是正当的,这样药剂师就赚不到钱了。”

柯尔伯格认为大多数 9 岁以下的儿童和许多青少年犯罪,在道德认识上都属于第一级水平。

2.习俗水平

这一水平的儿童为了得到赞赏和表扬或维护社会秩序而服从父母、同伴、社会集体所确立的准则,或称因循水平。他们都能顺从现有的社会秩序,而且有维持这种秩序的内在欲望;规则已被内化,自己感到是正确的。因此,行为价值是根据遵守那些维护社会秩序的规则所达到的程度。

第三阶段:好孩子取向

这一阶段的儿童尊重大多数人的意见和惯常的角色行为,避免非议以赢得赞赏,重视顺从和做好孩子。儿童心目中的道德行为就是取决于人的,有助于人的或为别人所赞赏的行为。他们希望保持人与人之间良好的、和谐的关系,希望被人看作是好人,要求自己不辜负父母、教师、朋友的期望,保持相互尊重、信任。这时儿童已能根据行为的动机和感情来评价行为。这个阶段的少年在读到海因兹偷药的故事时,有的说“偷药不对,好孩子是不偷的”,或强调“海因兹爱他的妻子,因为已经走投无路才去偷的,这是可原谅的”。

第四阶段:权威和社会秩序取向

这个阶段的儿童注意的中心是维护社会秩序,认为每个人应当承担社会的义务和职责。判断某一行为的好坏,要看他是否符合维护社会秩序的准则。这个阶段的青少年在回答海因兹的问题时,一方面很同情他,但同时又认为他不应触犯法律,必须偿还药剂师的钱并去坐牢。他们认为如果人人都去违法,那社会就会混乱一片了。另有一些人认为,药剂师见死不救是不应该的,他应受到法律的制裁。

柯尔伯格认为大多数青少年和成人的道德推理属这级水平。

3.后习俗水平

这一水平的特点是道德行为由共同承担的社会责任和普遍的道德准则支配,

道德标准已被内化为他们自己内部的道德命令了，也称原则水平。

第五阶段：社会契约取向

这一阶段的道德推理具有灵活性。他们认为法律是为了使人们能和睦相处，如果法律不符合人们的需要，可以通过共同协商和民主的程序加以改变，认为反映大多数人意愿或最大社会福利的行为就是道德行为。那些按民主程序产生的、公正无私的准则是可接受的，强加于人或者损害大多数人权益的法律是不公正的，应给予拒绝。这一阶段的青少年回答海因兹的问题时，主张“应该”去偷药的人说：“当然，破窗而入店内的行为，法律是不允许的，但任何人在这种情况下去偷药又是可以理解的。”认为“不应该”的人说“我知道不合法地去偷药是可以理解的，但是目的正当并不能证明手段的无伤。你不能说海因兹去偷药是完全错误的，但在这种处境下也不能说他这种行为是对的”。海因兹偷药是一件不道德的事，但他的意图是善良的。

第六阶段：良心或原则取向

他们认为应运用适合各种情况的抽象的道德准则和普遍的公正原则作为道德判断的根据。背离了一个人自选的道德标准或原则就会产生内疚或自我谴责感。在对海因兹事件的反应中，认为“应该”去偷药的人的理由是，当一个人在服从法律与拯救生命之间必须做出选择时，保全生命较之偷药就是更正确的更高的原则。主张“不应该”的人则认为，癌症患者很多药物有限、不足以满足所有需要它的人；应该是所有的人都认为是“对”的才是正确的行为。海因兹不应从情感或法律出发去行动，而应按照一个理念上公正的人在这一情况下该做的去做。

柯尔伯格认为只有少数人在 20 岁后能达到第三级水平。

柯尔伯格确定了儿童道德发展的三个水平、六个阶段。每一阶段的划分不仅考虑到儿童是选择服从，还是选择需要，还要看儿童对这种选择的说明和公正性。柯尔伯格认为，道德发展的顺序是固定的，可是并不是所有的人都在同样的年龄达到同样的发展水平，事实上有许多人永远无法达到道德判断的最高水平。

表 10—1 柯尔伯格关于道德判断的三水平六阶段

三个水平	六个阶段	对偷药故事的可能反应
一、前习俗水平 根据行为的具体结果及其与自身的利害关系判断好坏是非，认为道德的价值不是取决于人或准则，而是取决于外在的要求	第一阶段：惩罚服从取向阶段 衡量是非的标准是由惩罚决定的，认为只要受到惩罚，不管其理由是什么，那一定是错的。对成人或准则采取服从的态度，缺乏是非善恶的观念，判断好坏只注意行为的结果，而不注意动机 第二阶段：相对功利取向阶段 是一种朴素的利己主义，判定某一行为的好坏，主要看是否符合自己的要求和利益，具有较强的自我中心性，认为符合自己需要的行为就是正确的	赞成：可以偷药，因为先提出请求 反对：偷药将会受到惩罚 赞成：他妻子需要这种药，他要和他的妻子共同生活 反对：他可能入狱，妻子也许在他出狱前死去。偷药对他没有好处
二、习俗水平 着眼于社会的希望和要求，从社会成员的角度思考道德问题，开始意识到个体的行为必须符合社会的准则，能够了解和认识社会规范，并遵守和执行社会规范	第三阶段：寻求认可取向阶段 认为凡是社会大众认可的，就是对的，反之是错的。顺从传统的要求，谋求他人的赞赏。判断行为的好坏主要依据动机：认为有利他动机的就是好的，有利己动机的就是坏的。此阶段的儿童主要是考虑社会或成人对"好孩子"的期望与要求，并力求达到这一标准 第四阶段：遵守法规取向阶段 服从权威，遵守公共秩序，接受社会习俗，尊重法律权威，有责任感和义务感。认为只要行为违反了规则，并给他人带来伤害，不论何种动机，都是不道德的。相反，凡是维护权威和社会准则的行为，就是好的、正确的	赞成：只不过做了丈夫应该做的事 反对：偷药将给家庭带来麻烦，丧失名誉 赞成：如果不这么做，就要为妻子的死负责 反对：要救妻子的命是合情合理的，但偷东西是犯法的

续表

三个水平	六个阶段	对偷药故事的可能反应
三、后习俗水平 以普遍的道德原则作为自己行为的基本准则,能从人类正义、良心、尊严等角度判断行为的对错,并不完全受外在的法律和权威的约束,而是力图寻求更恰当的社会规范	第五阶段:社会契约取向阶段 认识到法律或习俗的道德规范是一种社会契约,大家可以相互承担义务和享有权利,利用法律可以维持公正。同时也认识到,契约可以根据需要而改变,使之更符合社会大众权益 第六阶段:普遍伦理取向阶段 根据自己的人生观、价值观去判断是非善恶,超越现实规范的约束。即以良心、正义、公平、尊严、人权等最一般的原则为标准去进行道德判断,行为完全自律。当根据自己所确立的原则活动时,个体就会觉得心情愉快;相反,当行为背离了自己的道德标准时,就会产生内疚感和自我谴责感	赞成:法律没有考虑到这种情况 反对:不论情况多么紧急,总不能采用偷的方式 赞成:尊重生命、保护生命是最重要的 反对:别人是否也像他妻子那样急需这种药,要考虑所有人的生命价值

柯尔伯格认为,个体的道德认知是由低级阶段向高级阶段发展的,而且年龄与道德发展阶段有一定关系,但不完全对应。研究表明,大多数 9 岁以下的儿童以及少数青少年处于前习俗道德水平,大部分青年和成人都处于习俗水平,后习俗水平一般要到 20 岁以后才能出现,而且只有少数人才能达到。

二、中学生品德发展的基本特征

根据有关研究与理论,可以将中学生品德发展的基本特征归纳为以下几点。

(一)伦理道德发展具有自律性,言行一致

在整个中学阶段,学生的品德迅速发展,处于伦理形成时期。伦理是人与人之间的关系以及必须遵守的行为准则,它是道德关系的概括,伦理道德是道德发展的最高阶段。

1.形成道德信念与道德理想

中学阶段是道德信念和道德理想形成、并以此指导行动的时期。中学生逐渐掌握伦理道德,并服从它,表现为独立、自觉地依据道德信念、价值标准等去行动,使学生的道德行为更有原则性、自觉性。

2.自我意识增强

在品德发展的过程中,中学生更加关注自我道德修养,并努力加以提高。可以

说中学生对自我道德修养的反省性和监控性有明显的提高，这为产生自觉的道德行为提供了有效的前提。

3.道德行为习惯逐步巩固

由于不断地实践、练习，加之较为稳定的道德信念的指导，中学生逐渐形成了与道德伦理相一致的、较为定型的道德行为习惯。

4.品德结构更为完善

中学生的道德认识、道德情感与道德行为三者相互协调，形成一个较为完善的动态结构，使他们不仅按照自己的道德准则去行动，而且也逐渐成为稳定的个性心理结构的一部分。

(二)品德发展由动荡向成熟过渡

1.初中阶段品德发展具有动荡性

从总体上看，初中即少年期的品德虽然具有伦理道德的特性，但仍旧不成熟、不稳定，具有动荡性，表现在道德观念的原则性、概括性不断增强，但还带有一定程度的具体经验特点；道德情感表现丰富、强烈，但又好冲动；道德行为有一定的目的性，渴望独立自主行动，但愿望与行动经常有距离。在此时期，既是人生观开始形成的时期，又是容易发生品德的两极分化的时期。品德不良、违法犯罪多发生在这个时期。根据研究，初二年级是品德发展的关键期。

2.高中阶段品德发展趋向成熟

高中阶段或青年初期的品德发展进入了以自律为主要形式、应用道德信念来调节道德行为的成熟时期，表现在能自觉地应用一定的道德观点、信念来调节行为，并初步形成人生观和世界观。

总体来看，初中生的伦理道德已开始形成，但具有两极分化的特点。高中生的伦理道德的发展具有成熟性，可以比较自觉地运用一定的道德观念、原则、信念来调节自己的行为。

教育者应以中学生态度与品德发展的基本特征为德育工作的出发点，在德育的内容、形式、评价标准等方面都应该遵循发展规律，重视发展过程中的关键期，采取合理的教育措施，有的放矢，因材施教。

第三节　态度与品德学习的一般过程与条件

态度与品德的学习有别于一般的知识、技能与策略的学习。它不仅涉及懂不懂、会不会的问题，还涉及愿意不愿意的问题，因此，其学习过程更为复杂一些。

一、态度与品德学习的一般过程

一般认为，态度与品德的形成过程经历依从、认同与内化三个阶段。

(一)依从

包括从众和服从两种。从众是指人们对于某种行为要求的依据或必要性缺乏认识与体验，跟随他人行动的现象。服从是指在权威命令、社会舆论或群体气氛的压力下，放弃自己的意见而采取与大多数人一致的行为。服从可能是出于自愿，也可能是被迫的。被迫的服从也叫顺从，即表面接受他人的意见或观点，在外显行为方面与他人相一致，而在认识与情感上与他人并不一致。

依从阶段的行为具有盲目性、被动性，不稳定，随情境的变化而变化。此时个体对道德规范行为的必要性尚缺乏充分的认识，也缺乏情感体验，行为主要受控于外在压力(如奖惩)，而不是内在的需要。依从则可能得到安全，否则将受到惩罚。可以说，处于依从阶段的态度与品德，其水平较低，但却是一个不可缺少的阶段，是态度与品德建立的开端环节。

因为在反复实践的基础上，个体可以学习到各种具体的行为方式，逐渐获得做出某些行为的必要性的认识与体验，从而使态度与品德的学习逐步向深入发展。

(二)认同

认同是在思想、情感、态度和行为上主动接受他人的影响，使自己的态度和行为与他人相接近。认同实质上就是对榜样的模仿，其出发点就是试图与榜样一致。

与依从相比，认同更深入一层，它不受外界压力控制，行为具有一定的自觉性、主动性和稳定性等特点。主体虽然对道德行为规范本身仍缺乏清楚而深刻的认识与体验，但由于对榜样的仰慕，在行为上就试图与榜样一致。认同的愿望越强烈，对榜样的模仿就越主动，在困难面前就越能表现出坚强的意志和毅力。榜样的特点、榜样行为的性质、示范的方式等都影响着认同。

(三)内化

内化指在思想观点上与他人的思想观点一致，将自己所认同的思想和自己原有的观点、信念融为一体，构成一个完整的价值体系。

由于在内化过程中解决了各种价值的矛盾和冲突，当个人按自己内化了的价值行动时，会感到愉快和满意；而当出现了与自己的价值标准相反的行动时，会感到内疚、不安。

在内化阶段，个体的行为具有高度的自觉性和主动性，并具有坚定性，表现为“富贵不能淫，贫贱不能移，威武不能屈”。此时，稳定的态度和品德即形成了。

二、影响态度与品德学习的一般条件

(一)外部条件

1.家庭教养方式

研究表明,学生的态度与品德特征与家庭的教养方式有密切关系。若家庭教养方式是民主、信任、容忍,则有助于儿童的优良态度与品德的形成与发展。若家长对待子女过分严格或放任,则孩子更容易产生不良的、敌对的行为。

2.社会风气

社会风气由社会舆论、大众媒介传播的信息、各种榜样的作用等构成。作为社会的一个成员,学生不可能与社会隔绝,也无力控制、净化社会环境,再加上自身的选择、判断能力有限,因此,社会上的良好与不良的风气都有可能影响其道德信念与道德价值观的形成,这也使得德育工作难度加大。

3.同伴群体

归属于某一个团体的需要是个体的一种基本需要,因此,正式的班集体、非正式的小团体等对学生都具有一定的吸引力,他们试图使自己的言行态度与同伴群体保持一致,以得到同伴群体的接纳和认可。可以说,学生的态度与道德行为在很大程度上受到他们所归属的同伴群体的行为准则和风气影响。

(二)内部条件

1.认知失调

人类具有一种维持平衡和一致性的需要,即力求维持自己的观点、信念的一致,以保持心理平衡。当认知不平衡或不协调时,比如,新出现的事物与自己原有的经验不一致,或者自己的观点与他人的、社会的观点或风气不一致等,这样内心就会有不愉快或紧张的感受,个体就试图通过改变自己的观点或信念,以达到新的平衡。可以说,认知失调是态度改变的先决条件。

2.态度定式

个体由于过去的经验,对所面临的人或事可能会具有某种肯定或否定、趋向或回避、喜好或厌恶等内心倾向性,这种事先的心理准备或态度定式常常支配着人对事物的预料与评价,进而影响着是否接受有关的信息和接受的量。假如学生对教师有消极的态度定式,则教师的教诲与要求可能会成为耳旁风,甚至引发冲突。帮助学生形成对教师、对集体的积极的态度定式或心理准备是使学生接受道德教育的前提。

3.道德认知

态度与品德的形成与改变取决于个体头脑中已有的道德准则和规范的理解水平和掌握程度，取决于已有的道德判断水平。根据皮亚杰和柯尔伯格的研究，要改变或提高个体的道德水平，必须考虑其接受能力，遵循先他律而后律、循序渐进的原则。比如，当学生的道德判断能力处于其发展的第三阶段时，最好向他们讲解第四阶段的道理，否则一味向他们灌输第五或第六阶段的大道理，即使他们可以熟记这些大道理，也不能被他们的认知结构同化，自然也不能作为一种内在的道德信念来指导行为。实施道德教育时，不应只注意道德教育的形式，进行道德说教，而是应结合学生的实际生活和切身体验，晓之以理。此外，个体的智力水平、受教育程度、年龄等因素也对态度与品德的形成与改变有不同程度的影响。

第四节 良好态度与品德的培养

教师可以综合应用一些方法来帮助学生形成或改变态度和品德。常用而有效的方法有说服、榜样示范、群体约定、价值辨析、奖励与惩罚等。

一、有效的说服

教师经常应用言语来说服学生改变态度，在说服的过程中，教师要向学生提供某些证据或信息，以支持或改变学生的态度。对于理解能力有限的低年级学生，教师最好只提供正面论据，以免学生产生困惑，无所适从。对于理解能力较强的高年级学生，教师可以考虑提供正反两方面的论据，使学生产生客观、公正的感觉，从而相信教师所言，改变态度。当学生没有相反的观点时，教师应只呈现正面观点，不宜提出反面观点，以免转移学生的注意，误导学生怀疑正面观点。当学生原本就有反面观点时，教师应该主动呈现两方面观点，以增强学生对错误观点的免疫力。当说服的任务是解决当务之急的问题时，应只提出正面观点，以免延误时间。当说服的任务是培养学生长期稳定的态度时，应提出正反两方面的材料。

教师的说服不仅要以理服人，还要以情动人。一般而言，说服开始时，富于情感色彩的说服内容容易引起兴趣，然后再用充分的材料进行说理论证，比较容易产生稳定的、长期的说服效果。对于低年级的学生来说，情感因素作用更大些。通过说服也可以引发学生产生某些负向的情绪体验，如恐惧、焦虑等，这对于改变作弊、吸烟、酗酒等简单的态度有一定的效果。教师进行说服时，还应考虑学生原有的态度。若原有的态度与教师所希望达到的态度之间的差距较大，教师不要急于求成，不要提出过高的不切实际的要求，否则将难以改变态度，而且还容易产生对立情绪。教师应该以学生原有的态度为基础，逐步提高要求。

二、树立良好的榜样

班杜拉的社会学习理论以及大量的实践经验都证明，社会学习是通过观察、模仿而完成的，态度与品德作为社会学习的一项内容，也可以通过观察、模仿榜样的行为而习得。

社会学习主要指人如何在社会环境中进行学习。班杜拉认为在社会学习过程中，人不是消极地接受外在刺激，而是经过一系列的主动加工过程，对外在刺激进行选择、组织，并以此调节自己的行为。观察学习是社会学习的一种最重要的形式，它是通过观察他人所表现的行为及其结果而发生的替代性学习。这种学习过程并非直截了当完成的，相反要经过注意榜样的行为特征、在头脑中组织和编码所观察到的信息、以适当的方式再现出所观察到的行为方式、对这种行为方式进行各种形式的强化等过程来实现。其中强化不仅包括外部强化，还包括自我强化和替代强化。替代强化即观察者因看到榜样受到强化而如同自己也受到强化一样，是一种间接的强化方式。

班杜拉的大量实验表明，榜样在观察学习过程中起到非常重要的作用，榜样的特点、示范的形式及榜样所示范行为的性质和后果都会影响到观察学习的效果。班杜拉在一个经典实验研究中，将3～6岁的儿童分成三组，先让他们观看一个成年男子(即榜样)对大小如成人一样的充气玩偶进行攻击，如大声吼叫或拳打脚踢。然后让第一组儿童看到“榜样”攻击玩偶后受到另一成人的表扬和奖励；让第二组儿童看到“榜样”攻击玩偶后受到另一成人的惩罚。第三组儿童则只看到“榜样”攻击玩偶。之后，把这些儿童一个个单独领到一个房间里去。房间里放着各种玩具，其中包括玩偶。对儿童的行为观察表明，第一组儿童产生较多的攻击性行为，第二组则比第三组显示更少的攻击性行为。实际上，三组儿童都学会了攻击行为，但由于不同的替代强化或替代惩罚，使他们在一定的情境中表现或不表现出与榜样相似的行为。班杜拉认为，观察学习中替代强化或替代惩罚是非常重要的。

由于榜样在观察学习中的重要作用，因此，给学生呈现榜样时，应考虑到榜样的年龄、性别、兴趣爱好、社会背景等特点，以尽量与学生相似，这样可以使学生产生可接近感，避免产生高不可攀或望尘莫及之感。另外，给学生呈现受人尊敬、地位较高、能力较强且具有吸引力的榜样，这样的榜样具有感染力和可信性，使学生产生情感共鸣，榜样本身也容易成为学生向往的、追随的对象，激发学生产生见贤思齐的上进心。学生希望通过学习这样的榜样来发展自我、完善自我。

榜样行为的示范有多种方式，既可以通过直接的行为表现来示范，也可以通过言语讲解来描述某种行为方式；既可以是身边的真人真事的现身说法的示范，也可以借助于各种传播媒介象征性地示范。教师可以根据实际情况，选择和充分利用恰当的示范方式。一般而言，多种示范方式的结合是较有效的。教师作为学生的榜样，也应注意其示范作用，必须言行一致才能取得良好的教育效果，而且身教重于言教。此外，各种大众传播媒介也应发挥其独特的作用，为学生提供良好的榜样示范，坚决杜绝消极的、不健康的内容。

由于观察学习受到多种因素的影响，因此即使呈现最引人注目的榜样，也不一定使观察者产生相同的行为。为了使学生能够最大程度地做出与榜样的示范行为相匹配的反应，教师需要反复示范榜样行为，并给予指导。当学生表现出符合要求的行为时，应给予鼓励。

三、利用群体约定

研究发现，经集体成员共同讨论决定的规则、协定，对其成员有一定的约束力，使成员承担执行的责任。一旦某成员出现越轨或违反约定的行为一则会受到其他成员的有形或无形的压力，迫使其改变态度。教师则可以利用集体讨论后做出集体约定的方法，来改变学生的态度。具体可按如下程序操作。

第一，清晰而客观地介绍问题的性质。

第二，唤起班集体对问题的意识，使他们明白只有改变态度才能更令人满意。

第三，清楚而客观地说明要形成的新态度。

第四，引导集体讨论改变态度的具体方法。

第五，使全体学生一致同意把计划付诸实施，每位学生都承担执行计划的任务。

第六，学生在执行计划的过程中改变态度。

第七，引导大家对改变的态度进行评价，使态度进一步概括化和稳定化。

如果态度改变未获成功，则应鼓励学生从第四阶段开始，重新制定方法，直至态度改变。

四、价值辨析

研究者认为，人的价值观刚开始不能被个体清醒地意识到，必须经过一步步的辨别和分析，才能形成清晰的价值观念并指导自己的道德行动。在价值观辨析的过程中，教师引导学生利用理性思维和情绪体验来检查自己的行为模式，鼓励他们努力去发现自身的价值观,并根据自己的价值选择来行事。有多种策略可以促进辨析,如大组或小组讨论,解决假定的与真实的两难问题,交谈等。针对个体时,教师抓住个别学生表示某种态度、志向、目的、兴趣及活动的时机,做出适当而简短的言语反应,以促使学生对自己的所说所为作进一步的反省与探讨,达到辨析并形成自己的价值观的目的。针对团体时,可通过讨论,让每个人都公开表示自己的意见,了解其他人持某种价值观的理由,以促进学生的道德认知和做出正确的道德抉择。不论应用什么策略,一种观念要真正成为个人的道德价值观,须经历三个阶段七个子过程。

1.选择阶段

(1)自由选择。让学生思考"你认为你是从什么时候第一次产生这种想法的?"

(2)从多种可选范围内选择。让学生思考"在你产生这一想法之前,你经常考虑什么事情?"

(3)充分考虑各种选择的后果之后再行选择。让学生思考"每一种可供选择途径的后果将会怎样?"

2.赞赏阶段

(4)喜爱自己的选择并感到满意。让学生考虑"你为这一选择感到高兴吗?"

(5)愿意公开承认自己的选择。让学生回答"你会把你知道的选择途径告诉你的同学吗?"

3.行动

(6)按自己的选择行事。教师可以对学生说"我知道你赞成什么了,现在你能为它做些什么呢? 需要我帮忙吗?"

(7)作为一种生活方式加以重复。教师问学生"你知道这一途径已经有一段时间了吗?"

个体只有从头至尾地完成这一过程,才能说他真正具有了某个稳定的价值观念,也才能较持久地指导行动。这整个过程实际上就是一个"赋值过程"。

由于价值辨析的方法基本是诱导性的,而不是灌输性、说教性的,因此,教师的作用就在于设计各种活动,运用各种策略来诱发学生暴露、陈述、思考、体验并实现某种价值观。教师自己的观点只能作为一个范例,而不是唯一正确的答案。教师必须诱发学生的态度和价值陈述,接受学生的思想、感情和信念,向学生提问或组织集体讨论,帮助学生思考自己的价值观念,但一切抉择都得由学生自己做出。当然,教育者不仅要帮助学生去辨析各种价值观念,而且还要引导学生自觉、自愿地选择符合社会道德原则的价值观念。

五、给予恰当的奖励与惩罚

奖励和惩罚作为外部的调控手段，不仅影响着认知、技能或策略的学习，而且对个体的态度与品德的形成也起到一定的作用。

奖励有物质的（如奖品），也有精神的（如言语鼓励）；有内部的（如自豪、满足感），也有外部的。给予奖励时，首先要选择、确定可以得到奖励的道德行为。一般来讲，应奖励诸如爱护公物、拾金不昧、尊老爱幼等一些具体的道德行为，而不是奖励一些概括性的行为。其次，应选择、给予恰当的奖励物。同一种奖励物，其效用可能因人而异，应考虑个体的实际情况，选用最有效的奖励物。再次，应强调内部奖励。外部的物质奖励只是权宜之计，不可过多使用，应引导学生进行自我强化，让学生亲身体验做出道德行为后的愉快感、自豪感、欣慰感，以此转化为产生道德行为的持久的内部动力。

虽然对惩罚的教育效果有不同看法，但从抑制不良行为的角度来看，惩罚还是有必要的，也是有助于良好的态度与品德形成的。当不良行为出现时，可以用两种惩罚方式，一是给予某种厌恶刺激，如批评、处分、舆论谴责等；二是取消个体喜爱的刺激或剥夺某种特权等，如不许参加某种娱乐性活动。应严格避免体罚或变相体罚，否则将损害学生的自尊，或导致更严重的不良行为，如攻击性行为。惩罚不是最终目的，给予惩罚时，教师应让学生认识到惩罚与错误的行为的关系，使学生从心理上能接受，口服心服。同时还要给学生指明改正的方向，或提供正确的、可替代的行为。

除上述所介绍的各种方法外，角色扮演、小组道德讨论等方法对于态度与品德的形成和改变都是非常有效的。

本章知识结构：

- 态度与品德的形成
  - 态度与品德的实质及其关系
    - 态度的实质与结构
    - 品德的实质与结构
    - 态度与品德的关系
  - 中学生品德发展的基本特征
    - 品德发展的阶段理论
    - 中学生品德发展的基本特征
  - 态度与品德学习的一般过程与条件
    - 态度与品德学习的一般过程
    - 态度与品德学习的一般条件
  - 良好态度与品德的培养

实践活动：

小组讨论如何使学生形成利他的习惯。

思考与练习：

1.简述态度的结构。
2.影响态度和品德学习的内部条件有哪些？
3.良好态度与品德常用的培养方法有哪些？
4.学生道德情感的培养途径和方法主要有哪些？
5.如何培养学生良好的道德行为习惯？
6.品德不良行为与过错行为的关系如何？
7.论述品德的心理结构及其相互关系。
8.请阐述柯尔伯格的三种水平六个阶段理论。
9.论述利用群体约定培养学生的态度与品德的基本操作程序。
10.论述态度与品德学习的一般过程。
11.联系实际，谈谈在态度与品德的培养中，如何才能进行有效地说服？

第五部分　教学心理

第十一章　教学设计

引子:每个教师几乎无时无刻不在做教学计划。一学年开始时做年度计划;一学期开始时做学期计划,然后是单元计划、周计划、日计划等。这些计划都是相当重要的。并且,所有各级水平的计划都要协调一致。在教学中,教师的教学设计在许多方面决定了学生将要学什么。因为教师往往通过教学设计将课程转变成学生的活动、作业和任务。而学生在课堂活动中做什么,在很大程度上就决定了他学什么。许多教师往往把自己的计划看作是指导课堂行动的可变性框架。

本章我们主要讨论设置教学目标、组织教学过程、选择教学策略这三个方面的问题,为教师提供一个最初的基础。

学习目标:

1.识记教学目标的定义和种类、个别化教学的基本环节和典型程序。

2.理解教学目标的表述方法、教学媒体选择方法、情境教学的含义、合作学习的特征。

3.运用指导教学法和发现教学法设计教学。

第一节　设置教学目标

一、教学目标及其意义

教学目标是预期学生通过教学活动获得的学习结果。在教学中,教学目标有助于指导教师进行教学测量和评价、选择和使用教学策略、指引学生学习等功能。

1.指导学习结果的测量和评价

教学目标是评价教学结果的最客观和可靠的标准,教学结果的测量必须针对教学目标。如果教师在教学结束后的自编测验没有针对目标，那么，就没有测量到所想要测量的教学结果。如果某节语文教学的目标是阅读理解，而测量的重点是词汇和知识的记忆，就会造成目标和测量的不一致，这种测量就是无效的。

2.指导教学策略的选用

一旦确定教学目标后，教师就可以根据教学目标选用适当的教学策略。例如，如果教学目标侧重知识或结果，则宜于选择接受学习，与之相应的教学策略是讲授教学；如果教学目标侧重于过程或探索知识的经验，则宜于选择发现学习，与之相应的教学策略是有指导的发现教学。

3.指引学生学习

上课开始时，教师明确告诉学生学习目标，将有助于引导学生的集中注意课中的重要信息，对所教内容产生预期。

二、教学目标的分类

布卢姆等人在其教育目标分类系统中将教学目标分为认知、情感和动作技能三大领域。

(一)认知目标

认知领域的教学目标分为知识、领会、应用、分析、综合和评价等六个层次，形成由低到高的阶梯。

1.知识

指对所学材料的记忆，包括对具体事实、方法、过程、概念和原理的回忆。其所要求的心理过程是记忆。这是最低水平的认知学习结果。

2.领会

指把握所学材料的意义。可以借助三种形式来表明对材料的领会。一是转换，即用自己的话或用不同于原先表达方式的方法表达自己的思想；二是解释，即对一项信息加以说明或概述；三是推断，即对事物之间的逻辑关系进行推理。领会超越了单纯的记忆，代表最低水平的理解。

3.应用

指将所学材料应用于新的情境之中。包括概念、规则、方法、规律和理论的应用。应用代表较高水平的理解。

4.分析

指将整体材料分解成其构成成分并理解组织结构，包括对要素的分析(如一篇论文由几个部分构成)、关系的分析(如因果关系分析)和组织原理的分析(如语法结构分析)。分析代表了比应用更高的水平,因为它既要理解材料的内容,又要理解其结构。

5.综合

指将所学的零碎知识整合为知识系统。包括三个水平:用语言表达自己意见时表现的综合(如发表一篇内容独特的演说或文章);处理事物时表现的综合(如拟定一项操作计划);推演抽象关系时表现出的综合(如概括出一套抽象关系)。综合目标所强调的是创造能力,需要产生新的模式或结构。

6.评价

指对所学材料(论点的陈述、小说、诗歌以及研究报告等)作价值判断的能力。包括按材料的内在标准(如材料内在组织的逻辑性)或外在标准(如材料对目标的适用性)。评价目标是最高水平的认知学习结果,因为它要求超越原先的学习内容,并需要基于明确标准的价值判断。

(二)情感目标

情感领域的教学目标根据价值内化的程度而分为五个等级。

1.接受

指学生愿意注意特殊的现象或刺激(如课堂活动、教科书、文体活动等)。包括三个水平:知觉有关刺激的存在;有主动接受的意愿;有选择地注意。这是低级的价值内化水平。

2.反应

指学生主动参与学习活动并从中得到满足。处于这一水平的学生,不仅注意某种现象,而且以某种方式对它做出反应(如自愿读规定范围外的材料),以及反应的满足(如以愉快的心情阅读)。这类目标与教师通常所说的"兴趣"类似,强调对特殊活动的选择与满足。

3.形成价值观念

指学生将特殊对象、现象或行为与一定的价值标准相联系,对所学内容在信念和态度上表示正面肯定。包括三个水平:接受某种价值标准(如愿意改进与团体交往的技能);偏爱某种价值标准(如喜爱所学内容);为某种价值标准做奉献(如为发挥集体的有效作用而承担义务)。这一水平的学习结果是将对所学内容的价值肯定变成为一种稳定的追求。相当于通常所说的"态度"和"欣赏"。

4.组织价值观念系统

指将许多不同的价值标准组合在一起,消除它们之间的矛盾和冲突,并开始建立内在一致的价值体系。分两个水平:价值概念化,即对所学内容的价值在含义上予以抽象化，形成个人对同类内容的一致看法；组成价值系统，即将所学的价值观汇集整合，加以系统化。与人生哲学有关的教学目标属于这一级水平。

5.价值体系个性化

指个体通过学习，经由前四个阶段的内化之后，所学得的知识观念已成为自己统一的价值观，并融入性格结构之中。分两个水平：概念化心向，即对同类情境表现出一般的心向；性格化，即指心理与行为内外一致，持久不变。因此，这种行为具有普遍性、一致性，并且是可以预期的。其学习结果包括广泛的活动范围，但重在那些有代表性的行为或行为特征。

(三)动作技能目标

动作技能教学目标指预期教学后在学生动作技能方面所应达到的目标。时至今日，这一方面的目标总是被多数不直接从事体育教育的教师所忽视。

1.知觉

指学生通过感官，对动作、物体、性质或关系等的意识能力，以及进行心理、躯体和情绪等的预备调节能力(如表现出外部的感觉动作)。

2.模仿

指学生按提示要求行动或重复被显示的动作的能力，但学生的模仿性行为经常是缺乏控制的(如表演动作是冲动的、不完善的)。例如，在观看乒乓球抽球的录像之后，能以一定的精确度来演示这一动作。

3.操作

指学生按提示要求行动的能力，但不是模仿性的观察(如按照提示表演或练习动作等)。这就是说，学生要能进行独立的操作。例如，在进行一段实践之后，能在操作成绩表上 10 点中得 7 点。

4.准确

指学生的练习能力或全面完成复杂作业的能力。学生通过练习，可以把错误减少到最低限度(如有控制地、正确地、准确地再现某些动作)。例如，在练习中，抽球动作的成功率至少达到 75％。

5.连贯

指学生按规定顺序和协调要求，去调整行为、动作等的能力(如准确而有节奏地演奏)。

6.习惯化

指学生自发或自觉地行动的能力(如经常性的、自然和稳定的行为就是习惯化的行为)。也就是学生能下意识地、有效率地各部分协调一致地操作。例如，在乒乓球比赛中,面对各种情况,抽球还击的比率达到 90%。

在实际生活中,这三方面的行为几乎是同时发生的。例如,学生写字时(动作技能),也正在进行记忆和推理(认知),同时,他们对这个任务会产生某种情绪反应(情感)。因此,在教学中,教师往往需要同时设置这三个方面的目标。

三、教学目标的表述

(一)行为目标

行为目标是指用可观察和可测量的行为陈述的教学目标。下面以"ABCD"模式为例加以说明 ABCD 是四个要素英文单词的首字母。A:教学对象,是指学习者,即行为的主体。行为目标描述的应该是学生的行为,而不是教师的行为。B:行为,即具体目标,用行为动词描述学生通过教学形成的可观察、可测量的具体行为,如"写出""列出""解答"等,旨在说明"做什么"。C:产生条件,即规定学生行为产生的条件,如"根据参考书""按课文内容""不用笔算"等,旨在说明"在什么条件下做"。D:行为标准,即提出符合行为要求的行为标准,如"没有语法或拼写错误""90%正确""30 分钟内完成",旨在说明"有多好"。

例如,在语文课上,"通过教学培养学生的分析能力"就是一个含糊的教学目标,缺乏指导和评价意义,应改为:"提供报上一篇文章(产生的条件),学生(教学对象)能将文章中所陈述事实的句子与发表议论的句子归类(行为),做到全部正确(行为标准)。"

(二)心理与行为相结合的目标

根据认知学习理论,教学活动中学生学习的实质是内在的心理变化。但内在的心理变化无法直接观察到。因此,有人提出了内部心理与外部行为相结合的目标陈述方法。用这种方法陈述的教学目标由两部分构成:第一部分为一般教学目标,用一个动词描述学生通过教学所产生的内部变化,如记忆、知觉、理解、创造、欣赏等;第二部分为具体教学目标,列出具体行为样例,即学生通过教学所产生的能反映内在心理变化的外显行为。

例如,在语文课上,可以这样陈述教学目标:A.理解议论文写作中的类比法(反映心理变化)。

A——a 用自己的话解释运用类比的条件(行为样例)。

A——b 在课文中找出运用类比法阐明论点的句子(行为样例)。

A——c 对提供的含有类比法和喻证法的课文,能指出包含了类比法的句子(行为样例)。

这里“A”陈述了教学目标中的要义是“理解”，而非“理解”的具体行为。但这些行为样例(A——a，A——b，A——c)仅仅是表明“理解”的许多可能的行为中的样例而已。这样，既强调了学生学习结果的内在心理变化，又克服了目标陈述上含糊不清的弊端，实现内外结合。

(三)表现性目标的陈述

在表现性目标中，教师重在明确规定学生应参加和经历的活动情景，描述学生在活动中应表现出来的行为和态度，但不规定学生将会在这种活动中具体习得什么，不同的学生在此活动中允许有不同的习得结果。一般来说，在涉及复杂的智力性活动中常用表现性目标表述。

表现性目标的陈述方法为：先说明学生参与的是什么样的活动或情景；然后，选用某一目标水平下恰当的行为动词，明确其相对应的教学内容，两者构成动宾短语来陈述。

常见的表现形式类似于“在……活动中，学生感受……”，“在……过程中，学生体验……”，“在……情境中，学生讨论……”。

例如，将“6～10 的认识和加减法”课时教学目标之一陈述为：“在运用已学知识解决问题的过程中，能进行简单思考，体验算法多样性。”在陈述中，重点指出了学生学习活动和行为的具体情境，即“在运用已学知识解决问题的过程中”，但至于用什么方式和途径去解决问题，解决问题中的表现方式和表现水平，以及从中的学习体验深浅等各种“际遇”，则允许每位学生有不同的表现，呈现出很强的开放性。

四、任务分析

任务分析指将教学目标逐级细分成彼此相联的各种子目标的过程。在进行任务分析时，教师要从最终目标出发，一级子目标一级子目标地揭示其先决条件，反复提出这样的问题：“学生要完成这一目标，预先必须具备哪些能力?”一直追问到学生的起始状态为止，然后把学生需要掌握的学习目标逐级排列出来。通过任务分析，教师能够确定出学生的起始状态；能够分析出从起始状态到最终目标之间必须掌握的知识、技能或行为倾向；能够确定出为实现最终目标而逐级实现各种子目标的逻辑顺序。

第二节 组织教学过程

确定教学目标并进行任务分析之后,教师要组织教学过程中几个基本要素,如教学事项、教学方法、教学媒体和材料以及教学情景等。

一、教学事项

教学是有一定程序结构的。在教学程序中,学生的学习随事先设计的教学情境而进行,教师安排的程序性事项就是教学事项。加涅指出,在教学中要依次完成以下九大教学事项。

(一)引起学生注意

引起学生注意是教学过程中的首要事件。教师可以通过三种方式来引导学生的注意。①激发求知欲,即由教师提出问题,学生们为了知道问题的答案,就会集中注意教师的讲解以及其他教学活动。②变化教学情境,即通过教学媒体,提高教学的直观形象性,促进学生的感知和思维活动。③配合学生经验,即从学生最关心的问题入手,结合日常生活经验,然后转到所教主题之上。

(二)提示教学目标

在引起学生注意之后,向学生提示教学目标,使学生在心理上做好准备,明了学习的结果和方法,以免学生在学习中迷失方向。在向学生陈述教学目标时,要注意用学生能够理解的语言,确保学生理解目标和结果,形成心理定向。这等于是用学生头脑中的原有知识基础产生对新知识的期望。如果将未曾学习的新概念包含在教学目标之中,将会使学生感到困惑或不理解,从而达不到教师交代教学目的所预期的定向效果。

(三)唤起先前经验

任何新知识的学习必须以原有知识和技能为基础。教师要激活学生头脑中的与新知识有关的旧知识技能,以此为基础推导和生发出新知识。如果发现学生缺乏必需的基础知识技能,就要给予及时辅导,以免学习困难。

(四)呈现教学内容

在整个教学过程中,以教学材料为中介的师生互动过程是特别重要的。教师在呈现教学内容时要根据教学材料的性质、学生学习特点与预期学习结果等有关问题,采用不同的教学方法和策略。

（五）提供学习指导

在呈现完教学内容之后，教师要指导学生完成课堂作业。进行指导时要注意：①当学生对人名地名等事实性的问题不理解时，可以给以直接指导，将正确答案直接告诉学生，因为事实性的问题不能靠知识经验和思维加以推理的。②对于与学生经验有关的逻辑性问题，可以提供间接指导，即给学生一定的暗示或提示，鼓励学生自己进一步推理而求得答案。③在进行间接方式指导时，要根据学生个体差异而采用不同的方法。对于能力强个性独立的学生，给予较少指导，鼓励自行解决问题；对于能力差个性依赖的学生，给予较多的指导，直到得到正确答案为止。在学习指导中，教师要教学生如何将新旧知识联系在一起，并教学生一些记忆和理解的方法，促进学生对新知识的保持。

（六）展现学习行为

教学活动的目的是要学生学到新行为。而学习是内在的心理活动，如果要想确定教学之后学生是否产生了学习，那就要让学生展现其外显行为。教师可以根据学生行为上的三种线索来判定学生是否产生了学习：①眼神和表情，当求知活动由困惑而获得理解时，学生的眼神和表情会流露出一种满意的状态。②随时指定学生代表将所学知识或问题答案说出来。③根据学生的课堂作业来检查全班学生的理解状况。

（七）适时给予反馈

当学生表现出一次正确行为时，未必就表示他已确实学到了该种行为，因为靠短时记忆学到的东西如果不加复习，就难以存储在长时记忆中，因此，要给学生提供反馈，使其整合新旧知识，加强对正确反应的记忆。学生反应的反馈线索既可以来自自己，如技能的学习，正确的行为导致正确的结果，根据行为的结果，自己能够找到体态活动与正确行为之间的关系；也可来自教师，尤其是知识的学习，可以通过作业和谈话而获得反馈。

（八）评定学习结果

通过学生的作业情况，或者课堂小测验，或者其他课堂问答，教师能够了解学生对本节课内容的掌握情况，根据学生中普遍存在的问题，给予一定辅导。

（九）加强记忆与学习迁移

当确知学生获得了所教知识技能之后，就要教学生如何记住知识，并给以复习的机会，以便巩固所学知识。并且，要提供一些问题和情境，使学生在情境中应用所学知识和技能，促进学习迁移。

二、教学方法

教学方法指在教学过程中师生双方为实现一定的教学目的，完成一定的教学任务而采取的教与学相互作用的活动方式，它是整个教学过程整体结构中的一个重要组成部分，是教学的基本要素之一。

在学校教育中，教师常常要用到以下一些基本的教学方法：讲解法；演示法；课堂问答；练习法；指导法；讨论法；实验法；游戏法；参观法；实习作业法。

三、教学媒体

一般来说，学校中的教学媒体包括：①非投影视觉辅助，如黑板、实物、模型、图形、表格、图片以及提纲等。②投影视觉辅助，如投影器和幻灯机等。③听觉辅助，如录音机等。④视听辅助，如电影、电视、录像以及多媒体计算机和远距离传播系统等。各种媒体都有其独特的特点和作用。

选择教学媒体时，教师要综合权衡教学情景（如全班、小组和自学）；学生学习特点（如阅读、非阅读、视听偏好）；教学目标性质（认知、情感和动作技能）；以及教学媒体的特性（如静止图像、动画、文字、口语）等方面的因素。戴尔（1946）从直接具体经验到抽象经验排列了 11 种媒体，构成一个经验锥形（图 11—1）。

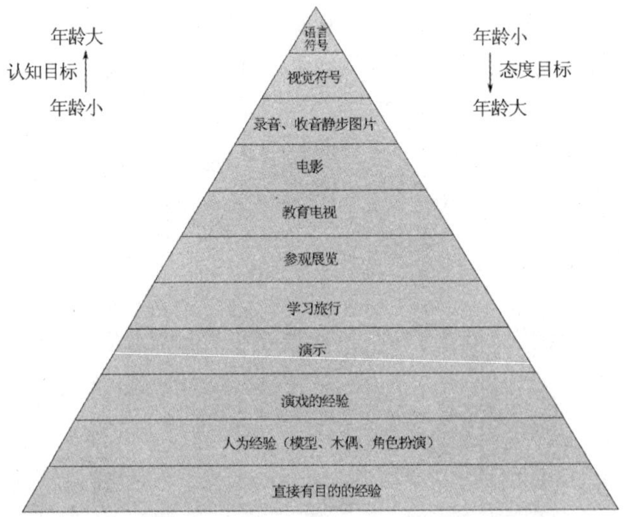

图 11—1　戴尔的经验锥形图

在这一经验锥形中，学习者开始被看作是一个实际经验的参与者，然后是一个实际事件的观察者和中介事件（即通过某种媒体呈现的事件）的观察者，直至最后，是一个（表征某一事件的）符号的观察者。这种排列有助于我们根据学习者的学习能力和先前经验水平选择适当的媒体。例如，在“有直接目的的经验”的水平上，儿童通过与实物、动物和人接触，“在做中学”。随着年龄的增加，图片或其他模拟的替代物能被用来获得某些经验。对于成熟的学习者，通过锥形的顶端的“言语符号”进行阅读学习是十分有效的方法。

使用教学媒体是为了使教学遵循这样一个顺序进行：从经验的直接动作表征、经验的图像表征直到经验的符号表征。因此，教师要确定学生的当前经验水平，利用教学媒体融入一定程度的具体经验，帮助学生整合新旧经验，促进学生对抽象概念的理解。例如，许多学生可能见过蚕在不同发育阶段的形态，也看见过茧，但是，他们需要将所有这些经验整合成一个抽象的概念：蚕的发育生长过程。当然，教师要注意在学习经验的具体性水平与学习时间的限制之间取得平衡。

值得一提的是，受时代所限，戴尔的经验锥形中没有列入多媒体计算机。在当今以信息技术为标志的信息时代，多媒体计算和网络对人们头脑中传统教学媒体观念产生了冲击。多媒体计算机能集成文字、图形、图像、声音以及动画等多种媒体，并且具有很强的交互作用，存储巨量信息的能力以及虚拟现实的能力，而网络则提供了信息结构非线性与远程通讯能力，这些潜力是前述各种媒体所无法比拟的，极有助于营造出一个理想的学习环境，促进现有教学模式从教学目标、内容、方法到组织形式发生根本性的变革，因此成为教育改革的基本背景之一。

四、课堂教学环境

课堂教学环境包括课堂物理环境和课堂社会环境两个方面。课堂社会环境将在后面课堂管理心理一章中作专门介绍。课堂物理环境除了自然条件（如光线、温度、空气以及色彩等）外，课堂物理空间资源的安排是心理学家们比较感兴趣的。因为教师如果能根据教学目标和活动而配以相应的物理环境，将有助于教学目标的实现。

一般说来，教师组织课堂空间的方法有两种：第一种是按领域原则来安排课堂空间，即将课堂空间划分成一个个领域，某些领域只属于某个人，直到教师重新改变某人的位置为止，这种安排特别适合面向全班的课；第二种是按功能安排课堂空间，即将空间划分为各种兴趣范围或工作中心，每个人都能达到各种区域，这种安排最适合于小组同时进行各种不同的活动。当然，这两种方法并不相互排斥，可以组合使用。

学生座位的安排会影响课堂教学和学习。有研究表明,坐在教室前面几排以及中间几列的学生似乎是最积极的学习者,教师大多时间都站在这些座位的前面,师生之间的言语交流大多集中在教室的这一区域,其他位置尤其是后面的座位的学生则难于参与,并且更容易走神,因此,教师要经常变换学生在课堂中的座位。

第三节 选择教学策略

教学策略指教师采取的有效达到教学目标的一切活动计划,包括教学事项的顺序安排、教学方法的选用、教学媒体的选择、教学环境的设置以及师生相互作用设计等。在教学中,由于教学目标、课题特点以及所持学习理论取向不同,教师将会以不同方式来组织教学事项的程序结构,并采取相应的教学方法、媒体以及环境来实现这一程序。有些课题主要包含高度有结构的知识和技能(如科学、数学、计算、语法等),如果教学目标是要求学生尽快地掌握这种知识和技能,则宜于采用通过以教师为中心的讲授教学策略;但有些课(如创作等)则是比较灵活开放的,需要学生积极参与和实践,如果教学目标重在提高学生的创造性、抽象思维能力和解决问题的能力,则宜于采用开放的、非正式的方法如发现教学和探究教学策略;如果教学是为了增进学生的学习态度、刺激学生的好奇心、加强学生之间的合作,则宜予采用合作学习的策略;此外,还可以根据学生在学习能力和先前经验上的差异进行个别化教学。

一、以教师为主导的教学策略

指导教学是以学习成绩为中心、在教师指导下使用结构化的有序材料的课堂教学。在指导教学中,教师向学生清楚地说明教学目标;在充足而连续的教学时间里给学生呈现教学内容;监控学生的表现;及时向学生提供学习方面的反馈。由于在这种教学策略中,由教师设置教学目标,选择教学材料,控制教学进度,设计师生之间的交互作用,所以这是一种以教师为主导的教学策略。

有人提出,指导教学包括六个主要活动。①复习和检查过去的学习。②呈现新材料。③提供有指导的练习。④提供反馈和纠正。⑤提供独立的练习。⑥每周或每月的复习。这些活动并不是遵循某种顺序的一系列步骤,而是有效教学的因素,例如,反馈、复习、补教只要有必要就要进行,并且要与学生的能力倾向相匹配。这些活动可以被看作是教授结构良好的基本知识和技能的框架,与我国传统讲授教学相一致。

二、以学生为中心的教学策略

(一)发现教学

发现教学,又称启发式教学,指学生通过自身的学习活动而发现有关概念或抽象原理的一种教学策略。一般来说,发现教学要经过四个阶段:首先,创设问题情境,使学生在这种情境中产生矛盾,提出要求解决和必须解决的问题;其次,促使学生利用教师所提供的某些材料,所提出的问题,提出解答的假设;再次,从理论上或实践上检验自己的假设;最后,根据实验获得的一些材料或结果,在仔细评价的基础上引出结论。

布鲁纳对发现教学的教学设计提出了四项原则。①教师要将学习情境和教材性质向学生解释清楚。②要配合学生的经验,适当组织教材。教师要在研究教材和学生的实际的基础上,根据教材内容设计一个一个的发现过程,教师要仔细设计要问的问题,排列好例子,确保参考材料和设备充足,以促进学生进行自我发现。③要根据学生心理发展水平,适当安排教材难度与逻辑顺序。④确保材料的难度适中,以维持学生的内部学习动机。材料太容易,学生缺乏成就感;材料太难,学生容易产生失败感。发现教学要进行得顺利,关键在于恰当地确定学生可进行独立探究的力所能及的最近发展区。只有教师给学生创设的问题情境最符合学生实际水平,只要跳一跳就能达到最近发展区时,学生的探索和智力、才能就会得到发展。这时学生就会经过独立思考,亲自去发现教材中那些隐含的东西,概括出结论,使这些新东西很快纳入自己认识结构系统里去,把知识变成自己智慧的财富。

(二)情境教学

情境教学指在应用知识的具体情境中进行知识的教学的一种教学策略。在情境教学中,教学的环境是与现实情境相类似的问题情境;教学的目标是解决现实生活遇到的问题;学习的材料是真实性任务,这些任务未被人为地简化处理,隐含于现实问题情境之中,并且,由于现实问题往往同时涉及多方面的原理和概念,因此,这些任务最好能体现学科交叉性;教学的过程要与实际的解决问题的过程相似,教师不是直接将事先备好的概念和原理告诉学生,而是提出现实问题,然后,引导学生进行与现实中专家解决问题的过程相类似的探索过程。学生解决问题所需要的原理和概念往往隐含在问题情境之中,学生为了解决当前问题而学习它们,通过解决问题而深刻理解它们,并把这些知识的意义与应用它们的具体问题情境联系在一起。对学习结果的测验将融合于学生解决问题的过程之中,学生在解决实际问题过程中的表现本身就反映了其学习结果。

(三)合作学习

合作学习指学生们以主动合作学习的方式代替教师主导教学的一种教学策略。合作学习的目的不仅是培养学生主动求知的能力,而且发展学生合作过程中的人际交往能力。

合作学习在设计与实施上必须具备五个特征。①分工合作,指以责任分担的方式达成合作追求的共同目的。真正有效的分工合作必须符合两个条件:一是每个学生都必须认识到工作是大家的责任,成败是大家的荣辱;二是工作分配要适当,必须考虑每个学生的能力与经验,做合理安排。②密切配合,指将工作中应在不同时间完成的各种项目分配给各个人,以便发挥分工合作的效能。③各自尽力,合作学习的基本理念是取代为了获得承认和评级而进行的竞争,转而同心协力追求学业成就,因为合作学习的成就评价是以团体为单位的。若此,大家都是成功者,没有失败者。要想成功,团体成员必须各尽其力,完成自己分担的工作,并且要帮助别人。④社会互动,合作学习的成效取决于团体成员之间的互动作用,即大家在态度上相互尊重,在认知上能集思广益,在情感上彼此支持。为此,学生们必须具备两项基本技能:一是语言表达能力,二是待人处事的基本社交技巧。⑤团体历程,指由团体活动以达成预定目标的历程。这些团体活动包括如何分工、如何监督、如何处理困难、如何维持团体中成员间的关系等。

三、个别化教学

个别化教学是指让学生以自己的水平和速度进行学习的一种教学策略。个别化教学大致包括这样几个环节:①诊断学生的初始学业水平或学习不足。②提供教师与学生或机器与学生之间的一一对应关系。③引入有序的和结构化的教学材料,随之以操练和练习。④容许学生以自己的速度向前学。下面简单介绍几种经典的个别化教学模式。

(一)程序教学

程序教学指一种能让学生以自己的速度和水平自学以特定顺序和小步子安排材料的个别化教学方法。其始创者通常被认为是教学机器的发明人普莱西。但对程序教学贡献最大的却是斯金纳。程序教学以精心设计的顺序呈现主题,要求学习者通过填空、选择答案或解决问题,对问题或表述做出反应,在每一个反应之后出现及时反馈,学生能以自己的速度进行学习。这种程序能够融入书、教学机器(即一种融入程序学习形式的机器设备)或计算机。(在第三章已做介绍)

（二）计算机辅助教学

计算机辅助教学（computer assisted instruction，简称 CAI）指使用计算机作为一个辅导者，呈现信息，给学生提供练习机会，评价学生的成绩以及提供额外的教学。随着多媒体技术、通信网络技术的发展，人们把以计算机为核心的所有个别化教学技术都称为信息技术在教育中的应用。与传统的教学相比，CAI 具有这样几个优越性。首先是交互性，即人机对话，学生可以根据自己的学习情况选择学习路径、学习内容等。其次是即时反馈。第三是以生动形象的手段呈现信息。第四是自定步调等。

（三）掌握学习

掌握学习是由布卢姆等人提出来的，其基本理念是：只要给了足够的时间和适当的教学，几乎所有的学生对几乎所有的学习内容都可以达到掌握的程度（通常要求达到完成 80%～90%的评价项目）。学生在学习能力上的差异并不能决定他能否学会教学内容，而只能决定他将要花多少时间才能达到对该项内容的掌握程度。换句话说，学习能力强的学习者，可以在较短的时间内达到对某项学习任务的掌握水平，而学习能力差的学习者，则要花较长的时间才能达到同样的掌握程度，但他们都能获得通常意义上的 A 等或 B 等。

基于这一理念，布卢姆等人主张，要将学习任务分成一系列小的学习单元，后一个单元中的学习材料直接建立在前一个单元的基础上。每个学习单元中都包含一小组课，它们通常需要 1～10 小时的学习时间。然后，教师编制一些形成性测验（即在学习之前或之中的成绩测验）。学完一个单元之后，教师对学生进行总结性测验（这些测验提供了学生对单元中的目标掌握情况的详细信息）来评价学生的最后能力。达到了所要求的掌握水平的学生，可以进行下一个单元的学习。若学生的成绩低于规定的掌握水平，就应当重新学习这个单元的部分或全部，然后再测验，直到掌握。采用掌握学习这个方法，学生的成绩，是以成功完成内容单元所需时间而不是以在团体测验中的名次为依据的。学生的成绩仍然有差异。这种差异表现在他们所掌握的单元数或成功学完这些单元所花的时间上。

本章知识结构：

- 教学设计
  - 设置教学目标
    - 教学目标
      - 定义
      - 意义
    - 教学目标分类
      - 认知目标
      - 情感目标
      - 动作技能
    - 教学目标表述
      - 行为目标
      - 心理与行为相结合
      - 表现性目标
    - 任务分析
  - 组织教学过程
    - 教学事项
      - 引起学生注意
      - 提示教学目标
      - 唤起先前经验
      - 呈现教学内容
      - 提供学习指导
      - 展现学习行为
      - 适时给予反馈
      - 评定学习结果
      - 加强记忆与学习迁移
    - 教学方法
      - 讲解法
      - 演示法
      - 课堂问答法
      - 练习法
      - 指导法
      - 讨论法
      - 实验法
      - 游戏法
      - 参观法
      - 实习作业法
    - 教学媒体
      - 分类
      - 选择
      - 使用
    - 课堂教学环境
      - 物理环境
      - 社会环境
  - 选择教学策略
    - 以教师为主导的教学策略
    - 以学生为中心的教学策略
    - 个别化教学

实践活动：

参观中小学，观摩教师上课。课后请任课教师讲解教学设计思路，结合所学教学设计的相关知识进行讨论、评价。

思考与练习：

1.什么是教学目标及其分类。

2.举例说明教学目标的陈述策略。

3.结合自己的专业，举例说明媒体在教育教学中的作用。

4.有如下三个课堂教学实践案例，请你结合有关教学设计的理论及技术，给予评价分析。

(1)艺术课教师在透视画法课上，首先让学生观看各种滑道、滑坡，并展示其他学生及教师自己的作品，当学生交上自己的画后，教师将每幅画呈现在全体学生面前，让学生讨论透视画法在每幅画中有怎样的贡献。

(2)学生们在上生物课时，采集当地的一条河流作为样本，进行一项生态学研究，他们研究了河流的各种条件和有关的污染物质，写信给当地的报纸和政府分享这些信息。

(3)英语课教师让学生通过合作学习小组讨论课堂上正在学习的文学作品，教师要求每个小组对事先准备好的问题做出回答，并与全班同学分享他们的结论。

第十二章　课堂管理

引子:课堂管理和纪律是有效教学的重要成分,也常常是教师最关心的领域之一。即使是学生,也比较关心课堂管理问题,他们期望教师是一个好的课堂管理者。如果课堂时间被管理问题耗掉了,真正的学习就减少了,学生也是不舒服的。这就是说,良好的课堂管理是影响学生学习的最有力的因素之一。课堂管理的目标是为学生创造更多的时间,使更多的学生投入学习,帮助学生进行自我管理。当然,一个教师的课堂管理无论多么有效,他有时也要面临纪律问题。一旦出现问题,教师就应当正确处理。因此,本章将分别讨论课堂管理的影响因素,课堂群体的管理和课堂纪律的管理这三个方面的内容。

学习目标:

1.识记课堂管理的定义、课堂纪律的定义和类型。
2.理解影响课堂管理的因素、群体动力的要素、课堂气氛的概念和影响因素。
3.能分析课堂问题行为的类型并说明正确对待问题行为的主要教育对策。

第一节　课堂管理概述

一、课堂管理及其功能

课堂教学效率的高低,取决于教师、学生和课堂情境等三大要素的相互协调。课堂管理就是指教师通过协调课堂内的各种人际关系而有效地实现预定教学目标的过程。

课堂管理始终制约着教学和评价的有效进行,具有促进和维持的功能。促进功能是指教师在课堂里创设对教学起促进作用的组织良好的学习环境,满足课堂内个人和集体的合理需要，激励学生潜能的释放以促进学生的学习；维持功能是指在课堂教学中持久地维持良好的内部环境，使学生的心理活动始终保持在课业上，以保证教学任务的顺利完成。

二、影响课堂管理的因素

（一）教师的领导风格

教师的领导风格对课堂管理有直接的影响。普雷斯顿认为，参与式领导和监督式领导对课堂管理有不同的影响。参与式领导注意创造自由空气，鼓励自由发表意见，不把自己的意见强加于人。而监督式领导则待人冷淡，只注重于集体讨论的进程，经常监督人的行为有无越轨。

（二）班级规模

班级的大小是影响课堂管理的一个重要因素。首先，班级的大小会影响成员间的情感联系。班级越大，情感纽带的力量就越弱。其次，班内的学生越多，学生间的个别差异就越大，课堂管理所遇到的阻力也可能越大。再次，班级的大小也会影响交往模式。班级越大，成员间相互交往的频率就越低，对课堂管理技能的要求也就越高。最后，班级越大，内部越容易形成各种非正式小群体，而这些小群体又会影响课堂教学目标的实现。

（三）班级的性质

影响教师课堂管理的另一个情境因素是班级本身。不同的班级往往有不同的群体规范和不同的凝聚力，教师不能用固定不变的课堂管理模式对待不同性质的班级，而应该在深入了解的基础上，掌握班级集体的特点，运用促进和维持的高度技巧，获得理想的管理效果。

（四）对教师的期望

人们对教师在学校情境中执行任务往往有一种比较固定的看法。即使某一位教师的外貌谈吐并不符合这种固定的看法，人们还是会按照这种固定的看法去看待和解释教师们的行为，这就是定型的期望。它包括人们对教师理应表现的行为及其所具有的动机和意向的期望。一般说来，它的形成是教师长期交往方式和一般行为的结果。

班内的学生对教师的课堂行为同样会形成定型的期望。他们期望教师以某种方式进行教学和课堂管理。这种定型的期望必然会影响课堂管理。

第二节　课堂群体的管理

一、课堂里的群体及其对个体的影响

课堂里的每个学生不是孤立存在的个体，他们通过相互交往，形成各种群体。所谓群体，是指人们以一定方式的共同活动为基础而结合起来的联合体。它的基本特征有三个：其一，群体由两个以上的个体组成。其二，群体成员根据一定的目的承担任务，相互交往，协同活动。其三，群体成员受共同的社会规范制约。

课堂内存在的各种群体，会对个体的行为产生巨大的影响。1920 年，阿尔波特让被试分别在单独情境和社会情境里工作。结果发现，被试在社会情境里进行连锁联想、乘法运算、解决问题以及思维判断等活动所取得的成绩都比单独一人活动好。该研究表明，群体对个人活动起到促进作用，但有时群体也会对个人的活动起阻碍作用。

学生群体对个体的活动是产生促进作用还是阻碍作用，取决于四个因素。一是活动的难易；二是竞赛动机的激发；三是被他人评价的意识；四是注意的干扰。

二、正式群体与非正式群体的协调

正式群体是由教育行政部门明文规定的群体，其成员有固定的编制，职责权利明确，组织地位确定。班级、小组、少先队都属于正式群体。正式群体的发展经历了松散群体、联合群体和集体等三个阶段。松散群体是指学生们只在空间和时间上结成群体，但成员间尚无共同活动的目的和内容。联合群体的成员已有共同目的的活动，但活动还只具有个人的意义。集体则是群体发展的最高阶段，成员的共同活动不仅对每个成员有个人意义，而且还有重要的社会意义。

在正式群体内部，学生们会在相互交往的基础上，形成以个人好恶、兴趣爱好为联系纽带，具有强烈情感色彩的非正式群体。这种群体没有特定的群体目标及职责分工，缺乏结构的稳定性，但它有不成文的规范和自然涌现的领袖。课堂里的非正式群体主要是同辈群体，比较常见的同辈群体有朋友与小集团。非正式群体对个体的影响是积极的还是消极的，主要取决于非正式群体的性质以及与正式群体的目标一致程度。管理课堂必须注意协调非正式群体与正式群体的关系。

首先，要不断巩固和发展正式群体，使班内学生之间形成共同的目标和利益关系，产生共同遵守的群体规范，并以此协调大家的行动，满足成员的归属需要和彼此之间相互认同，从而使班级成为坚强的集体。其次，要正确对待非正式群体。对于积极型的非正式群体，应该支持和保护；对于中间型的非正式群体，要持慎重态度，积极引导，联络感情，加强班级目标导向；对于消极型的非正式群体，要教育、争取、引导和改造；而对于破坏型的非正式群体，则要依据校规和法律，给予必要的制裁。

三、群体动力的表现

不管是正式群体还是非正式群体，都有群体凝聚力、群体规范、群体气氛以及群体成员的人际关系。所有这些影响着群体与成员个人行为发展变化的力量的总和就是群体动力。

最早研究群体动力的是心理学家勒温。他认为，人们结成的群体不是静止不变的，而是处在不断地相互作用和相互适应的过程之中。教师在课堂管理过程中要善于利用这些群体动力，实现课堂管理的促进功能。

（一）群体凝聚力

群体凝聚力指群体对每一个成员的吸引力。它可以通过群体成员对群体的忠诚、责任感、荣誉感，成员间的友谊感和志趣等来说明，群体凝聚力对课堂管理功能的实现有重要的影响。有关的研究表明，关系融洽、凝聚力强的班级，会使学生们产生强烈的自豪感和认同感，顺利完成课堂教学任务。所以，凝聚力常常成为衡量一个班级集体成功与否的重要标志。教师应采取措施提高课堂里群体的凝聚力。

首先，要了解群体的凝聚力情况。其次，要帮助课堂里的所有学生对一些重大事件与原则问题保持共同的认识与评价，形成认同感。再次，引导所有学生在情感上加入群体，以作为群体的成员而感到自豪，形成归属感。最后，当学生表现出符合群体规范和群体期待的行为时，就给予赞许与鼓励，使其行为因强化而巩固，形成力量感。

（二）群体规范

群体规范是约束群体内成员的行为准则，包括成文的正式规范和不成文的非正式规范。非正式规范的形成是成员们约定俗成的结果，受模仿、暗示和顺从等心理因素的制约。正式规范是有目的、有计划地教育的结果。`美国专家谢里夫的研究表明，群体规范的形成经历三个阶段：第一阶段是相互影响阶段，每个成员发表自己对某一事物的评价与判断。第二阶段是出现一种占优势的意见。第三阶段，由于趋同倾向而导致评价、判断和相应行为上的一致性。

群体规范会形成群体压力，对学生的心理和行为产生极大的影响。在群体压力下，成员有可能放弃自己的意见而采取与大多数人一致的行为，这就是从众。从众现象的发生，一般认为有两个原因导致。一是人们往往相信大多数人的意见是正确的，觉得别人提供的信息将有助于他。二是个人为了避免他人的非议或排斥，避免受孤立，因而发生从众现象。

群体规范通过从众使学生保持认知、情感和行为上的一致，并为学生的课堂行为划定了方向和范围，成为引导学生行为的指南。在课堂教学中，教师应自觉地帮助学生形成良好的规范。

（三）课堂气氛

课堂气氛作为教学过程的软情境，它通常是指课堂里某些占优势的态度与情感的综合状态。课堂气氛具有独特性，不同的课堂往往有不同的气氛。即使是同一个课堂，也会形成不同教师的气氛区。

一种课堂气氛形成后，往往能维持相当长的一段时间，而且不同的课堂活动也会被同样的课堂气氛所笼罩。

在通常情况下，课堂气氛可以分成积极的、消极的和对抗的三种类型。积极的课堂气氛是恬静与活跃、热烈而深沉、宽松与严谨的有机统一；消极的课堂气氛通常以紧张拘谨、心不在焉、反应迟钝为基本特征；而对抗的课堂气氛则是失控的气氛、学生过度兴奋、各行其是、随便插嘴、故意捣乱。

积极的课堂气氛不但有助于知识的学习，而且也会促进学生的社会化进程。课堂气氛也会使许多学生追求某种行为方式，从而导致学生间发生连锁性的感染。所以，创造良好的课堂气氛是实现有效教学的重要条件。

首先，由于教师在课堂教学中起着主导作用，教师的领导方式、教师对学生的期望以及教师的情绪状态便成为影响课堂气氛的主要因素。

教师的领导方式是教师用来行使权力与发挥其领导作用的行为方式。勒温曾在 1939 年将教师的领导方式分为集权型、民主型和放任型等三种类型。这三种不同的领导方式会使学生产生不同的行为反应，从而形成不同的课堂气氛，其中民主型的课堂气氛最佳。

现有的研究表明，教师期望通过四种途径影响课堂气氛。第一是接受。教师通过接受学生意见的程度，为不同学生创造不同的社会情绪气氛。第二是反馈。教师通过输入信息的数量、交往频率、目光注视、赞扬和批评等向不同期望的学生提供不同的反馈。第三是输入，教师向不同期望的学生提供难度不同、数量不等的学习材料，对问题做出程度不同的说明、解释、提醒或暗示。第四是输出，教师允许学生提问和回答问题，听取学生回答问题的耐心程度等，都会对课堂气氛产生不同的影响。

教师的积极情绪状态往往会投射到学生身上,使教师与学生的意图、观点和情感联结起来,从而在师生间产生共鸣性的情感反应,有利于创造良好的课堂气氛。焦虑是教师对当前或预计到对自尊心有潜在威胁的任何情境所具有的一种类似于担忧的反应倾向。只有当教师焦虑适中时,才会激起教师努力改变课堂现状,避免呆板或恐慌反应,从而推动教师不断努力以谋求最佳课堂气氛的出现。

其次,学生是课堂活动的主体,课堂气氛是师生共同营造的,因此,学生因素对课堂气氛的影响也是至关重要的。首先,学生对集体目标的认同是良好课堂气氛形成的必要前提。再有,学生自觉遵守课堂纪律,具有良好的品德和学习习惯,有利于良好课堂气氛的形成。此外,课堂中的集体舆论、学生之间的合作与竞争关系,都会影响课堂气氛。

最后,课堂物理环境因素也会影响课堂气氛。课堂物理环境是指教学时间和空间因素构成的特定教学环境,包括教学的时间安排、班级规模、教室内的设备、光线、座位编排等。能让大多数人觉得舒适的课堂物理环境,有利于课堂气氛的形成和维持。

(四)课堂里的人际交往与人际关系

人际交往是教师和学生在课堂里传递信息、沟通思想和交流情感的过程。这个过程必须以一定的符号系统为交往工具才有可能实现,语言符号系统和非语言符号系统是主要的人际交往工具。

人际关系是人与人之间在相互交往过程中所形成的比较稳定的心理关系或心理距离。它的形成与变化,取决于交往双方满足需要的程度。课堂里的人际关系将直接影响课堂气氛,教师应该成为善于处理人际关系的艺术家。吸引与排斥、合作与竞争是课堂里主要的人际关系。

1.吸引与排斥

人际吸引是指交往双方出现相互亲近的现象,它以认知协调、情感和谐及行动一致为特征;人际排斥则是交往双方出现关系极不融洽、相互疏远的现象,以认知失调、情感冲突和行动对抗为特征。

研究表明,距离的远近、交往的频率、态度的相似性、个性的互补性以及外形等因素是影响人际吸引和排斥的主要因素。

人际吸引和人际排斥使学生在课堂里处于不同的地位,出现人缘好的学生、被人嫌弃的学生和遭受孤立的学生。因此,课堂管理中必须重视课堂里的被嫌弃者和被孤立者。

2.合作与竞争

合作是指学生们为了共同目的在一起学习和工作或者完成某项任务的过程。合作是实现课堂管理促进功能的必要条件。

竞争指个体或群体充分实现自身的潜能,力争按优胜标准使自己的成绩超过对手。适量和适度的竞争,不但不会影响学生间的人际关系,而且还会提高学习和工作的效率。但是,竞争就有可能使一部分学生过度紧张和焦虑,容易忽视活动的内在价值和创造性。

不少的心理学家提倡开展群体间的竞争。一般说来,群体间竞争的效果取决于群体内的合作。

竞争与合作是对立统一的,它们都以能否满足各自的利益而转移。在课堂的人际交往中,有时可能同时发生合作与竞争,有时则交替地引起合作与竞争。有效的课堂管理应该协调合作与竞争的关系,使两者相辅相成,成为实现促进功能的有益手段。

第三节　课堂纪律的管理

一、课堂纪律的性质

(一)课堂纪律的概念

为了维持正常的教学秩序,协调学生的行为,以求课堂目标的最终实现,必然要求学生共同遵守课堂行为规范,从而形成课堂纪律。课堂纪律是对学生课堂行为所施加的准则与控制。

(二)课堂纪律的类型

根据课堂纪律形成的原因,可以将课堂纪律分成四种类型:

1.教师促成的纪律

刚入学的小学生往往需要教师给予较多的监督和指导,需要教师为他们的学习和工作设置一个有结构的情境,即组织一个良好的集体结构。这样的"结构"就是教师促成的纪律。即使是比较成熟的青少年学生,他们还是需要教师为他们的行为提供指导。所以,在课堂管理中,教师促成的纪律是不可缺少的。

教师促成的纪律应该包括结构的创设和体贴。教师的指导、监督、惩罚、规定限制、奖励、操纵、组织、安排日程和维护标准等,都属于结构的创设。而体贴则包括同情、理解、调解、协助、支持、征求和采纳学生的意见等。

2.集体促成的纪律

从入学开始，同辈人的集体在学生社会化方面起着越来越大的作用。他们开始对同学察言观色，以便决定应该如何思考、如何信仰和如何行事。

3.任务促成的纪律

每一次任务都有其特定的纪律，有时某一项任务会引起学生的高度注意，而对其他诱人的活动置之不理。任务促成的纪律是以个人对活动任务的充分理解为前提的。学生卷入任务的过程，就是接受纪律约束的过程。

4.自我促成的纪律

当外部的纪律控制被个体内化之后成为个体自觉的行为准则时，自律便出现了。

二、课堂结构与课堂纪律

学生、学习过程和学习情境是课堂的三大要素。这三大要素的相对稳定的组合模式就是课堂结构，它包括课堂情境结构与课堂教学结构。

（一）课堂情境结构

1.班级规模的控制

一般而言，班级规模越大，学生的平均成绩便越差；班级规模越大，教师态度、学生态度和课堂处理的得分就越低。班级过大容易限制师生交往和学生参加课堂活动的机会，阻碍了课堂教学的个别化，有可能导致课堂出现较多的纪律问题。

2.课堂常规的建立

课堂常规是每个学生必须遵守的最基本的日常课堂行为准则，它们赋予学生的课堂行为以一定的意义，使学生明白行为所依据的价值标准，具有约束和指导学生课堂行为的功能，从而使课堂行为规范化。

3.学生座位的分配

研究发现，分配学生座位时，教师主要关心的是减少课堂混乱。

其实，分配学生座位时，教师最值得关注的应该是对人际关系的影响。所以，学生座位的分配，一方面要考虑课堂行为的有效控制，预防纪律问题的发生；另一方面又要考虑促进学生间的正常交往，形成和谐的师生关系，并有助于学生形成良好的人格特征。

（二）课堂教学结构

课堂教学结构能使教师满怀信心地按照教学设计，有条不紊地进行教学。

1.教学时间的合理利用

学生在课堂里的活动可以分为学业活动、非学业活动和非教学活动等三种类型。在通常情况下,用于学业活动的时间越多,学业成绩便越好。

2.课程表的编制

课程表是使课堂教学有条不紊进行的重要条件,它的编制首先应尽量将语文、数学和外语等核心课程安排在学生精力最充沛的上午第一、二、三节课,将音乐、美术、体育和习字等技能课安排在下午。其次,将文科与理科、形象性的学科与抽象性的学科交错安排,避免同类刺激长时间地作用于大脑皮层的同一部位而导致疲劳和厌烦。

3.教学过程的规划

教学过程的合理规划是维持课堂纪律又一个重要条件,不少纪律问题是因教学过程的规划不合理造成的。

三、问题行为与课堂纪律

(一)问题行为的性质

问题行为指不能遵守公认的正常儿童行为规范和道德标准,不能正常与人交往和参与学习的行为。这样的行为不仅影响学生的身心健康,而且常常引起课堂纪律问题,主要表现为漫不经心、感情淡漠、逃避班级活动、与教师和同学关系紧张、容易冲动、上课插嘴、坐立不安、活动过度等。

问题行为与差生、后进生等问题学生的概念不同。差生、后进生是对学生的一种总体评价,他们往往有较多的问题行为,但在正常的班级里,其人数甚少。而问题行为则是一个教育性概念,主要是针对学生的某一种行为而言的,而且除了差生或后进生有问题行为之外,优秀学生有时也有可能发生问题行为,这就要求教师在课堂里灵活而机智地处理和矫正问题行为。

(二)问题行为的类型

心理学家试图从不同的角度对课堂问题行为进行分类。有人把破坏课堂秩序、不遵守纪律和不道德的行为等归纳为扰乱性的问题行为;把退缩、神经过敏等行为归纳为心理问题行为。有人还把问题行为分成品行性问题行为、性格性问题行为以及情绪上、社会上的不成熟行为等三种类型。

(三)课堂问题行为产生的原因

1.学生因素

学生的适应不良、在学习中遇到的挫折和紧张、厌烦等情绪、寻求注意并要求获得在班级中的地位，及过度活动和性别差异等因素都会使学生产生问题行为。

2.教师的因素

教师的要求不当、滥用惩罚手段及教师缺乏自我批评的精神都会使学生产生问题行为。

3.环境因素

环境因素包括家庭环境、大众媒体及课堂内部环境对学生的课堂行为也会产生十分明显的影响。

(四)课堂问题行为的处置与矫正

1.正确对待学生的课堂行为

一般说来，课堂行为往往有积极与消极之分。积极的课堂行为指与促进课堂教学目的实现相联系的行为；而消极的课堂行为则是那些干扰课堂教学的行为。对于消极的课堂行为，适当的惩罚是必要的，但不可采用讽刺挖苦、体罚、剥夺学习权利等惩罚手段。

2.行为矫正与心理辅导

采用行为矫正以及心理辅导来处理课堂问题行为。具体方法可参见第十一章。

本章知识结构：

- 课堂管理
  - 课堂管理概述
    - 课堂管理
      - 定义
      - 功能
    - 影响课堂管理的因素
  - 课堂群体的管理
    - 课堂群体
      - 群体的特征
      - 群体对个体的作用
    - 正式群体和非正式群体的协调
      - 正式群体
        - 定义
        - 阶段
      - 非正式群体协调
    - 群体动力
      - 群体凝聚力
      - 群体规范
      - 课堂气氛
        - 分类
        - 影响课堂气氛的主要因素
      - 课堂里的人际交往与人际关系
  - 课堂纪律管理
    - 课堂纪律的性质
      - 概念
      - 类型
    - 课堂结构与课堂纪律
      - 课堂情境结构
      - 课堂教学结构
    - 问题行为与课堂纪律
      - 问题行为的性质
      - 问题行为的类型
      - 问题行为产生的原因
      - 课堂问题行为的处置与矫正

实践活动：

模拟课堂情景：上课的时候，突然有个学生站起来大声说：“老师，我要去洗手间。”这引起全班同学哄堂大笑。结合所学课堂管理的相关知识，同学进行讨论怎样才能比较满意地处理好这个问题呢？并说明为什么这样做？

思考与练习：

1.什么是课堂管理？影响课堂管理的因素是什么？

2.简述课堂纪律的类型。

3.论述群体动力的表现。

4.结合所学知识，论述怎样成为一名优秀的课堂管理者。

5.请分析下列案例，指出这个班级课堂管理的问题在哪里？并制定出改善这种情况的方案。

张老师的三年级班上的学生没有一刻是安分的，不管有没有给他们布置要单独完成的作业，或者要他们认真听课，课堂里总是有一些骚动或噪音。开学的头几天，学生们看上去表现不错，很少有出格的时候，几乎所有的学生都很合作并且完成他们的作业。然而渐渐地一些不当行为就多了起来，大声说话、叫喊以及其他一些干扰行为，甚至一些原先很安静的学生也会这样。张老师上课的时候，学生们漫不经心，因而很难完成上课。有时候张老师甚至因为孩子们太难控制而试图停下教学，有时候还不得不在黑板上写下违纪学生的名字来维持课堂秩序。但是这个方法并不怎么见效，因为黑板上的人名太多，没上黑板的人反而会被其他学生耻笑。

第十三章　教学测量与评价

引子：教学测量与评价是检验教学成效、确定学生学习结果和教师教学效果的有效手段，是有效教学不可缺少的环节。虽然通过日常调查和观察可以得到有关教学成效的某些信息，但是这些信息往往是很表面的、粗糙的，有的甚至是虚假的。要想确切地检验教学成效，确定教学双方的水平，就必须进行科学的教学测量与评价。这也是教学测量与评价最普遍和最一般的功能。而它的根本作用则在于了解学生的学习状况，改进教师的教学，从而促进学习效果的提高。

本章将就教学测量与评价的意义、作用、分类和一些具体的方法、技术进行介绍，使同学们初步掌握标准化成就测验、教师自编测验和非测验的评价技术。

学习目标：

1.识记教学评价的概念与分类、教学测量与评价及测验的关系、非测验性评价技术的种类。

2.理解标准化成就测验的含义与优越性、有效测验的基本特征。

3.运用自编测验技术编制成就测验试题。

第一节　教学测量与评价的意义和作用

一、教学测量与评价的基本概念

(一)教学评价的概念

教学评价是指有系统地收集有关学生学习行为的资料，参照预定的教学目标对其进行价值判断的过程，其目的是对课程、教学方法以及学生培养方案做出决策。具体而言，教学评价是一种系统化的持续的过程，包括确定评估目标、搜集有关的资料、描述并分析资料、形成价值判断以及做出决定等步骤。

(二)教学评价与测量及测验的关系

教学评价不等同于测量和测验。测量主要是一种收集资料数据的过程，是根据某种标准和一定的操作程序，将学生的学习行为与结果确定为一种量值，以表示学生对所测问题了解的多少。而测验是测量一个行为样本的系统程序，即通过观察少数具有代表性的行为或现象来量化描述人的心理特征。为了减少误差，测验在编制、施测、评分以及解释等方面都必须遵循一套系统的程序。

测量和测验是对学习结果的客观描述，而教学评价则是对客观结果的主观判断与解释，但这种主观判断和解释必须以客观描述为基础，否则是主观臆想。测量与测验所得到的结果，只有通过教学评价，才能判断这种客观描述的实际意义，否则所得数据或结果毫无实际价值。

二、教学测量与评价的分类

(一)形成性评价和总结性评价

从实施教学评价的时机而言，有形成性评价和总结性评价之分。

形成性评价通常在教学过程中实施，一般是由学生完成一些与教学活动密切相关的测验，也可以让学生对自己的学习状况进行自我评估，或者凭教师的平常观察记录或与学生的面谈；总结性评价，或称终结性评价，通常在一门课程或教学活动(如一个单元、章节、科目或学期)结束后进行，是对一个完整的教学过程进行测定。

(二)常模参照评价和标准参照评价

根据教学评价资料的处理方式，有常模参照评价和标准参照评价之分。常模参照评价是指评价时以学生所在团体的平均成绩为参照标准(即所谓常模)，根据其在团体中的相对位置(或名次)来报告评价结果；标准参照评价，是基于某种特定的标准，来评价学生对与教学密切关联的具体知识和技能的掌握程度。

(三)配置性评价和诊断性评价

从教学评价的功能看，有配置性评价与诊断性评价之分。配置性评价，或称准备性评价，一般在教学开始前进行，摸清学生的现有水平及个别差异，以便安排教学。通过配置性评价，教师可以了解学生对新学习任务的准备状况，确定学生当前的基本能力和起点行为；诊断性评价，有时与配置性评价意义相当，指了解学生的学习基础与个体差异。有时指对经常表现学习困难的学生所做的评价，多半是在形成性评价之后实施。

(四)正式评价和非正式评价

根据教学评价的严谨程度,有正式评价与非正式评价之分。正式评价指学生在相同的情况下接受相同的评估,且采用的评价工具比较客观,如测验、问卷等;非正式评价则是针对个别学生的评价,且评价的资料大多是采用非正式方式收集的,如观察、谈话等。有时,教师可以采用非正式评价作为正式评价的补充。

(五)定性评价和定量评价

定性评价是凭借评价者的洞察、内省或移情对评价对象做出价值判断的评价方法,比如,评出等级、写出评语等;定量评价是采用数学的方法,收集和处理数据资料,对评价对象做出定量结果的价值判断。

(六)外部评价和内部评价

外部评价是被评价者之外的专业人员对评价对象进行明显的(看得见的、众所周知的)统计分析获文字描述;内部评价也就是自我评价,指由课程设计者或使用者自己实施的评价。

三、教学测量与评价的功能

第一,为师生调整和改进教学提供充足的反馈信息;

第二,是学校鉴别学生学业成绩、家长了解学生学习情况的主要方式;

第三,是教学过程的一个重要组成部分;

第四,作为教育评价和决策的依据。

第二节　教学测量与评价的方法和技术

与教学目标相一致,教学评价也应包括认知、情感和技能三个方面。对于认知和技能领域的学业成就,最常用的教学评价手段是标准化成就测验和教师自编测验。而对于情感以及道德行为表现则常常采用非测验性的评价手段,如案卷分析、观察、问卷量表以及谈话等。当然,这些非测验性的评价手段也可作为学业成就评价的补充。

一、标准化成就测验

(一)标准化成就测验的含义及特点

标准化成就测验是指由专家或学者们所编制的适用于大规模范围内评定个体学业成就水平的测验。这种测验的命题、施测、评分和解释,都有一定的标准或规定。由于测验条件的标准化,测验的结果比较客观一致,适用的范围和时限也较宽广。其特点大致为:测验是由专门机构或专家学者按一定测验理论和技术,根据全国或某一地区所有学校的共同教育目标来编制的。所有受试人所做的试题、时限等施测条件相同,计分手段和分数的解释也完全相同。

(二)标准化成就测验的优越性

第一,客观性。在大多数情境下,标准化测验是一种比教师发展出的测验更加客观的测量工具。第二,计划性。专家在编制标准化测验时,已经考虑到所需的时间和经费,因此标准化测验比大部分的课堂测验更有计划性。第三,可比性。标准化测验由于具有统一的参照标准,使得不同考试的分数具有可比性。

(三)对标准化测验的批评

第一,与学校课程之间的关系很不协调。在我国,每个地区的教学状况还存在着一定的差距,一个年级或地区的教学内容可能不同于另一个地区的。因此,可能不少地区学生所学到的内容与标准化样本所学的东西有差别。这就要求教师在选用标准化测验前,仔细查阅内容效度,使得测验的目标与评价的目的相匹配。第二,测验结果的不当使用。我们通常利用标准化成就和能力测验对学生分类和贴标签,对个体造成了不良影响。它们的使用对得低分的学生伤害尤大。

二、教师自编测验

(一)自编测验的含义与特点

教师自编测验是由教师根据具体的教学目标、教材内容和测验目的,自己编制的测验,是为特定的教学服务的。教师自编测验通常用于测量学生的学习状况,而标准化成就测验则用来判断学生与常模相比时所处的水平。

(二)测验前的计划

1.确定测验的目的。

2.确定测验要考查的学习结果。

3.列出测验要包括的课程内容。

4.写下考试计划或细目表。细目表是将考试具体化的最重要的工具,使得测验能够与教学的目标和内容保持一致。细目表的形式是两维表,一般纵栏表示学习结果,横栏表示课程的内容或范围。中间的栏目,就是教师根据自己的情况填上在测验中计划测量多大比例的学习结果和课程内容。

5.针对计划测量的学习结果,选择适合的题型。自编测验包括客观题和主观题两种类型。教师使用哪一种类型的题目是由测验的目的、内容和时间决定的。

一般来说，由于这两种题型各有优点和不足，最好加以综合使用。

(三)自编测验的类型

1.客观题

客观题具有良好的结构，对学生的反应限制较多。学生的回答只有对、错之分，因此教师评分也就只可能是得分或失分。这类题目包括选择题、是非题、匹配题和填空题等。

(1)选择题。选择题是由题干和两个或更多的选项组成的。题干可以是直接提问或者以不完整的句子的形式出现，目的是为了设置问题情境。而选项则提供可供选择的答案，包括一个正确答案和若干具有干扰性的错误项或迷惑项。学生的任务就是阅读题目，再从一系列选项中挑选出正确的项目。

教师在出题时，要综合考虑题干和选项，使整个题目清楚明了。

选项的数量一般没有统一的规定，教师可以随意确定选项的个数，大多是4～5个，这样可以避免学生猜测答案。所有的题目也可以安排各自不同数量的选项。良好的选择题，题干应该明确简单，而选项又深具迷惑性。

经过精心设计的题干和选项，可以测查目标系列中的高于知识水平的任何等级。此外，选择题还有一种常用变式，选项中有一至多个正确答案，即通常被称为多选题。这种题型的难度大大高于常规的选择题(单选题)，可以有效地检查高一级的学习成果，在测验中使用得较广。

(2)是非题。是非题与选择题有一点相似之处，学生需要识别、选择出正确答案。常用的形式是，陈述一句话要求学生判断对错或是非。是非题可用于测量不同水平的教学目标。

是非题形式简单，能够在一份试卷内覆盖大量的内容。教师在评判时也较客观，计分简便省时。但是，一个重要的问题是:学生只有两种选择——对或错，所以即使在完全猜测的情况下，他们也有50%的机会选择到正确答案。一种可行的办法是，增加题目的数量。由于题量大，对题目总体的取样较全面，学生很难只凭猜测获得高分。

(3)匹配题。匹配题是另一种可提供多种选择的考试形式。通常，题目包括两列词句，一列是问题选项，一列是反应选项。学生根据题意按照某种关系将左右的项目连接起来。匹配题形式简单，能够有效地测量学生对知识联系的掌握情况，且易于计分。但是，它只能用于测查彼此存在着简单关系的知识。

(4)填空题。填空题是呈现给学生一句或一段不完整的话或者直接提问，要求学生简要做答。当教师的目的是考查学生对知识的回忆时，填空题十分有用，它可将学生猜测的可能性降到最小。如果经过精心设计，也可以通过填空题来考查学生对知识的记忆和理解，以及推理和判断能力。填空题的问题在于，学生的答案各不相同甚至还会出现出人意料的答案，学生的答案还会受笔迹、用词等无关因素的影响。

2.主观题

主观题则要求学生自己组织材料，并采用合适的方式表达陈述出来。这类题型包括论文题及问题解决题。教师在评分时，对学生的回答需要给出不同量的分值，而不仅仅是满分或零分。

(1)论文题。论文题是指要求学生用文字论述方式阐述相关观点的题目，回答字数可以从几段到几大页不等。一般较常使用的有两种类型，有限制的问答题和开放式论文。有限制的问答题，是指教师对回答的内容和长度都有规定，如平时测验中的简答题等。例如，说明戊戌政变中的重要人物、事情经过以及结果；开放式论文，则允许学生在内容上可以自由选材，自由发挥，而且篇幅较长。论文题可以测验知识、理解或运用水平，也可考查学生的分析、综合、类比和评估知识的能力，还可考查学生组织信息或表达陈述某项意见的能力。

使用论文题也有不妥之处。首先，学生回答论文题需要花费很多时间。因此，在一份试卷里只能出现少量的题目，对课程内容的取样也就非常有限。通过增加小的论文题(即简答题或问答题)，可以避免这个问题。其次，对于熟悉自己学生的教师，在判卷时很难做到客观，导致信度较低。在评分时，经常出现一种现象——晕轮效应，即教师对学生的总体印象影响到对论文题目的评价。因为平时的接触或者前面几道题解答的情况，使得教师对学生形成了某种印象，从而影响到对之后题目的评判。

(2)问题解决题。问题解决题是向学生提供一定的问题情境和目标情境，要求学生通过对知识进行组织、选择和运用等复杂的程序来解决问题。通常有两种形式，一种是间接测验，与前面提到的几种测验形式一样，是采用纸笔测验来评价学生的学业成就或能力。

学生在完成时，通常必须写出若干步骤或过程，以展现他的思路。评分时，按照步骤计分，如果缺少某些步骤就不能得分。平时的理科考试多出这种类型的问题解决题。

问题解决题的另一种方式则是直接测验。例如，为了考查学生学习本节内容的情况，让学生编制一份测验小学两步应用题的测题。

由于它考查了学生处理实际问题的能力，所以有时我们又把这种形式叫作操作评价。教师可以要求学生设想一个可以解决本市垃圾处理问题的方案(要求只写可行性措施,不超过500字),或者要求学生测量学校操场的面积。操作评价对于考查高级思维技能十分有效,但是往往费时费钱,而且主观性较大,并且效度也经常受到质疑。

(四)有效自编测验的特征

1.信度

信度是指测验的可靠性,即多次测验分数的稳定、一致的程度。它既包括在时间上的一致性,也包括内容和不同评分者之间的一致性。例如,采用性格量表测量学生,他们在这一个月的结果,如果大致等于六个月前和三个月前的得分,那么我们就认为测验的信度较高。

2.效度

效度是指测量的正确性,即一个测验能够测量出其所要测量的东西的程度。效度考虑的问题是:测验测量什么?测验对测量目标的测量精确性和真实性有多大?效度的重要性大于信度,因为一个低效度的测验,即使具有很好的信度,也不能获得有用的资料。例如,用磅秤称量体重,连续多次都会得到相同的值,而且准确地反映了个体的重量,那么信度和效度都很高;但是如果使用它来测量身高,虽然测量值之间总是保持一致的,即信度很好,但是并没有说明个体的高度,因而不是适宜的测量身高的工具。

3.区分度

区分度是指测验项目对所测量属性或品质的区分程度或鉴别能力。它是根据学生对测验项目的反应与某种参照标准之间的关系来估计的。例如,可用年级或教师评定的等级作标准,看测验的项目能否把不同年级或不同水平的学生区分开来。

(五)自编测验的常见错误

1.教师过于相信自己的主观判断而忽视测验的信度和效度指标。

2.许多教师对测验准备的重要性缺乏足够的认识,对测验准备不够充分,甚至没有准备。

3.许多教师编制的测验太简单,题量太小。总之,测验准备不充分、题量小、相信主观判断,都会导致过分强调无关细节,从而忽略本章提到的那些重要的原则或注意事项。

三、非测验的评价技术

在实际教育中,前述纸笔测验并不是收集资料的唯一途径。教师还使用了许多非测验的评价技术，尤其是情感领域的教学评价更需要采用非纸笔测验。情感教学不属于任何一个学科，其效果可能产生在任何一种认知学科的教学过程中。

（一）案卷分析

案卷分析是一种常用的评价策略，其内容主要是按照一定标准收集起来的学生认知活动的成果。例如，学生的家庭作业或课堂练习、论文、日记、手工制作的模型、绘画等各种作品。对学生的作品进行考查分析，并形成某种判断和决策的过程就是案卷分析。

（二）观察

通过教学过程中的非正式观察教师也能够搜集到大量的关于学生学业成就的信息。这种观察不只限于智能的发展，还包括学生生理、社会和情绪的发展。为了确保观察的有效性，教师应注意自然地对学生进行全面系统的观察，然后客观、详细地记录下观察信息。

1.行为检查单

教师可以使用检查单来记录其在教学中的观察结果。检查单一般包括一系列教师认为重要的目标行为，通常采用有/无的方式记录，但有时也记录下次数。行为检查单使用简便易行，对于教师非常有用。尤其在课堂上，教师可以利用检查单及时记下所观察到的行为，便于指导和帮助学生。如果行为是属于某一个好—坏连续体上的某一点，那么更适宜的方式是等级评价量表。当观察目标是具体、特定的经过了明确界定的行为时，检查单非常有效。

2.轶事记录

轶事记录是描述所观察的事件。与检查单相比，轶事记录可提供比较详细的信息，这些记录一般按照发生时间排列的。教师可以在事先有明确的观察目标，就某一方面的行为进行记录；也可以没有明确目的，事后再专门分析或考查某一件事，这时教师就需要记下很多资料，甚至包括一些无关信息。轶事记录要求教师纯粹记载下所观察到的内容，而不要掺杂进个人的意见或观点。许多教师在他们的教案或工作日记上，都有轶事记录。但是，轶事记录比较费时，而且也很难排除主观偏见。

3.等级评价量表

等级评价量表对于连续性的行为，可能更为有效。它可用于判断某种行为的发生频率，以及某种操作或活动的质量，使得观察信息被量化。评价量表是一种间接的观察技术，通过量化所观察的信息，可以迅速简便地获得概括化的信息。评价量表和行为检查单有一定关系。二者都要求教师对学生的行为进行判断，可以在观察过程中或结束后使用。但是它们的评价标准不同,检查单只需要做定性的判断,而等级评价量表是做定量的判断。

(三)情感评价

许多时候,教师有必要针对学生的情绪、学习动机、个人观点等进行评价。固然,我们可以借助已有的量表,但是学校也鼓励教师自己编制评价量表。为了获得这类信息,教师可以自行编写开放式问题、问卷等。而在对结果的评价时,教师也需要写一份详细的报告,形式类似于上文的观察报告。

四、教学评价结果的处理与报告

(一)评分

评分时必须以一定的比较标准为依据,评分的标准可分为绝对标准和相对标准两种。绝对标准是以学生所学的课程内容为依据。学生的分数和其他同学的回答情况没有关系。而且绝对标准强调,由于不同学生的学习起点和背景情况的差异,所以他们的学习结果也是不可比较的。它对应的评价方式,是标准参照评价;相对标准是以其他学生的成绩为依据,对应于常模参照评价。相对标准的评价不仅与学生自己的成绩有关,还与其他同学的成绩有关。

在评分过程中,常常存在计分主观性问题,教师往往会受一些无关因素的影响,使得评分的信度较低。因此,评分标准一定要与测验的编制计划和实际的编制工作保持连续性,确保整个评价活动是根据统一的标准进行的。这样,评价结果才可能是教师所预期的信息,具有较高的信度,能够对教学活动发挥积极作用。

合理的评分过程应包括如下步骤:①搜集有关学生的信息,信息可以来源于不同类型、性质的测验甚至观察的评价方式。例如,教师对学生期末学习成绩的评价,通常是期末考试成绩占70%,平时作业和考试成绩占20%,课堂表现占10%。②系统地记录下评价的结果,并随时保持最新的结果。③尽量将搜集的资料量化,用数据来表示学生的学习情况。④为了把评价的重点放在最终的学习成就,教师需要加大最后测验得分的权重。⑤评价应该以成就为依据,而其他特征的评价,不要和成就的评价混杂起来。

(二)合格与不合格

有些课程采用合格与不合格来评价学生的成就。教师可以根据学生是否完成了每次作业来评价,也有可能根据学生的几次作业情况评分,甚至评分的标准可以是学生的出勤情况。

（三）其他报告方式

除了常用的评分方法，教师还可以使用其他方式来报告评价结果。教师写学生的个人鉴定或定期的综合评价，提供给家长和学生。

观察报告也是一种报告评价结果的形式。此外，通过与家长面谈，也可以交流关于学生的学习、行为和态度等方面的资料。

本章知识结构：

- 教学测量与评价
  - 意义作用
    - 概念
      - 教学评价的概念
      - 教学评价、测量、测验的关系
    - 分类
    - 功能
  - 方法和技术
    - 标准化成就测验
      - 含义
      - 特点
      - 优越性
      - 批评
    - 教师自编测验
      - 含义
      - 特点
      - 测验前的计划
      - 类型
      - 有效自编测验的特征
      - 常见错误
    - 非测验的评价技术
      - 案卷分析
      - 观察
      - 情感评价
    - 教学评价结果的处理与报告

实践活动：

调研一所中、小学，通过考察和教师介绍了解这所学校的教学测量与评价情况。结合所学知识对其进行讨论和评价。

思考与练习：

1.什么是教学评价？教学测验与评价及测验之间的关系？

2.简述教学评价的分类。

3.简述标准化成就测验的含义与优越性。

4.评价结果的报告形式有哪些?

5.结合例子分析测验的信度和效度特征。

6.结合所学专业,编制一套标准化成就测验试题。

参考文献

[1]皮连生主编.学与教的心理学.华东师范大学出版社,2003

[2]肖爱芝编著.当代教育心理学.内蒙古人民出版社,2005.7

[3]姜智著.教育心理学.吉林大学出版社,2005.8

[4]莫雷著.教育心理学.教育科学出版社,2007.8

[5]陆海东主编.教育心理学.东北师范大学出版社,2002.4

[6]教育部人事司、教育部考试中心制定.教育心理学考试大纲.北京师范大学出版社,2002.2

[7]陈琦、刘儒德主编.教育心理学.高等教育出版社,2005.8

[8]吴庆麟主审,胡谊主编,郝宁副主编.教育心理学——理论与实践的整合观.华东师范大学出版社,2009.6

[9]周庆元主编.中学语文教育心理研究.湖南师范大学出版社,1999.5

[10]陈琦、刘德儒主编.当代教育心理学.北京师范大学出版社,2002.4

[11]王振宏主编.青少年心理发展与教育.陕西师范大学出版社,2012.12

[12]迟艳杰主编.教学论.高等教育出版社,2009.9